KB170953

반하는

함성호의 반反하고 반惑하는 건축 이야기

건축

문예
중앙

건축은 실재하지 않는다. 한 건축가가 이루고자 하는 욕망은 도면에서만 구현될 뿐 현실에서는 이루어지지 않는다. 현실은 오히려 '설계도'라는 허구의 이상을 배반한다. 건축이 다른 예술과는 달리 현실의 공간을 대상으로 하고 있다는 일반적인 생각은 '정당'하면서 동시에 '오해'이기도 하다. 건축은 많은 오해들이 생각하는 것처럼, 실용예술이 아니다. 실용예술이기 때문에 예술적 제약을 받을 수밖에 없다고 생각하는 것은, 회화가 캔버스 때문에 표현의 제약을 받는다고 생각하는 것과 같다. 캔버스는 평면 회화를 가능하게 하는 중요한 도구이다. 마찬가지로 실용에 관한 부분은 건축을 다른 예술과 구분 짓게 하는 중요한 특징이지, 한계가 아니다. 만약 그것이 한계라면 한계와 가능성이 교차하지 않는 예술이 어디 있겠는가?

건축은 다른 예술과는 달리 작의作意가 '설계도'라는 하나의 구현물로서 남는다. '오해'라는 말은 구현된 작의(설계도)가 구축된 건축(실재)을 항상 배반한다는 의미이며, ─ 모든 예술이 이 점에 있어서 일정 부분 다 어긋나 있지만 건축은 구체적인 오차를 수적으로 표현할 수 있다는 점에서 더 그렇다 ─ '정당하다'는 것은 그것이 모든 예술의 공통된 운명이라는 점에서 그렇다. 그런 의미에서 설계도는 완벽한 또 하나의 현실을 가상하고 있다. 우리의 도시는 현실 이전에 이미 비현실이며, 다른 현실 속에서 이루어지고 있다.

나는 이 책에서, 우리가 당연하고 아무렇지도 않게 드나들고 있는 건축이라는 공간 체험 예술이 어떤 내밀한 욕망과 사회적 담론들을 내재하고 있는지 밝혀내려 했다. 그 히스토리를 위하여 나는 건축을 '실재하는 건축'과 '다르게 실재하는 건축'을 비교하며 분석해나간다. 때로는, 실재하는 건축보다 그 거울의 현실에 서 있는 건축에서부터 출발하기도 한다. 왜냐하면 그것은 자체로 하나의 현실이며, 현실보다 더 절실하고 더 완벽한 현실이기도 하기 때문이다. 건축을 지배하는 사회·문화적 지배 이데올로기는 그 거울의 현실 속에서 더 분명하게 드러난다. 당연한 말이지만, 우리의 공간은 우리의 역사·경제·문화적 산물이며 아울러 그것의 미래이기도 하다.

　　나는 이 책에서 모더니즘과 해체주의와 포스트모더니즘을 거쳐 오늘에 이른 건축의 현대성을 '슈퍼매너리즘super-mannerism'이란 이름으로 설명하고자 한다. 이 말은 모든 양식들이 자유롭고 다양하게 쓰인다는 의미를 갖고 있을 뿐만 아니라, 원인과 결과를 일직선상에서 파악하려고 하는 모든 시도를 파괴하려는 의도 또한 숨어 있다. 무엇보다도 슈퍼매너리즘이란 잡종과 혼성hybrid을 뜻한다. 그런 만큼 이 책에는 다양한 현실들이 공존해 있다. 어떤 것들은 이미 지나간 과거이며, 어떤 것들은 미래이고, 또 어떤 것들은 아예 존재하지 않는다. 이러한 모든 것들이 하나의 얼굴로 나타나는 것은 거짓말이다. 슈퍼매너리즘은 모든 가치를 부정하고 오직 '지금, 여기'에 대한 인식만을 따른다. 확고하지 않은 것들, 언제 변할지 알 수 없는 것들을 잡고 가는 방식이다.

　　이 책의 편집 또한 다중적으로 이루어진다. 때로는 이미지들과 텍스트의 의미가 서로 충돌하는 때도 있을 것이며, 아예 서로 다른 내용일 수도 있다. 텍스트만 따로 읽어도 좋고, 이미지들만 따로 읽어내도 좋다. 본문에 따른 주석도 마찬가지이다. 아마 그렇게 이 책을 접근하면 각각 몇 개의 다른 책을 읽은 것 같은 느낌이 들 것이다. 이런 방식의 접근은 순전히 건축을 보는 내 자의적인 방법을 토대로 만들어졌다. 그래서 일반인들과 건축에 몸담고 있는 여러분들이 어떤 식으로 받아들일지 자못 궁금하다. 그리고 이 작업은 어쩌면 내 개인적인 가설이 될 수도 있음을 밝혀둔다. 독자들은 이 글의 건축적 알리바이를 탐문하기보다는 내 가설의 알리바이를 탐문해야 할 것이다. 아무쪼록 강호제현들의 많은 지도 편달을 바란다.

여기에 있는 글들은 1998년 건축 사무실을 열었지만 2년간 아무런 일도 없을 때부터 최근까지 10년 넘게 칼을 갈듯이 쓰인 것이다. 그래서 감사해야 될 분들도 많다. 지금은 해체된 건축 디자인 그룹 'pur-ple' 여러분들, 그리고 나로 하여금 시간을 쪼개가며 글을 쓰게 만든 지금은 없어진 월간《poar》를 비롯한 많은 편집자들, 사무실이 있던 홍대 앞의 풍경, 그동안 우쭐우쭐 지어진 내가 설계한 건물들, 많은 의뢰인들, 아직도 비가 새는 집들, 그러고 보니 글의 마무리를 하고 있는 지금, 문득 정신을 차려 돌아보니 많은 풍경들이 변해 있다. 그 풍경들에 감사한다. 어디서든 살아 있으라.

2012년 초여름 정발산 素昭齋에서

함성호

차
례

■

슈퍼매너리즘의 시대

건축, 또 다른 허구의 기호

키누코 크래프트(Kinuko Y. Craft)

건축은 허구의 현실을 표방한다. 건축가는 물에 비친 게이샤가 되어 물 밖의 게이샤를 구축해낸다. 장자(莊子)식으로 꿈과 현실의 경계가 사라지는 게 아니라 오히려 현실이 가상을 모방한다. 오늘날 컴퓨터 디자인의 툴은 색상과 형태에 있어서 구축된 현실이 무엇을 모방하고 있는지를 분명히 드러내준다. 허구가 현실을 이루어/일구어낸다.

누군가

나를

설계하고

있다

하나님이 가라사대 우리의 형상을 따라 우리의 모양대로 우리가 사람을 만들고 그로 바다의 고기와 공중의 새와 육축과 온 땅과 땅에 기는 모든 것을 다스리게 하자 하시고. 하나님이 자기 형상 곧 하나님의 형상대로 사람을 창조하시되…….[1]

건축, 또 다른 허구의 기호

1 「창세기」 제1장 26~27절.

우리는 신의 모형이고 신은 '무엇'을 위해 우리를 창조했다고, 이 기록은 전하고 있다. 우리는 무엇을 위해 창조되었고, 신은 왜 굳이 자신의 모습으로 인간을 만들었으며, 신이 건축한 이 세계는 인간에게 과연 어떤 의미인가? 라는 질문이 빠져 있는 이 기록에서 신은 스스로의 부재를 말해주고 있다. "나는 여기에 있지 않다." 그렇다. 신은 세계를 관망할 뿐이다. 그리하여 세계와 함께하는 모든 실험은 인간에게 주어진다. 신은 자신을 복제한, 자신의 형상과 같은 모형으로 이 세계의 불확실함을 실험하고 있다. 그는 세계를 구원하기 위한 것이 아니라 세계의 모순을 기록하기 위해 존재하고 있다. 왜 역사가 반복되는지, 당신은 아는가? 그것은 우연에 의한, 혹은 우연에 대한 실험의 산물이기 때문이다. 왜냐하면 신은 불변의 진리를 원하고, 자연은 엄청난 불확실함으로 가득 차 있기 때문이다. 신의 창조물 가운데 인간만이 유일하게 숲을 떠났다는 것은 어떤 의미를 가지는가? 그것은 창조주와 피조물 간의 불화를 의미한다. 신의 건축은 실패했던 것이다. 창세기의 건축가는 자신의 건축 안에서 실패했다. 그리고 이후 수많은 건축가들이 그 실패를 답습한다.

윌리엄 블레이크, 〈옛적부터 항상 계신 이〉, 1794

도시의 꿈

아키그램Archigram 그룹의 '걸어 다니는 도시Walking City'는 이동 수단에 대한 인류의 끊임없는 집착을 말해준다. 이 도시는 거대한 다리가 달려 있으며 도시 구성원들의 합의에 의해 필요한 장소로 이동하여 마치 유목민처럼 쾌적한 환경을 찾아다니게 된다. 그리고 이것은 공상적 사회주의자들, 순진한 공동체주의자들의 이상과 꿈을 대변하고 있다. 현실이 그들을 받아들이지 않았던 것처럼 '걸어 다니는 도시' 또한 단지 환상으로 그쳤고, 그 후 아무에게도 영향을 주지 못했지만, 이후 도시계획에 있어 이동성의 문제를 깊이 각인 시키기에 충분했다.[2] 꿈으로 끝난 시도는 꿈으로 완성되었기에 인간의 꿈속에서 더 오랜 생명력을 갖게 되고, 그 누구도 파괴하지 못하는 것이 되었다.

이동성에 대한 중요성은 르 코르뷔지에Le Corbusier에게 있어서도 마찬가지였다. 그에게는 속도의 문제가 도시의 성공을 좌우한다는 신념이 있었다. 그에게서 이동은 이제 속도로 바뀌었다. 속도를 위한다면, 당연히 도시 전체가 움직이는 것은 웃긴 일이었다. 이동을 테마로 한 '걸어 다니는 도시'는 길이 필요치 않았다. 그러나 속도를 위해서는 길이 필수적이었다. 속도는 능률과 효율의 상징이다. 시간이 돈이다, 라는 믿음에는 반드시 속도의 문제가 따르게 된다. 르

누군가 나를 설계하고 있다

15

---

2 1964년 영국의 젊은 건축가 그룹인 아키그램(Archigram)은 로봇 모양을 한 약 40층 정도의 고층건물이 황량한 사막 위를 이동하는 '걸어 다니는 도시(Walking City)'를 제안했다. 당시 제안으로만 그쳤던 이 계획은 그 규모면에서 비교가 되지는 않지만 리비아의 '사막 녹지화 작업'에서 실현되었다. 공사 현장의 사령탑으로 쓰인 이 구조물은 거대한 철골조 건물로 세련된 유리가 외벽을 이루고, 공사가 진행됨에 따라 광활한 사막 위를 이동해나가게끔 설계되었다. 건축학, 기계공학, 컴퓨터 제어공학, 철골 재료공학 등의 공동연구의 결과였다. 미래는 과거에 있다. 꿈과 말이, 무엇보다 상상이 먼저 있었다.

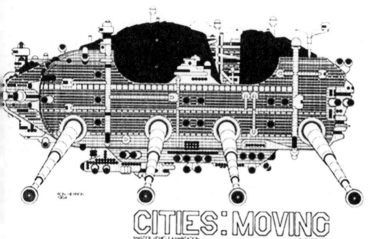

코르뷔지에는 파리 '보아잔 계획Plan Voisin'을 발표하며 새로운 20세
기의 복된 삶에 대해서 다음과 같은 흥분으로 가득 차 있었다.

금후 평면적으로 채워 넣어진 도시—비행기에서 처음으로 보게 되
면 우리들은 어리둥절하게 될 것 같은 도시(프랑스 항공회사의 사진

**아키그램, 걸어 다니는 도시(Walking City),
1964** 아키그램 그룹의 이 희한한 도시계획은
하늘을 떠다니는 섬 라퓨타의 미래파적인 버전
이다.

을 보라)—가 있었던 곳에 그 대신 대기와 햇빛 속에 밝게 빛나는 수
직의 도시가 건설된다. 지금까지 면적의 70~80%까지 밀집된 집으
로 덮였던 도시는 이제는 5%밖에는 집이 들어서질 않는다. 나머지
95%는 간선도로, 주차장, 그리고 공원으로 배당된다. 나무 그늘로
덮인 보도는 2배, 4배로 늘어나게 된다. 마천루의 바로 밑의 정원은

르 코르뷔지에, 파리 보아잔 계획, 1925 파리 중심가를 자동차 중심의 시가로 만들려는 이 미친 계획은 당시 많은 건축가들의 호응을 얻어 1928년 CIAM(근대건축국제회의)을 결성하게 된다. 뒤이어 1933년 현대 도시의 4대 기능으로 거주, 여가, 근로, 교통을 역설하는 '아테네 헌장(La Charte d'Athenes)'이 발표된다. 현재를 세우기 위해 모든 과거를 악으로 만들어버리는 서유럽인들의 전형적인 폐습이 건축에서 나타나자마자 유토피아는 끔찍한 디스토피아로 변했다.

사실상 이 새로운 도시의 지상을 광대한 정원으로 삼아 건설된다.[3]

창세기의 기록과 같이 르 코르뷔지에의 발언에서도 인간은 아직도 모든 것 위에 군림한다. 단지 차이가 있다면 자연에 대한 인간의 다스림이 도시에 대한 인간의 다스림으로 바뀌었을 뿐이다. 그러나 모든 것을 다스리도록 되어 있는 피조물[4]이 스스로 숲을 버렸듯이, 지상에 다닥다닥 붙어 있던 거북이 껍질 같은 집들을 제거하고, 그 대신 높이 200미터에 달하는 순수한 유리 결정체를 그야말로 광대한 간격을 두고 건설하고, 바로 그 밑을 울창한 숲으로 만들려고 했던 도시주의자들의 꿈은 일거에 무너지고 말았다. 그것을 무너뜨린 것은 자본주의의 욕망이었다.

자본은 울창한 숲이 들어설 자리에 더 빠른 속도를 위해 도로를 내고 그 광대한 간격에 다시 집을 앉히기 시작했다. 순수한 유리 결정체들은 불과 150센티의 간격으로 쑥스러운 내부를 들켜버리게 되었으며, 광활한 면적의 숲 대신 한 줄로 늘어선 가로수들은 매연과 소음으로 그나마 말라 죽게 되었다. 그리고 당신이 좀더 예민한 독자라면 이 실패는 바로 당신이 살고 있는 도시의 풍경이라는 걸 쉽게 알아챌 수 있을 것이다. 실패한 현실은 더 오래 비난받지만 그 비난의 이유 때문에 두고두고 회자된다. 신은 이 실패를 기록했다.

---

3 르 코르뷔지에, 『어바니즘』, 임상익 옮김, 산업도서 출판공사, 1981.

4 이슬람에서는 다른 피조물과 인간의 관계를 '위탁'으로 해석한다. 신이 자신의 피조물을 사랑하듯이, 인간도 그렇게 다른 피조물을 돌보도록 되어 있다는 것이다.

만일 당신이 별로 바쁠 것이 없는 직업을 가진 사람이거나 실직자라면, 그리고 15층 이상의 편복도형 고층 아파트에 살고 있다면, 한번 20층 복도에 서서 자신이 살고 있는 아파트촌의 풍경을 유심히 살펴보라. 거기에는 지하 주차장으로 내려가는 주차 램프가 1/4 원을 이루며 조면 처리되어 있고, 화단은 1층 세대의 내부를 가려주는 커튼 역할을 하기도 하며, 지상 주차의 구획을 구분해주는 경계가 되기도 한다는 것을 알 수 있을 것이다. 쓰레기 수거차의 위치는 쓰레기 수거차가 오기 전부터 정해져 있고, 놀이터의 위치는 늘 어머니의 감시에서 벗어나지 않는 위치에 자리 잡고 있다. 건너편 복도에서 당신과 같이 단지 내를 조감하는 또 한 사내가 있다는 것을 알아차린 순간, 당신은 당신이 이 아파트에 입주하기 훨씬 전부터, 그리고 이 아파트가 지어지기 훨씬 전부터 이 아파트촌을 당신보다 더 높은 위치에서 조감하고 있는 한 사람이 있었다는 것을 알아차리고 소스라치게 놀랄 것이다.

그리곤 건너편의 사내가 사라지고, 당신이 사라지고, 화단의 나무들과 흙이 사라지고, 그 자리에는 17인치 컴퓨터 화면이 어두운 심연처럼 자리하고 있을 것이다. 마치 빅뱅 전의 우주처럼 작은 커서가 어두운 화면 위에서 미세하게 떨리며 폭발을 기다리고 있을

오른쪽 다니엘 리베스킨트, 베를린 '도시 외곽(City Edge)', 1987 현실을 위해 축조되는 허구의 형식.

기 빌루(Guy Billout)의 일러스트 우리는 유치원에서부터 교통안전에 대해 교육받는다. 그러나 유치원에서 가르치지 않는 가장 중요한 사실은 그것이 곧 안전을 보장하지는 않는다는 것이다. 정상 시스템 하에서 도시의 신호체계는 안전에 대한 책임을 누군가에게 부가하기 위한 안전장치이고, 돌발적인 비정상 상태가 도래하는 순간에는 곧 죽음을 의미한다. 교통신호는 법의 체계이지 안전의 체계는 아니다.

것이다. 거기에서 자동차와 모든 무작위적인 인간의 행동 특성들이 연구되고 분석되어진다. 이윽고 어두운 컴퓨터 화면 안에서 빛이 나타나고 빛들이 선을 이루며 화단과 나무와 지하 주차 램프와 건물들이 나타난다. 그리고 AUTO CAD 14 시스템 속에서 당신이 나타난다.[5]

　　만약 이런 사실들이 의심스럽다면 당신은 당신이 살고 있는 도시에서 어떤 식으로 죽음이 찾아오는지를 떠올려보아야 한다. 도시는 모든 것이 점멸의 2진법 체계로 구성되어 있으며, 우리는 이미 헤맴에서 오는 뜻하지 않는 발견을 잃어버리고 살고 있다. 잠시 그 신호체계를 잃으면 눈 깜짝 할 사이에 우리는 죽음과 직면한다. 횡단 신호보다 빨리 달려나가는 사람들, 직진 신호보다 한 템포 빠르게 출발하는 자동차. 횡단보도로 뛰어드는 트럭과 손가락을 자르는 기계 톱날들. 병원에서 뒤바뀌는 아이들과 신호체계에 미숙한 미아들. 도시는 이처럼 당신을 길들이고 조정하며 당신의 행동을 예측 가능한 것으로 만들어버린다.

　　당신은 항상 위험에 노출되어 있지만 당신이 신호를 배반하기 전까지는, 혹은 신호가 당신을 배반하기 전까지는 안전하다. 그렇다면 우리는 왜 이런 위험을 기꺼이 감수하는 것일까? 그 이유는 간단하다. 도시는 우리에게 속도를 주기 때문이다.

　　건축은 이런 속도의 사이사이에 존재하지만 결코 속도를 저

5　컴퓨터 화면 속의 선은 종이 위의 그것과 달리 긁히지 않고 미끄러진다. 캐드(CAD)의 현실 속에서 흔적은 물리적인 흔적으로 기억되는 것이 아니라 이미지의 충돌에 의해 기억된다. 캐드 속에서의 이미지 흔적들은 캐드 밖의 현실 속에서 생성되는 물리적인 흔적들이 어떻게 이미지화 되고 있는가를 과정적으로 나열해주고 있다.

성수대교 붕괴 다리가 끊어진 사실을 인식하지 못하고 그 위를 질주하여 추락하는 흰색 승용차의 모습은, 그것을 CCTV로 지켜본 모든 시민들에게 도시 인프라에 대한 공포감을 심어주기에 충분했다. 강물로 추락한 버스의 인양 작업은 그야말로 생생한 비극이었고, 현대라는 삶에 대한 환멸이었다.

해시키지는 않는다. 왜냐하면 가로에 늘어선 건물과 건물들 사이에는 아무런 연관이 없기 때문이다. 아니, 연관이 생기는 일 따위가 존재해서는 안 된다. 그 연관 때문에 신호를 놓쳐서는 안 되기 때문이다. 건물과 건물은 선線적으로 연결된 것 같아 보이지만 사실은 점点적으로 연결되어 있다. 점과 점을 잇는 도로는 속도의 카니발리즘cannibalism을 표방한다. 속도는 속도를 먹고 자란다. 사람과 사람 사이의 관계가 희박해지고 도시는 이것을 조장하고 있다. 관계가 희박해질수록 우리는 더 빨리 한 점에서 다른 점으로 이동할 수 있다. 이 점과 점을 잇는 선은 엄밀히 말하자면 점이 모여 이루어지는 선의 개념이 아니다. 이 직선은,

곡선의 가로街路는 당나귀의 길, 직선의 가로街路는 인간의 길

영화〈매트릭스〉 처음부터 신은 생물학적인 창조가 아니라 디지털적인 창조를 한 것인지도 모른다.

이라는 현대 도시의 유일한 덕목이며,

> 우리는 단언한다. 인간은 기능적으로 직선을 행사하며, 인간의 행
> 동과 사고는 직선·직각에 의해 지배된다는 것, 그리고 직선은 인간
> 의 본능적인 수단이고 또한 사고의 높은 목적이라는 것

이라는 모더니즘의 경구처럼 도시의 주된 가치를 이루고 있다. 이
가치에 당신이 동의하든 그렇지 않든 상관이 없다. 당신의 동의와
는 무관하게 도시는 이 가치에 의해서 건설되며, 당신은 그곳에 살
기 위해 몇 년 동안 주택청약예금을 부으러 은행을 드나들었다는
사실이다. 이 도시에서 이루어지는 일들에 관해 당신의 의도와는
상관없다는 것에 당신의 알리바이를 증명해줄 것은 아무것도 없다.

당신은 어떻게 해서 설계되고 있었는가?

그럼, 당신은 어떡하다 이 도시에 맞춰 설계되었는가? 직장
때문에? 여기서 태어났으므로? 학교 때문에? 그렇다. 당신은 그 모
든 이유 때문에 여기에서 살게 되었다고 믿고 있을 것이다. 그러나
그 모든 이유의 이면에는 '편리'로 귀착되는 근본적인 문제가 자리

하고 있다.[6] (속도의 직선은 점·선·면의 과정을 해체한다. 해체하는 즉시 그 모든 과정을 생략해버리고 공간과 공간을 일치시켜버린다. 영화 〈스타트랙〉에서 보이는 순간이동 광선은 아키그램 그룹이 꿈꾼 도시의 최종적인 진화를 그리고 있다. 길이 사라져버리는 것이다. 그렇다면 그 길이 사라져버린 자리에 또 무엇이 채워질 것인가? 파리의 '보아잔 계획'처럼 숲이? 그 실패처럼 또 건물이? 그것은 아무도 예측하지 못할 것이다.) 도시는 당신의 편리를 위해서 온갖 서비스를 다한다. 주방가구 회사는 음식의 종류에 따라 달라지는 주부의 움직임을 정확히 예측하여 최소한의 동작으로 가장 움직이기 편리한 싱크대를 제공하고, 도시의 운송 회사들은 러시아워에 맞춰 정확히 당신의 출퇴근 시간을 관리하고 있다. 아파트의 엘리베이터는 분당 120미터의 적당한 속도로 당신의 수직이동을 돕고 있으며, 당신의 주말을 위해 도시의 근교에는 놀이동산과 유원지를 마련해두고 있다. 모든 집은 최소한의 동선으로 이동하게끔 설계되어 있으며, 적당한 근린공원으로 당신의 피로한 시신경에 녹색을 제공해주는 것도 빠뜨리지 않는다. 영화관에서 일상의 일탈을 경험하고, TV의 9시 뉴스는 영화보다 더 영화적인 현실을 생중계한다. 광란과 질서가 피상적으로 작동한다.

모든 것이 피상적이기 때문에, 그것이 주는 안전 때문에, 당신은 여기에 있다. 그러나 그 안전마저 피상적이라는 것은 앞에서 증명한 바가 있다. 당신이 그 피상성에서 잠시 벗어 나오는 순간 당

6 도시는 우리에게 '편리'라는 당근을 주며 다른 손에는 '감시와 통제'라는 채찍을 들고 있다. 근대 시민 사회의 최고 덕목 중에 하나인 '질서'는 이런 당근과 채찍 하에서의 질서를 의미한다.

신 앞에는 깨끗하게 도장된, 차체를 보호하기 위한 자동차의 범퍼가 눈앞 가득 몰려올 것이다. 그리고 당신은 죽을 것이다. 도시에서 당신의 죽음은 아주 사소한 것이다. 당신의 죽음으로 뭔가가 달라질 거라고 생각한다면, 당신은 여기에 어울리지 않는 낭만주의자나 과대망상자이다. 왜냐하면 당신의 죽음마저 도시의 건설자들은 설계하고 있었기 때문이다. 미안하지만 당신의 죽음은 도시의 설계자들에게는 의외의 사건이 아니다. 개인의 죽음을 감수하며 도시는 설계된다.

도시는 불특정 다수가 거주하는 곳이다. 따라서 한 개인에 대한 예측이 불가능하다. 그 예측이 불가능해짐으로써 도시는 전체적인 통합을 지향하고 전체적인 시스템 속에 개인을 몰아넣는다. 수많은 도시의 인프라를 당신이 편리하게 이용할 수 있다면 당신은 중산층 이상의 사람이고, 그렇지 않다면 당신은 은행의 현금서비스를 이용해야 한 달 치 청구서들을 해결할 수 있는 그렇고 그런 부류일 것이다. 당신이 이용하는 쇼핑센터와 영화관과 은행, 당신의 귀여운 자녀가 다니는 유치원의 위치는 내가 계획한 것이다. 당신의 거주지는 물론이고 당신이 어떤 방식으로 도시의 편리를 이용하고 어떤 도로를 통해 출근해야 가장 빠른가 하는 것도 내가 정한 것이다. 당신은 그 빛(태초의 빛/컴퓨터 모니터의 빛)을 따라 백화점에서 쇼핑을 하고 타임카드를 찍고 퇴근을 한다. 그리고 결정적으로 이

시스템은 극히 불안정하다. 좀더 안정적인 시스템을 위해 나는 당신을 실험치로 치환해 데이터로 저장한다. 그의 실험처럼, 나 역시 그에 의해 설계되었으므로. 그러나 나는 세계에 대한 신의 부재처럼 관망자로 존재하지 않는다. 나 역시 당신과 같이 불안한 시스템 속에서 떠돌아다닌다.

　　혹시…… 그도 우리처럼.

사라진
역사와
건축

　　자본주의적 생산은 인간의 기본적인 소비욕구를 충족시키
는 사용가치의 생산이 아닌 잉여가치의 창출, 즉 교환가치의 생산
을 그 목적으로 한다. 사실 자본주의 사회 구조에서 산업 자본과 상
업 자본, 금융 자본을 효율적으로 관리하는 부동산 자본은 따지고
보면 아무런 가치도 생산하지 않는다. 그러나 부동산 자본은 토지

시장의 부동산 개발을 통하여 예상되는 산업, 상업, 금융 자본의 유통에 크게 기여하는 것으로 그 가치의 근거를 부여받고, 그러한 유통구조에서 지어지는 건축물은 잉여가치의 생산을 위한 가장 확고한 전형이 된다.

일제 강점기의 민족 수탈을 위한 지배질서가 8·15 이후 미군정의 이해와 결탁되면서 재편성된 지배세력이 5·16 이후의 군부에까지 계속되는 과정에서 한국의 자본주의는, 민족 공동체의 이익과는 무관하게 1960년대 세계경제에 불어닥친 자본 과잉 생산의 년대를 맞아 원조와 차관의 경제로 전락하고 말았다. (40년 후 우리는 다시 탈냉전 시대의 자유무역주의에 의해 구제금융의 신탁통치 시대를 맞는다.) 그런 와중에 소수 독과점 기업의 비대화와 중소기업, 영세 농경형 산업의 파탄을 바탕으로 외

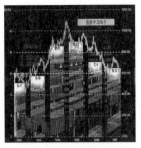

1997년 10월 20일 종합주가지수
《시사저널》은 이날을 그해의 증시에서 가장 기이한 날로 꼽았다. 이날 한 정당의 대표가 대통령의 탈당을 요구했고, 재정경제원 장관이 (주)기아를 법정 관리하겠다고 발표했음에도 불구하고 오랫동안 부진을 면치 못하던 (주)기아의 주식이 상한가를 기록한 것을 비롯해 대부분의 주가가 폭등했다. 10년 경력의 한 경제 연구소의 조사원은 단말기를 들여다보며 "희한한 일"이라는 말만 연발했다. 외국인 투자자들이 10월 한 달간 5천억 원어치를 팔아치웠고, 이는 주식시장이 외국인에게 개방된 후 두 번째이긴 하지만 '드문' 현상이었음에도 불구하고, 두 달 후의 IMF를 예상한 연구소는 단 한 군데도 없었다.

채를 통한 고도성장을 구가하며, 한국의 자본주의는 더욱 부동산
자본의 가치를 확대해나갔다. 그러한 확대와 재생산의 과정에서
건축은 자연스럽게 재벌과 집권층의 이데올로기를 자신의 언어로
드러내게 되었고, 그렇게 해서 때로는 총구에서 나온 권력을 비호
하기도 하였고, 때로는 서민들의 의식주를 왜곡시키는 데 한몫하기
도 했다.

건축 — 정치적 선전을 위한 광고탑

5·16 군사 쿠데타로 정권을 잡은 제3공화국의 최대 콤플렉
스는 그 도덕성의 결여에 있었다. 산업혁명 이후 급성장한 부르주
아 계급들이 신고전주의Neo-classicism를 유행시켰듯이 제3공화국의
군부세력은 자신들의 환부를 감추기 위해 교육과 문화에 있어 '국
적 있는' 전통미를 강조했다. 그러나 유신의 '국적 있는 교육'은 명
치유신의 주창자였던 이토와 이노우에, 도도다의 교육칙어의 연장
선상에 있는, 그 대상이 의심스러운 충효忠孝 교육의 강조뿐이었고,
전통문화의 계승은 공동체의 삶에서 유리된 소수 지배집단의 구호
로만 그친 '문화주의'의 피폐를 보여줄 뿐이었다. 졸부의 거실을 꾸
미고 있는 '야생의 주검'들처럼 결국 유신이 요구했던 박제화된 전

박정희의 정치적 이상과 건축적 유토피아

통은 공공 건축물에 고건축적 패션(?)을 요구하고 있었다.

　　구례 화엄사의 〈각황전〉, 법주사의 〈팔상전〉, 금산사의 〈미
륵전〉과 같은 목조양식의 특성을 콘크리트로 복사해낸, 밀리터리
멘털리티의 조악한 전통미(?)를 보여주었던 경복궁 〈국립민속박물
관〉이나[1], 궁궐 건축의 기둥 형태를 기괴한 스케일로 '뻥튀기'하여
육중한 돌로 포장한 광화문 네거리의 〈세종문화회관〉은 바로 그 좋
은 예이다. 정권의 정당성을 선전하기 위한 과거양식의 차용은 비
단 남한만의 경우는 아니다. 시간과 장소를 막론하고 파시즘에 대
한 열렬한 숭배의식은 거의 동일한 양식으로 반복해서 나타난다.
세계 혁명의 열정에 고무된 소련의 1937년 파리 만국박람회의 〈소

1　〈국립민속박물관〉은 그런 예에 있어서 항상 비판의 전형이 되어왔다. 그러나 다른 측면에서
　보자면, 〈국립민속박물관〉은 포스트모던 건축의 다의적 속성을 드러내고 있다고 말할 수도 있
　다. 그중에서도 과거양식의 차용이라는 점에서는 마이클 그레이브스(Michael Graves)의 조형
　언어보다도 더 적극적이다. 그러나 마이클 그레이브스가 전통의 하이브리드를 통해 현대건축의
　전위성을 획득하고 있다면, 〈국립민속박물관〉에는 결정적으로 현대성에 대한 분석이 결여되어
　있다. 이것이 바로 혼성 모방과 혼성 모방의 전위성 사이의 간극이다.

위 〈세종문화회관〉 한국 궁궐 건축의 지붕과 열주를 현대적으로 재해석했다는 평과 함께 재료적 변형(목구조를 철근콘크리트로)의 한 예이고, 국가 사회주의 양식의 한국적 접근을 보여주고 있다. 1978년에 준공된 이 건물은 그 조악한 음향 때문에 연주자들이 가장 싫어하는 공간으로 악명이 높다.

아래 1937년 파리 만국박람회의 〈소비에트관〉(오른쪽)과 〈독일관〉(왼쪽)

비에트관〉과 밤의 신비 속에서 차갑게 번쩍이는 균제미를 보여주는 〈독일관〉, 그리고 무솔리니가 계획한 로마와, 평양의 '혁명 조각상'은 그러한 집권층의 지배 이데올로기를 거의 직설적으로 표현하고 있다. 마찬가지로 유신시대 〈세종문화회관〉의 거대한 수직 열주들도 한 시대와 그 시대의 지배 이데올로기를 한없이 무거운 침묵으로 대변하고 있다.

'위대한 영도자의 국가통치철학과 지도이념'의 한 시대가 총성에 가고 12·12와 외채가 만든 개도국 우등생의 자존심을 밑천으로 제5공화국을 출범시킨 또 다른 '무신난'의 신군부들은 '정의사회구현'을 정치적 슬로건으로 내세웠다. 그들의 위대한 선배들이 고도 경제성장의 허울 속에서 자신들의 정치적 위상을 점검받으려 했던 것과는 달리, 신군부들은 국

존 하트필드, 〈슈퍼맨 아돌프가 황금을 삼키고 오물을 뱉다〉, 1932 포토몽타주는 그림을 이루고 있는 요소의 리얼리티로 인해 가장 극렬하게 정치적 의식을 드러내는 표현 수단이다. 그런 맥락으로 회화의 시각에서 보면 건축은 사진이 주는 리얼리티보다 더 리얼하게 정치권력을 풍자하고, 아주 종종 철저히 옹호한다. 아이러니하게도 건축은 무언가를 옹호하자마자 곧 풍자가 되어버린다.

아! 대한민국, 〈63빌딩〉은 제5공화국의 송덕비처럼 유유히 흐르는 한강을 바라보며 서 있다.

제정치 무대에서의 인정을 통해 국내 정치의 안정된 발판을 마련하고자 했다. 이때의 한국 자본주의의 시장경제는 엄청난 소비구조로 이행하게 되고, 부동산 자본주의의 가치 생산능력이 가일층 확대된다. 그러한 소비구조의 심화에 힘입어 한국건축에도 포스트모더니즘이 자랄 수 있는 어느 정도의 기반이 조성되게 된다.

1980년대 강남을 중심으로 지어진 '자유로운 입면'을 한 무뇌아적인 '패션건물'들의 주요한 패트론pa-tron들이 바로 소비사회로의 재편성 과정에서 부를 축적한 소자본가들이거나, 재산 증식의 수단이 된 토지를 소유한 졸부들이다. 그리고 당연하게도 이 시기의 공공건물들은 하나같이 보여주기 위한 광고탑의 역할을 훌륭히 수행할 수 있으리만큼 최고, 최대의 규모를 자랑한다. 심지어는 민간차원

에서 지어진 〈롯데월드〉도 '서울 올림픽을 지원'하기 위해 지어진
것임을 밝히고 있고, 흑성산 기슭에서 차려 자세로 관람객들을 맞아
들이고 있는 〈독립기념관〉의 울분에 찬 조각상과 거대한 상징 조형
물은 마치 집권세력의 불안정을 화려하게 포장하고 있는 듯이 보인
다. 같은 맥락으로 여의도의 〈63빌딩〉은 엉뚱한 애국심으로 무장된
신군부들의 비장한 의욕을 상징적으로 보여준다. 그 황금빛이 말해
주고 있듯이 그 자체가 정치적인 프로파간다로 가득 차 있다.[2]

　　　건축은 명백히 한 시대를 '고발'한다. 우리 건축의 현실은 '포
템킨'[3]처럼 대중과 유리되어왔던 것이 사실이다. 그러나 지어질 당
시의 〈피라미드〉는 파라오의 것이었으나, 지금은 이집트 인민의 것
이 된 것처럼 하나의 건축물은 언제나 명백히 한 시대를 살아가는
대중들의 것이다. 아무리 그것이 왜곡된 역사를 담고 있더라도 건
축을 살아가는 대중들은 언제나 그 의도를 자신들의 것으로 자체
정화해버린다. 어머니 강과 어머니 대지처럼. 그리고 때때로 건축은
뜻하지 않게 모든 것을 비틀어버린다.

정신 분열하는 건축

　　　건축이 어느 한 시대를 침묵의 웅변으로 고발하듯이, 건축은

2　오늘날의 건축은 공간의 문제를 떠나서 존재한다. 거기에는 시간과 시간의 왜곡이란 문제가 더
　해져 있다. 산업화가 가속화되고 한 세대의 시간적인 간극이 점점 더 짧아지면서 건축물의 수명
　도 거기에 비례해서 짧아지고 있다. 변하는 사회 경제적 가치가 건물의 수명을 결정한다. 따라서
　몇백 년 후를 바라보고 지어지는 건물은 이제 없다. 건축은 점점 한시적이 되어가고 그에 따라 건
　축은 '삐라'가 되어간다. 심지어 일본에서는 인스턴트 빌딩이 지어지기까지 한다. 특히 한철을
　보는 피서지나 유흥지, 혹은 엑스포 같은 전시를 위한 건축물들은 필요한 시기가 지나자마자 해
　체된다. 이제 집은 더 이상 부동산이 아니다. 인스턴트 빌딩은 늘 땅과 같이 생각했던 집에 대한
　생각을 수정할 것을 우리에게 요구하고 있다.

3　제정 러시아 시절 차르(tsar)가 지나갈 통로마다 건물의 전면만 세워놓았던 가설 도시.

우리 생활환경의 살아 있는 화석이 되기도 한다. 한마디로 한 시대의 건축은 그 시대의 사회·경제·문화적 고민들을 총체적으로 보여준다. 건축의 형식은 생활의 내용에 따른다. 각 민족의 건축양식이 저마다 독특한 개성을 보이고 있는 이유도 서로 다른 풍토와 풍속, 생활에 맞는 양식들을 개발해왔기 때문이다. 그러나 급속한 산업화의 노정을 걷고 있는 현대 산업사회의 건축은 생활의 내용이 건축의 형식을 규정하는 단선적 구도에만 따르고 있지는 않다. 자연의 재료들로 자연의 변화에 대응했던 과거와는 달리, 오늘날은 재료의 발달과 기술의 발전에 힘입어, 건축은 매스미디어보다 더 일찍 하나의 지구촌을 형성해왔다. 21세기를 살고 있는 지금 서울과 동경과 뉴욕의 거리는 한글과 일어와 알파벳의 입간판의 차이를 제외하고는 큰 변별성을 지니고 있지 못하다. 매스미디어의 발달 이전에 이미 세계의 도시는 철골과 유리와 콘크리트로 어디나 비슷하게 단일한 문화권을 형성해갔다. 더욱이 도시화(근대화, 혹은 서구화, 혹은 기계적 대량생산화) 과정에 있는 저개발 국가들은 급속한 근대화로 인해 민족적 생활환경의 패턴이 서구화된 주거형식에 맞게 강제적으로 바뀌었다. 즉 건축의 형식이 생활의 내용에 따른 것이 아니라 생활의 내용을 강제한 꼴이 되고 만 것이다. 무엇보다도 한국에서 아파트라는 주거형식은 졸속한 근대화 과정이 드러내는 민족 생활환경의 파괴와 그로 인해 일어나는 많은 불합리한 생활환경의 부조리를 여실히 보여주는 한 예이다. 우리나라같이 부동산 자본주의의 편향성을 강하게 드러내는 경우, 아파트는 고부가가치를 지닌 투기의 대상이 된다. 생활내용과 건축형식의 불일치에도 불구하고 많은 대중들이 아파트를 선호하고 있는 이유는 여성 가사노동의 현저한 감소와 예의 부동산 부가가치의 절대성에 있을 것이다.

아직도 우리 생활의 대부분은 '앉는식'이 주가 되고 있다. 이러한 앉는식 생활을 담고 있는 건축에서는 창의 문제가 중요시된다. 앉아 있는 상태에서 밖을 볼 수 있는 위치에 창의 높이가 정해진다는 것이다. 그러나 고층의 아파트에서는 이러한 생활은 안전문제상 따를 수 없는 것이 되어버렸다. 만약 당신이 지금 침대에서 자고 있다면 그 생활습관은 당신의 의지가 아니라 아파트라는 주거공간이 유

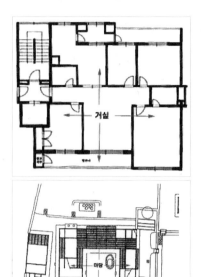

거실 중심형의 아파트(위)**와 마당 중심형의 조선집**(아래) 우리가 아파트를 좋아하는 것에는 경제적인 이유 외에도 그것이 마당 중심형의 우리 거주습관과도 일치하기 때문이다. 몸은 정신보다 더 끈질기다.

도한 것이다. 이는 건축형식의 문제이면서 동시에 우리 생활내용의 혼종적 단면을 보여주고 있는 실제다. 근대화 이후 우리의 생활은 앉는식과 의자식의 혼용이 이루어지고 있다. 책은 의자식으로 읽고 밥은 앉는식으로 먹는다. 식구들끼리는 식탁에서 밥을 먹다가도 손님이 오면 거실에 상을 차린다. (거실은 놀랍게도 너무도 태연히 식당으로 변한다.) 심지어 특별한 음식을 즐길 때 우리는 거실에 따로 상을 펴기도 한다. 거실에서 밥을 먹으며 동시에 축구를 보고, 상 옆에서는 고기를 굽는다. 거실이라는 하나의 기표에 여러 개의 기의가 달라붙어 있다. 아파트라는 서구의 틀을 우리의 습관대로 운영하고 있는 것이다. 각 실들이 독립적인 기능을 가지고 있는 서구의 시각으로는 도저히 이해하지 못할 분열의 참상(?)이다. 그런데도 우리는 너무도 자연스럽게 그때그때의 요구에 맞춰 공간의 기능을 변화시키며 분열을 살고 있다. 물론, 이는 민족 생활양식의 고려 없이 무분별하게 서구의 주거형식을 받아들인 결과이고, 그것은 오늘날 우리의 생활내용을 혼란스럽게 만들고 있는 것도 사실이다.[4] 아파트를 비롯한 소위 현대식 주거는 토지의 효율적인 이용이라는 다분히 경제적인 측면에서는 상당 부분 유리한 것이 사실이다. 하지만 심각한 사회문제를 더 심화시키기도 한다.

　　서구의 주거형식을 수입했지만 우리 식으로, 거실 중심형으로 변형된 현재의 아파트는 각 실의 독립성이 보장되기 어렵다. 문

4 이러한 생활방식의 혼재가 꼭 부정적인 것만은 아니다. 그리고 이런 혼재된 생활양식이 부작용 없이 받아들여지고 있는 실정이라면 거기에 대한 공간적인 혼재도 적극적으로 모색되어야 한다. 언어와 같이 생활양식도 변화한다. 같은 맥락에서 오늘날의 주요한 사회문제로 대두되고 있는 고부간의 갈등도 어느 정도는 아파트라는 건축형식으로 대표되는 서구 주거문화의 영향이 크다고 할 수 있다. 과거 우리의 전통적인 서민주거는, 단칸방에서 전 식구들이 구분 없이 혼숙하는 형태에서 자식들이 출가를 하면 한 동네의 울력으로 따로 한 채를 새로 지어 분가하는 채 나눔의 평면형식이었다. 그러한 주거공간에서는 아들과 며느리의 자질구레한 다툼이 자연스럽게 채와 채 사이에서 차단되고 있고, 아울러 아들과 며느리는 시부모에게 자신들의 다툼을 위장할 수 있

을 닫고 방에서 하는 전화 내용도 힘들이지 않고 들을 수 있고, 밥 먹으로고 주방에서 외치는 소리도 평등하게 집안 식구 전체가 다 들을 수 있다. 그래서 심화된 사회문제가 고부간의 갈등이다. 결혼 초의 부부싸움은 서로 다른 환경에서 살았던 사람들 간에 피할 수 없는 이해의 과정 중의 하나이다. 아무리 낮은 소리로 점잖게 입씨름을 한다고 쳐도 같이 사는 시어머니께 들키지 않을 수 없다. 그래서 갈등은 기정사실로 된다. 채가 나뉘어 있던 과거의 가옥형태에서는 얼마든지 갈등을 숨기고 시부모에 대해 예를 갖출 수 있었던 것과 달리, 아파트는 평면구조상 갈등의 위장을 오히려 겸연쩍은 것으로 만들어버린다. 범속한 일상에서 예는 (좋지 않은 것을) 감추는 것이다. 우리의 아파트는 이것을 불가능하게 한다. 같은 채 안에서 이미 다 노출되어버린 아들과 며느리의 긴장관계는 그다음 날 곧 고부의 긴장관계로 대상을 달리한다. 이미 위장이 불가해진 며느리의 긴장은 그 긴장의 노출을 필연적이게 한다. 여기에서 아파트 주거가 불러일으키는 가족 구성원 간의 긴장이 발생하는 것이다. 그 결과 이제 사람들은 아예 결혼한 자식과는 같이 살 생각을 하지 않게 되었다. 우리의 대가족 제도는 이런 식으로 핵가족화되어갔다.

동선의 단축이라든지 토지의 효율적 이용 등 서구의 합리적인 주거형식은 우리의 생활내용을 담기에는 사실 지극히 비합리적인 구조였다. 그렇다고 해서 좋았던(누구에게?) 그 옛날처럼 다시 돌

41

았다. 어차피 예절이란 것이 상대방에 대한 존경심도 존경심이지만 먼저 자신의 감정을 위장하기에서 출발하고 있다면, 그러한 관계의 위장을 적절하게 이용해나갈 수 있는 전통주거의 평면형식은 고부간의 관계를 형식적으로나마 유지하게끔 하는 유효한 장치가 될 수 있었을 것이다.

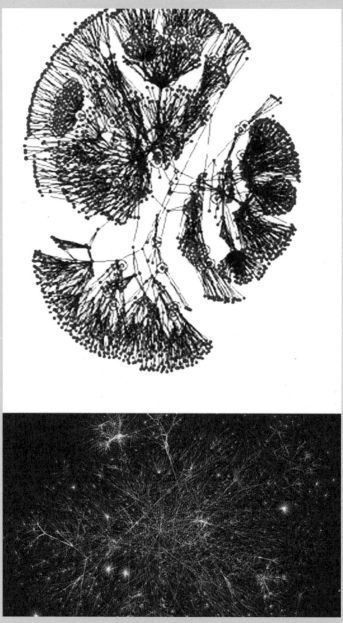

이 지도는 인터넷 사용자 수와 꺼지지 않는 지구의 불빛 그리고 경제적 부를 누리고 있는 지역이(반드시는 아니지만 어느 정도는) 동일하다는 것을 보여준다. 그러나 저 불빛 속에 있어본 사람들은 안다. 저 휘황한 지표들이 반드시 삶의 질과 연결되지 않는다는 사실을.

아갈 수는 없는 노릇이다. 우리는 이미 도시화의 가속도에 싫든 좋든 편승해 있고 그 속도를 즐기고 있다.[5] 과거의 기억을 간직하고 있는 몸과 현대적인 정신, 거기에서 충돌하는 관계들. 비합리와 합리, 낯선 근대, 이 분열증 속에 현대문명의 속성이 자리하고 있다. 과거와 현재 그리고 미래가 한 공간 안에서 나타나는 것, 정치적인 프로파간다와 순수의 추구, 서로 다른 가치관들이 아무 제약 없이 다투어 주장되고 있다는 것 — 하이브리드 hybrid. 이것이 문명의, 건축의 정신분열이다. 그리고 이 분열은 집 안에도, 집 밖에도 어디에든 있다.

모든 길은 자본의 이익을 위해 봉사한다

이제까지 인류가 추구해온 문명은 반드시 공간의 이동이라는 문제와 긴밀하게 연관된다. 즉 그것이 수렵사회이든 산업사회이든 간에 상품의 원거리 이동, 전쟁의 수단으로서의 이동, 그리고 제도의 전파[6]나 정치적 지배 등을 위한 공간 단축의 문제는, 전 인류의 공통적인 적용 사항이었다. "모든 길은 로마로 통한다."라는 말은 동시에 길을 통한 로마의 지배력을 드러낸다. 마찬가지로 자본주의 사회에 있어서의 길은 곧 상업 자본주의의 속도와 자본주의 체제의 가속화의 의미를 한꺼번에 내포한다. 또 그 길은 도시 내 가로街路에

사라진 역사와 건축

---

5 그렇다면 우리의 생활을 완전히 서구화할 수 있겠는가? 우리는 지금 건축형식과 생활내용 사이에서 정신 분열을 일으키고 있다. 요는 서구 합리주의의 도구적 이성의 반성에 있다. 그 반성을 통해 천천히 보기를 감행하는 것. 건축은 우리의 민족 생활내용에 대한 올바른 형식을 위해 고민할 때다. 다시 내용이 형식을 규정하고 그로 인하여 다시 형식이 내용을 이끈다.

6 모든 길은 로마로 통한다는 말이 있지만, 한편으로 이 길이 침입자의 길이 되기도 한다는 것은 아이러니다. 잉카 제국이 그렇게 단시간 내에 붕괴된 이유는 그들이 닦아놓은 길 때문이었다고 한다. 잉카 문명은 문명의 길이 파괴의 길로 바뀌면서 지구상에서 사라져버렸다. 도시를 형성하고 있는 인프라의 매뉴얼은 그래서 지켜질 필요가 있다. 오늘날 도시가 가지고 있는 많은 부작용들은 이 매뉴얼의 문제와 긴밀하게 연관되어 있다

새겨진 상업 자본의 화인火印을 의미한다. 오늘날의 진정한 도시 문제는 대부분 그런 무분별한 자본주의의 욕망에서 기인한다.

오늘날의 세계는 도시에서 도시로 이어지는 그 불빛의 그늘에 있다. 그 그늘의 정체는 우리가 도시개발, 도시계획이라고 부르는 활동에 필수적으로 나타나는 집단행동의 제도화에 있다.

앙리 르페브르 Henri Lefèbvre의 말처럼 공간은 정치적이고 이데올로기적인 것이다. 공간은 글자 그대로 이데올로기로 가득 찬 산물이다. 특히 오늘날과 같은 상업 자본주의 하에서는 더욱 그렇다. 도시는 어디든 대자본의 이익을 위해 공간의 이데올로기를 강화하고 있다. 도시화가 필연적이라면, 그것은 이제 상업 자본을 확대시키기 위한 것이다. 모든 길은 자본의 이익을 위해 봉사하고 있다.

도시의 가로는 광고에 의해 빈틈이 없다. 광고는 가로를 걷는 보행자를 향해 끊임없이 자신들의 소비를 주장하고 있다. 뿐만 아니라 도시의 토지 문제는 대자본가들에게 토지 소유의 부가가치를 조장한다. 즉 오늘날 도시화 현상의 확대는 대자본가의 이익 창출을 위한 부동산 자본주의 시장의 확대에 다름 아니다. 같은 맥락에서 무주택 서민을 위한 제5공화국 정부의 100만 호 주택건설의 신도시 건설계획은, 기실 한정된 토지에서 부동산의 부가가치가 한계에 다다르자 새로운 토지에서 새로운 부가가치 창출을 위한 부동산 시장의 재편성에 다름 아니었다. 실제로 2011년 정부는, 아파트 미

거리를 메운 상업 간판들 아시아의 거리 어디를 가나 이러한 풍경은 익숙하다. 특히 사액서원과 같이 왕이 스스로 간판을 써온 전통을 가지고 있는 우리의 경우, 거리를 메운 이러한 간판을 서구식으로 섣불리 재단하는 것은 옳지 못하다. 오히려 간판을 이용한 적극적인 건축적 해결이 필요하다.

분양 사태가 발생하자 집 없는 서민들을 위해서가 아니라, 아파트 건설업자들에게 몇조 원이나 되는 지원금을 책정했다. 누구를 위한 아파트 건설이었나, 다시 한 번 생각해볼 사안이다.

물론 여기에 대재벌들과 정부의 은밀한 뒤로 손잡기가 행해지고 있다는 것은 이미 공공연한 비밀이 되고 있다.[7] 거대한 국가 권

45

---

7   1999년 토지공사와 수도권 지자체의 개발이익을 둘러싼 법정소송을 보면, 4개 도시 관할 지자체인 성남, 고양, 안양, 부천시가 토지공사에 매긴 개발이익 부담금은 총 6,829억 원이다. 분당이 4,168억 원, 평촌 715억 원, 중동 96억 원 순이다. '개발이익 환수에 관한 법률'에 따르면 정부 투자기관은 개발이익에서 25%를 부담금으로 내야 한다. 따라서 지자체들의 계산대로라면, 토지공사가 거둔 개발이익은 개발 부담금의 4배인 2조 7,328억 원에 달한다.

력에 의해 토지의 국유화로 거주 이전의 자유가 제한된 사회주의 국가 체제나, 상승된 지가와 폭등해버린 부동산 가격으로 거주 이전의 자유가 제한당하고 있는 자본주의 국가 모두는 이제 같은 모습을 하고 있는 두 얼굴에 지나지 않는 것이다. 무릇 자본주의와 공산주의는 쌍방에게 서로 빌미를 제공하며 서로의 존립 기반을 마련해왔던 터이다.

그러나 이 필연적인 도시화 현상이, 곧 많은 부정적 현상들에 대한 긍정일 수는 없다고 한다면, 도시화에 따른 많은 부정적 현상들에 대한 비판적 대응이야말로 긍정적인 '도시 살기'의 활로일 수 있을 것이다.

도보 문화의 상실과 도시화 문제

많은 사람들이 편리(便利)에 대한 현대인의 강박증을 이야기한다. 그러한 비판도 일종의 문명 비판적인 시각의 일부임에는 틀림없지만 아마도 그것은 컴퓨터의 발명이 많은 문서들에서 인간을 해방시켜줄 수 있을 것이라 믿었던 이기(利器)주의자들의 순진한 희망과도 같은 비판일 것이다. 실제로 컴퓨터의 발명이 잡다한 문서들 속에서 인간을 해방시키기는커녕 오히려 더 많은 문서 속에서 헤어

두더지 잡기 현대의 도로를 장악하고 있는 것은 자동차 산업이다. 우리는 한 번 지하도에 들어가면
쉽게 나오지 못한다. 현대의 가로는 상업 자본에 의해 산책의 풍경을 빼앗겼다. 우리는 무엇을 생각
하며 도대체 어디를 걷고 있는가? 그것은 과연 꿈인가? 현실인가? 아니면 오락실의 세트인가?

나오기 어렵게 만든 것처럼, 편리함을 추구하는 현대인의 속성은 더욱 부지런해야 하는 산업사회의 강제 속에서 탈출하고 싶은 욕망을 드러낸다. 그러나 그 욕망은 편리를 통해 여유를 가지는 것이 아니라, 곧 다른 작업으로 옮겨가야 하는 악순환 또한 동시에 가져온다. 도구를 사용하는 인간 homo faber이란, 곧 더 많은 일을 하는 인간을 뜻한다.

과거의 사람들이 걸었던 남대문 崇禮門과 동대문 興仁之門 사이의 거리는 현대인이 걸어 다녀야 하는 남대문과 동대문 사이의 거리와 다르다. 심정적인 거리감으로도 물론 다르지만 지리적인 거리 역시 그러하다. 현대인들이 통행하는 종로는 과거 사람들이 걸어 다니던 종로보다 기계적 제어장치(신호등 및 지하도 같은)들에 의해 훨씬 더 오랜 시간이 소요될 뿐 아니라 그 피로감도 더하다. 현대의 도로 사정은 과거와 같이 지상 통행만으로는 이미 불가능하게 되어 있다. 지하도와 육교가 그렇고 거리의 곳곳에 배치된 시민의 행동을 제어하는 신호등은, 현대인에게 과거와 같은 거리에 소요되는 시간 이외의 시간을 더 필요하게 만든다. 신호등을 기다리는 피로는 더욱 가중되었고, 지하도와 육교를 오르내리는 피곤 역시 과거와 동일한 장소를 더욱 먼 거리로 늘여놓고 있다.

오늘날의 남대문에서 서대문 쪽으로 이어지는 한양 도성의 성벽은 일제 강점기의 일본 다이쇼 大正 황태자의 한국 방문을 앞두고 마포에서 남대문으로 난 길이 좁다고 하여 새로 넓혔을 때 없어진 것이다. 마찬가지로 광화문은 〈조선총독부〉의 정면을 가린다고 옮겨놓은 것을 1968년 철골조로 복원하고, 2010년 다시 목조로(조악한 석축 쌓기로) 원상 복구했다. 이렇듯 도시 공간은 늘 지배권력의 이데올로기를 반영한다. 공간의 정치성이라는 말이 성립할 수 있는 비근한 예이다. 특히 우리나라와 같이 식민지의 경험을 갖고 있는 나라는 더 말할 것도 없이 그러한 정치적 지배 이데올로기의 강화가 도시 곳곳에 남아 있다. 이제는 지나간 일이 되었지만 〈조선총독부〉의 철거 논의는, 한 건물을 정치적 미란다로 해석하는 부류(철거론)와 단순한 역사적 유물로 보거나 경제적 이유를 들어 재사용을 주장하는 부류(보존론)이건 간에, 기본적으로 한 건축물을 정치적 의미로 해석하느냐 그렇지 않느냐 하는 기본 입장의 위상의 차이에 있다.[8] 아무튼 공간의 정치성이라는 측면과 아울러 오늘날의 도시 공간은 자동차 산업의 확산에 의해 그 모습을 달리하고 있다.

남대문의 폭과 그에 연하는 도로의 폭은 당시의 중요한 운반 수단이었던 우마차 두 대가 동시에 지나다닐 수 있을 정도의 폭을 기준으로 산정한 치수였다. 그러나 자동차가 그러한 공간 이동의 수단을, 심지어는 사람의 걸음까지도 대체함으로써 우리의 도시 모습은 급격히 달라지기 시작했다. 도시는 전에 없던 자동차만을 위한 전용도로를 만들어야 했고, 자동차의 편리를 위해 사람들은 자

8 1997년 드디어 구 〈조선총독부〉가 헐렸다. 말도 많고 탈도 많았다. 해체되든 보존되든 충분한 논의가 없었던 것은 우리시대의 미숙한 문화의식을 드러내주는 좋은 본보기라는 말도 있었다. 다 맞는 말이다. 맞는 말임에 틀림없다. 행정부 수반이 아닌 밤중에 홍두깨처럼 불쑥 나타나 철거하라는 말 한마디에 철거의 구체적인 방법들이 궁리(이것은 논의가 아니다)되기 시작하고, 그 이후에는 행정부의 수반의 결정을 옹호하기 위한 변론과 그 반대 의견이 난무하기 시작했다(이것 또한 편 가르기의 양상을 띠고 있어 논의는 분명 아니었다). 그러나 논의라는 것의 생명은 논의의 중론에 있고, 그 합리적인 이해를 바탕으로 어떤 결론에 도달하는 그 논리 전개에 핵심이 있다. 그러나 〈조선총독부〉의 해체는 평소 대권에만 관심이 있는 줄 알았던 행정부의 수반께서 갑작스럽게

신의 보도를 공중에 띄우거나 아니면 지하로 숨어들어야 하는 불편을 감수해야 했다. 소나 말을 이용하던 시대와는 달리 도로는 이제 인간의 영역이 아닌 기계의 영역이 되었고, 그와 아울러 도로를 따라 펼쳐지는 가로의 풍경에서 사람들은 산책의 풍경을 잃었다. 도시의 풍경은 자동차의 속도로 인해 도시의 삶을 영위하는 현대인들에게 존재하지 않는 풍경이 되었으며, 길은 상업 자본주의 판매 전략에 의해 도로는 존재하나 거리는 존재하지 않게 되었다.

처음 자동차가 나왔을 때 그것은 미래에 대한 희망이었다. 1895년 파리와 보르도 사이를 왕복하는 자동차 경주대회를 기념하기 위해 만들어진 카미유 르페브르Camille Lefèvre의 〈르바소 기념비〉는 이 새로운 미래 앞에 선 사람들의 어리둥절함을 잘 보여준다.

횡단보도를 건너다 말고 도로의 중간쯤에 서서 한 번쯤 검은 아스팔트의 저쪽을 쳐다본 경험이 있는 사람이라면 누구든지 그 시원스레 뻗어 있는, 대각선 구도 속에 놓여 있는 도시의 거리를 새삼스럽게 느낀 적이 있을 것이다. 검은 차도의 어느 한쪽으로 치우쳐 있는 보도를 걷는 행인은 늘 대각선 구도의 한쪽에만 편중하여 도시의 풍경을 바라볼 수밖에 없게 되어 있다. 그렇게 바라보는 도시는 언제나 고층건물들에 의해 그 시선이 차단되어, 도시 자체는 하나의 벽의 이미지가 된다. 더군다나 그렇게 절벽 밑 같은 보도의 건물들에는 크고 작은 입간판들과 선전탑, 거대한 광고탑의 홍수로

'뜨거운 감자는 자신이 먹겠다'는 식의 총대를 메고 난 다음부터, 그러면 안 된다는 만류파와 그게 좋겠다는 지지파로 나뉘어져 설왕설래하기 시작했다. 바로 이 점이 또 〈조선총독부〉해체 논의의 격을 떨어뜨린 중요한 이유이다. 대권을 잡음으로써 개인의 문화적 역량도 같이 높아진다면야 모를까, 전문가도 아닌 그분의 한마디 '찍음'(그분이라고 해서 왜 나름대로 고민이 없었겠는가마는 전문가도 아닌 사람이 그런 중요한 사안에 대해 겁 없이 한마디 할 수 있는 것은 거의 눈감고 선택한 수준이라고밖에 말할 수 없다)에 의해 이런 논의 아닌 논의가 이루어졌다는 것은 우리 사회에 건축에 대한 담론의 부재를 여실히 증명해주고 있다.

카미유 르페브르, 〈르바소 기념비〉, 1907 "이 기념비를 디자인한 쥘 달루(Jules Dalou)의 고민거리는 자동차의 헤드라이트와 핸들을 전통적인 방법으로 해결할 수 없었다는 점이었다. 헤드라이트 같은 물체는 자동차 자체만큼이나 너무나 새로운 소재였기 때문이었다"(로버트 휴즈, 『새로움의 충격』, 최기득 옮김, 미진사, 1995). 그것을 돌로 만들었다는 것은 의도된 역설처럼 기발한 구석(찻잔을 털로 만든 것처럼)도 있다. 그러나 분명 〈르바소 기념비〉는 새로운 소재에 대한 조각의 당황스러움을 보여준다.

눈 둘 곳이 없음은 주지의 사실이다.

그것은 1889년 처음 〈에펠탑〉이 대중에게 개방되었을 때의 경이와는 다른 상실감을 우리에게 준다. 처음 〈에펠탑〉에 올라간 100만의 사람들은 오늘날의 사람들에게는 당연하게 여겨지는 땅의 평평함에 놀라지 않을 수 없었다. 그것은 처,음으로 1,000피트 이상에서의 관점을 사람들에게 제공하였던 것이다. 〈에펠탑〉이 제공한 그 평평한 관점은 이후, 원근법에 근거한 후퇴나 공간적 깊이가 아닌 정면성과 양식성을 바탕으로 하는, 새로운 예술을 이해하게끔 하는 경험 근거가 되어주었다. 새로운 예술의 인식 방법이 새로운 미래의 환경을 정확히 예측할 수 있다는 걸 오늘날의 도시는 보여주고 있다. 진정으로 현대의 도시에서 원근법은 사라지고 없다. 걷는다는 주체적인 행위가 자동차라는 관성에 의지할 수밖에 없는 문명의 이기에 의해, 그리고 상업 자본주의의 의도에 의해 그 의미를 잃고, 그것이 곧 도시화의 부정적 징후로만 읽힐 때, 바로 거기에 현대 도시의 위기가 자리하고 있는 것이다.

도보 문화가 다방향성의 문화이고 쉼의 문화라면, 자동차 문화는 단방향성의 문화이고 관성에 의지하는 속도의 문화이다. 자동차는 인간의 시야를 좁혀 속도라는 갈대 구멍을 통해 세상을 보듯 끝없이 소실점만을 보도록 강요한다. 길이야말로 시야의 전부이고 세계가 된다. 정체된 도로에서 막무가내로 발악하는 사람들의 폭력적 성향은 자동차가 보여주는 세계의 부재에서 오는 절망감을 드러낸다. 정체된 도로는 이미 길이 아니다. 세계가 갑작스럽게 없어져버린 것이다. 정지해 있는 순간의 사라져버린 소실점들은 이미 존재하지 않는 풍경을 나타낸다. 매일 빈번하게 일어나는 교통사고 소식이 사람들의 흥미를 유발한다는 것은 신기한 일이다. 사람들은 언젠가 자신에게 일어날 죽음이라는 현실을 타인의 죽음에서 보고 있는 것이다.

추돌 사고로 엉망이 되어버린 도로 도시에서의 삶은 항상 많은 위협 속에서 이루어진다. 어쩌면 우리에게 살고 죽는 것은 부차적인 문제일 수 있다. 보다 더 중요한 건 사건 이후의 처리에 있을지도 모른다. 누가 더 많은 보상비를 받아내느냐, 하는 것. 죽은 사람들의 유가족에겐 보험회사의 애도와 함께 결코 적절할 수 없는 보상이 주어진다.

우리가 그렇듯 지켜워하고 있는 이 도시는 사실 이미 하나의 대안이다. 우리는 다른 희망에 찬 대안을 찾아 떠날 수는 있어도 이 현실을 통째로 부정할 수는 없다. 우리가 어디로 복귀하려고 꿈꾸든지 간에 이 도시적 현실을 떠나서는 불가능한 현실이 되어버린 것이다. 우리는 산책할 수 있는 도시의 거리를 가지고 있지 못하다. 도시를 관통하고 있는 도로의 주변에는 끊임없는 광고의 유혹이 있을 뿐이고 한적한 교외의 거리마저 보행자를 위한 공간은 전혀 배려되어 있지 않다. 거기에는 자동차의 속도에 의해 느껴지는 위협만이 존재한다. 이 도시의 거리가 갖는 이데올로기는 우리로 하여금 걷지 말고 자동차 산업의 이익에 편승할 것을 강제한다. 모든 거리/도로는 이미 자동차를 위해 있다. 사람들은 한 정거장의 시내버스 구간도 걷기를 꺼려 한다. 그것은 사람들이 게을러서가 아니라, 이 도시에는 이미 걷는 자를 위한 공간의 배려가 결여되어 있기 때문이다. 현대 건축을 꾸려나가려는 무수히 많은 건축가들에게 지대한 영향력을 행사한 거장 루이스 칸 ^{Louis I. Kahn}은 다음과 같이 얘기한다.

> 도시에서 가장 중요한 것은 거리임에 틀림없다. 그것은 도시의 첫 번째 명물이다. 거리는 공동의 이용을 위해 도시에 통합된 방으로, 하나의 공동사회를 이루는 방으로, 그리고 기증자에게 속한 방을 구성하는 벽들로 이루어져 있다. 오늘날 거리에는 거리에 면한 집들과는 전혀 상관없는 냉담한 움직임들만이 존재하고 있다. 따라서 당신은 어떤 거리(street)도 가지고 있지 않다. 당신은 도로(road)는 가지고 있지만, 거리는 가지고 있지 않다.

문명은 언제나 반문명을 지향한다. 문명의 과정은 언제나 야만의 길 위에 놓여 있다. 인류가 그들의 문명이 계속해서 진보하리란 생각을 놓치지 않고 있을 동안, 그러한 문명의 반문명화 현상은 필연적일 것이다. 그리고 인류는 진보라는 미명을 쓴 야만의 길 위에서 늘 과거를 그리워하고 거기에 복귀하려는 헛된 희망을 계속하게 될 것이다.

우리가 늘 문명에 대해서 얘기할 때마다 손쉽게 들고 나오는 이 과거 지향적인 복귀의 현상은 단적으로는 퇴행이며, 근본적으로는 문명이라는 도저한 진화 과정 속에서는 필연적인, 그러나 문명이라는 것에 대한 효과적인 비판적 대응이 되는 어떤 오해임이 분명하다. 왜냐하면 인류의 문명은 언제나 시행착오였고, 진화의 과정에 놓인 기형의 모습이었기 때문이다. 마찬가지로 세계의 그 어느 곳도 예외일 수 없는 극심한 도시화 현상 역시 그러한 문명의 기형적 산물이다. 그것이 자본주의 사회이든 사회주의 사회이든 간에 도시의 거대화 현상은 20세기 문명이 낳은 가장 처치 곤란한 골칫덩이 중에 하나이다. 그리고 무엇보다도 우리가 처하고 있는 도시화 문제의 근본적인 해결책을 더욱 어렵게 하고 있는 것은 이 20세기 문명의 엄청난 속도와 그 변화무쌍함에 있다.

지금 인류는 300만 년 동안의 시간 중에서도 그 유례를 찾아볼 수 없으리만큼 빠른 속도로 변화하고 있다. 이 엄청난 문명의 속도에 휩쓸려서 우리는 아직 우리가 발전시킨 그 문명의 요체조차 제대로 파악하지 못하고 있다. 수렵사회에서 농경사회로 변화하는 그 엄청난 시간의 완만한 변화를, 우리는 농경사회에서 산업사회로 극히 짧은 시간에 이행하도록 강요받고 있는 것이다. 불과 한 세대만 거슬러 올라가도 세계는 어딜 가나 우리가 언제나 꿈에 그려 마지않는 평화로운(?) 농촌사회의 그것이었다.[9] 불과 30~40년 동안 우리 사회는 산업사회에서 후기 산업사회로, 그리고 고도로 정보화된 시스템 사회로의 이행을 강제받아온 것이다. 특히 식민지적 상황의 특수성으로 인해 더욱 빠른 속도로 우리는 그러한 변화를 받아들이기에 급급했었다. 그러나 그것은 어느 누구에 의해 강제되었다기보다는, 누구보다도 그런 변화를 만들고 또 이끌어나간 사람들은 바로 우리 자신들이라는 것이다.

오늘날의 도시화 문제의 심각성은 심각성 그 자체에 있는 것이 아니라 심각한 변화에 심각하게 적응할 수 없는 우리의 사고에 있다. 우리는 발달된 후기 산업사회의 풍경에 익숙해 있고, 컴퓨터를 조작하는 등 모든 문명의 이기에 이미 능숙해져 있지만, 실제로 우리의 의식은 아직도 농촌사회의 어느 한 곳을 거닐고 있을 뿐이다. 그래서 우리는 우리가 이루어낸 문명에 의해 위협받고 있다는

9 유목민의 입장에서 볼 때 농경민은 비겁하고 한심한 족속들이었다. 그들은 감히 어머니인 땅을 갈아엎는 불손한 자들이었다. 성경에서 하나님은 농경 정착민인 카인의 제물은 거부하고 유목민인 아벨의 제물만 받아들였다.

생각을 떨쳐버릴 수가 없는 것이다. 이미 지킬 것도 없이 파괴되어
버린 과거를…….

역사는 아무것도 기억하지 못한다. 흔히 말해지듯이 역사는
기록의 장치가 아니다. 역사는 기록되어질 뿐 기억하지 못한다. 이
러한 경우, 역사가 기억하고 있는 것은 아무것도 없다는 진술이 가
능해진다. 또한 역사는 아예 아무런 기억의 기제가 없고, 단지 역사
가 무엇을 기억하고 있으리라는 기대만 무성할 때, 역사가 기억하
는 것은 아무것도 없다는 진술이 가능해진다. 랑케식의 객관적인
역사 서술이 가능하다는 것이 하나의 꿈으로 치부될 때, 역사는 끝
없는 주관에 의해서 기록되어지는 비역사이다. 따라서 역사는 없다.
그것은 끊임없이 왜곡되거나 재구성되어진다. 모든 역사의 기술은
왜곡의 역사이다. 그렇듯이 우리가 기억하고 있는 역사는 존재하지
않은 역사이거나 가상의 역사이다.

그런 의미에서 당대의 건축은 이전의 건축적 사실과 이후의
건축적 행위들을 배제한 특별히 개체적인 의미이다. 여기에서 당대
는 동시대적이라는 시간적 개념이 아니라, 세포적이고 개체적인 의
미를 띤다. 즉 우리가 보고 있는 개별적인 건축물에 대한 발언이라
는 것이다. 모든 건축들이 하나의 통공간적으로 이해된다는 말이다.
시간과 상관없다. 따라서 역사적인 맥락에서의 보존가치라는 것은
비역사적인 발언으로 이해해야 한다. 그것이 어떤 시간적 성격을

〈조선총독부〉를 철거하자 마치 마술처럼 북악산과 경복궁이 나타난다. 역사는 움직이는 장치가 되어야지, 죽은 기록이 되면 안 된다.

갖고 있든지 간에 남아 있는 건축물은 하나의 실체이고, 그렇기 때문에 어디까지나 당대적 의미를 지닌다. 즉 모든 건물은 당대적 의미로 재해석된다. 모든 건물은 한 개체의 의미로 해석당한다.

건축물을 하나의 역사로 읽어내려는 모든 오류들이 바로 이 미묘한 차이에서 기인한다. 역사는 역사에서만 존재한다. "역사는 아무것도 기억하지 못한다."라는 말을 인정한다면, 당대의 모든 건물들은 당대만의 것이다. 우리는 하나의 건물을 분열시켜 다른 시간대에서 각각 해석할 수 있다. 결론적으로 모든 현존은 비역사적인 것이다.

구 〈조선총독부〉는 그런 의미에서 이미 하나의 단순한 건축물이라기보다는 정치적 상징성을 강하게 드러내는 미란다이다. 우리는 그 정치적 상징성을 무너뜨렸다. 그리고 나서야 그것은 진정한 과거가 되었다. 건축에 있어서의 무분별한 복원은 역사의 유령만을 재생산할 뿐이다. 문명의 속도가 더 빨라지면 빨라질수록 이러한 유령들이 더욱 많아진다. 〈조선총독부〉를 두고 일어났던 보존과 철거의 문제는 바로 이러한 당대의 의미에 따라서 파악되어져야 할 것이나 우리는 아직도 흘러간 과거의 향수에 매달려 있다. 영악스럽게도 자본주의의 다층적인 촉수는 그러한 향수 산업에 마저 눈길을 놓치지 않고 있다. 야만의 눈길을.

숲과

도시

수도권 신도시를
중심으로

도시—재편성된 자연

인류로 진화한 원숭이들이 숲을 버리고 사바나를 찾아 떠나
올 때부터 이미 인간의 삶은, 자기의 지반을 파먹는 포클레인처럼
저 나락으로 굴러떨어질 운명이었다. 인류의 문명이란 그 시작부터

숲과는 동떨어진 거리를 갖고 출발했던 만큼, 우리가 도시라는 재편성된 자연을 부정하지 않는 이상(그리고 그것은 단순 논리의 오류에 빠질 위험을 감수한다면 선(善)적인 퇴화를 수반한다고 말해질 수도 있다) 사실 인류라는 종의 자기 비하적 파멸은 정해진 수순과도 같다. 이 재편성된 자연-도시가 앞으로 얼마만큼 신의 도시-자연과 화합해갈지 미지수이지만 그 전환점이 지금은 보이지 않는다는 점에서 절망적이다. (그러나 그것은 다른 종들에게는 얼마나 희망적인 전언인가?)

그 희망의 반대편에서 인류는 끝없이 도시에 대한 비전을 제시해왔다. 물론 인류가 자연을 본격적으로 재편성하기 시작한 것은 농경문화의 정착에서부터이지만 도시화야말로 숲을 버린 원숭이들 이래로 인류가 꾸어온 고귀한 꿈의 실현이었다. 특히 산업혁명을 기점으로 19세기 후반부터 급속도로 이루어지기 시작한 도시화 현상은 비로소 숲을 버린 인류의 완벽한 자연의 재편성을 가속화시켰다. 근대건축의 이상은 이러한 자연의 재편성-산업화-도시화-유토피아의 구도 속에 있었다. 인간은 자연을 날것으로 이용하지 못한다. 다른 동물들은 날것인 상태의 자연 속에 자신을 적응시키지만 인간은 주변을 자신에 적응시키며 진화해왔다. 인간은 환경에 적응하는 진화 방식에서 낙오된 종들이다. 그래서 인간은 끝없이 환경을 개선하기 위해 노력한다. 중대한 과학적 발견은 중대한 정신적 사고와 작용하며 사회를 변화시킨다. 도시는 이러한 첨예한 변화와 실험의 장이다. 모든 인류의 유토피아는 도시를 꿈꾼다.

환상과 실패

밤낮으로 빛나는 도시를 상상해보라! 화려하게 빛나는 건물들, 풍
부한 유리 구조물들 — 유리는 모두 깨끗하고 금속 세공과 조화하기
위하여 부분적으로는 불투명해지고…… 그 도시는 비가 내리는 속
에서도 그 모습이 선명하며, 화재경보를 알릴 필요도 없고, 어두침
침하지도 않을 것이다.[1]

20세기에 접어들면서 사람들은 이 새로운 세기에 열광하기
시작했다. 많은 건축가들이 속속 자신들의 이상향을 제시했으나 대
다수가 실패했고, 실현된 극소수는 자신의 이상이 더럽혀지는 꼴을
목도할 수밖에 없었다. 영국의 펑크 그룹 아키그램[2]은 "건축은 놀이
다."라는 말로 자신의 유죄로부터 도망쳤고, 실제로 그들은 책임질
만한 어떤 행동도 취하지 못했다. 그들은 다만 그 SF적 환상을 건축
적으로 즐겼을 따름이었다.

사무실을 개설하고도 몇 해 동안 일이 없어, 어쩔 수 없이 이
론을 단련하며 칼날을 갈던 구로카와 기쇼黑川紀章는 마침내 메타볼

1 허버트 머스햄, 『인간과 도시: 뉴욕과 프랭크 로이드 라이트』, 최인철 옮김, 기문당, 1995.
2 건축 분야에서 펑크는 포스트모더니즘 현상의 하나로 간주되는 경향이 있다. 여타 장르에서 보
   여지는 펑크의 극단성은 건축에서 공간적 유희로 변용될 뿐, 결코 대안 부재의 현상을 자기 파괴
   로 몰아가지는 않는다. 아키그램의 SF적 환상은 인류의 미래에 대한 희망으로 가득 차 있다. 무
   엇을 계획한다는 행위(뒤에 언급되겠지만 이제 이것이 부정되기 시작한다) 자체는 언제나 절망보다
   는 희망에 가까운 전언을 의미한다. 죽음의 계획도 그렇다.

리즘Metabolism이라는 이론을 들고 나왔다. 도시를 하나의 거대한 유기체로 파악하고, 그렇게 만들려던 기쇼는 결국 재편성된 자연을 재편성 이전처럼 만들려는 불가능한 꿈에 도전한 것이었다. 지금은 물론 그의 이론만 소중하게 남아 있다. 또 다른 재편성 이전의 모방을 시도한 인물로 프라이 오토Frei Otto가 있다. 그는 아마도 대기라는 얇은 층이 어떻게 이 육중한 지구를 감싸고 있는지 의아해한 건축가인 듯싶다. 그는 얇고 경쾌하고 가벼운 피막으로 모든 걸 싸고 싶어 했다. 가볍고 얇은 피막이 우리 모두를 지켜주는 꿈. 비와 바람과 햇빛으로부터 그리고 강하고 억센 무엇으로부터도.

　　그는 한 도시 전체를 피막으로 덮고 싶어 했는지도 몰랐다. 그러나 사람들은 그 유려한 피막 안에서 공을 차고 놀 수 있는 공간은 원했지만, 잠은 다른 데서 자고 싶어 했다. 아키그램 그룹이 건축을 유희로 했다면 그는 유희를 위한 건축을 했다/하고 말았다.[3] 김중업의 '바다 호텔 계획안'은 그의 소년 시절 꿈이 아무 여과 없이 펼쳐진, 누구도 말릴 수 없는 생떼였다. 그것은 거대 자본의 냉정한 외면 속에 결국 계획안으로 그쳐야 했다. 그리고 그것은 인류가 꾸어온 많은, 실패한, 그러나 고귀한 꿈들 중 하나였다. 그의 스승이었던 르 코르뷔지에는 어리숙한 제자와 달리 누구보다도 냉철하고 탁월한 이성의 소유자였다. 그 문맥의 진실이야 어찌되었든 간에 "건축은 살기 위한 기계다."라는 그의 선언처럼 그는 기계의 미래에 대

3　그러나 프라이 오토의 〈뮌헨 올림픽 경기장〉의 피막 구조는 충격적인 것이었다. 그것은 라이트가 던진 〈구겐하임 미술관〉의 의미와 같이 재료와 구조와 공간의 통합과 그 구분의 모호성이라는 점에서 다음세대로 향하는 미래를 열어놓았다.

구로카와 기쇼, 〈나카긴 캡슐타워〉, 1972 메타볼리즘(Metabolism)은 신진대사를 뜻하는 단어로
사회의 성장과 인구증가에 맞게 도시의 유기적 성장을 위한 건축과 도시계획을 세워야 한다는 주장
이다. 1970년대 일본사회의 급속한 도시확장과 인구증가를 해결하기 위한 대안이다. 그럴듯한 이
론으로 포장되었지만 알맹이는 비참한 닭장이었다.

프라이 오토, 〈뮌헨 올림픽 경기장〉, 1972 재료와 구조의 모호함을 통해 공원 내의 환경과 조우한다. 수많은 스타디움 중에서 가장 재기에 차고 혁신적이었지만 제대로 평가받지 못했다.

해 실로 고통의 혜안을 갖고 있던 건축가였다. 좀더 부언하자면 공업화 시스템에 대한 그의 신뢰는 낭만적이라는 혐의가 주어질 만큼 극단적이었다.

산업혁명은 모든 것을 대량생산의 시스템 속으로 인류를 몰고 갔다. 심지어는 19세기를 기점으로 인구수가 기하급수적으로 증가하기 시작한 것은 가히 인구의 대량생산 체계에 돌입했다고 말해도 될 지경이었다. 대량생산을 위한 공업화 시스템이 출산의 대

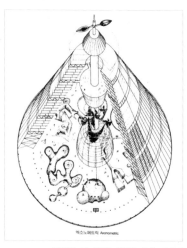

엑소노메트릭 Axonometric

김중업, 바다호텔, 1980 속초 앞바다에 세워질 예정이었던 이 환상적인 계획은 고독한 낭만주의자 김중업의 신전이었다. 결국 이루어지지 않는 환상 신전으로 끝났다.

량생산 시스템을 가능하게 만든 것일까? (이를테면 병원의 증가, 의료시스템의 발전, 의학의 진보. 그러나 이 현상의 선·후를 따지는 것은 무의미하다.) 운송 수단의 발달로 생산원료의 거대 물량이 도시로 모이기 시작했고, 당연히 도시는 이것들을 집하하기 위한 구조물이 필요하게 되었다. 바로 창고라는 구조물이 건축되기 시작한 것이다. 창고 건축은 이제까지 인류가 구축한 건물들과는 현저하게 다른 시스템을 요구했다. 이전의 창고 건물로는 농업창고가 있었지만 그것은 개별화된 창고였고, 방대한 지역의 생산품들을 모아놓는다는 점에서 산업창고는 그 구조와 디자인의 문제에 있어 전혀 다른 건축적 해결을 요구했다. 장식할 필요가 없어지고 오직 기능적 해결만을, 그것도 유례없는 거대 공간의 해결을 요구하는 건축이 등장하게 된 것이다.

건축에 있어 기능적 해결과 장식의 부재가 바로 이후 근대건축의 주요한 모토로 작용한다는 점에서 창고는 근대건축의 출발을 알리는 신호가 된다. 이후 모든 건축은 창고를 지향하게 된다. 르 코르뷔지에의 '살기 위한 기계'는 기실, 살기 위한 창고로 말해도 좋다. 근대는 이 임시로 지어놓은, 짓다 만 것 같은 창고의 본질에 주목했던 것이다.[4] 그리고 르 코르뷔지에는 산업사회 하에서의 이상적 도시의 모델을 제시한다. 1923년 르 코르뷔지에는 말한다.

대공업은 건물을 다루지 않으면 안 된다.

그리고,

가옥의 양산量産을 확립하지 않으면 안 된다.

그리고 '정신까지'

양산에 어울리는 정신 상태를 만들어내지 않으면 안 된다.

고, 양산量産 가옥에 사는 정신을 주장하게 된다. 그리고 그는 건축의 마르크스가 되어 20세기를 풍미했다. '빛나는 도시 La Ville Radieuse' 계

4 사실 "그들은 산업화의 모습을 보면서 앞으로의 건축의 방향에 대해 숙고했다."라고 말해야 옳지만 나는 여기서 특히 모더니즘의 정신을 함축하고 있는 중요한 단서로서의 창고에 대해 주목하고 있는 것이다.

획안은 그의 그러한 이상과 낭만을 보여주고는 곧 환상으로 사라져갔다. 도시는 길과 길이 바둑판처럼 곧게 뻗어 교차하고, 거대한 고층건물들이 오벨리스크처럼 수직으로 드문드문 세워져 있다. 대지의 표면적을 장악했던 저층주거들은 산업화의 덕으로 고층화하여 대지에는 빈 땅들이 넓은 면적으로 펼쳐져 있고 그 자리에는 다닥다닥하고 지저분한 저층주거 대신 울창한 숲들로 채워지게 된다. 이 얼마나 아름다운 풍경인가? (그러나 잘 생각해보면 숲을 빼놓고는 이것은 바로 우리의 지금 모습이다.) 유리로 빛나는 마천루들. 그 사이사이에서 녹음으로 우거진 숲들. 그러나 이 환상은 그것을 낳았던 양산과 공장 생산의 양식에 의해 무참하게 짓밟혀버렸다(누가 누구를 죽였는지 모르지만, 아버지와 아들의 살해가 벌어진 풍경이 지금의 우리 도시이다). 그 빈 땅은 결코 숲으로 채워지는 행복한 결말로 이르지는 못했다. 숲 대신 그 자리는 거대한 마천루들로 메워졌다. 르 코르뷔지에가

> 업무 도시의 중심에는…… 마천루가 머리를 쳐들지만 거리는 여전히 숲으로 싸여 있다. 나무는 왕이다. 사람들은 나무 그늘에서 쉬며 조화된 생활을 영위한다.[5]

라고 말했을 때의 '마천루가 머리를 쳐들지만'만 남고 왕은 사라져

5 필립 드류, 『건축의 제삼세대』, 최무형 옮김,
   기문당, 1997.

버렸다. 사람들은 마천루의 그늘에서 쉬며, 천민-마천루들이 우글거리는 곳에서 도시의 삶을 꾸려간다.

위성도시 - 신도시

도시는 숲을 메우고서도 점점 비대해져가는 자본주의적 양산 시스템을 제어할 수 없었다. 공장의 생산자동화 시스템은 제어에 실패했다. 이 멈출 수 없는 속도는 생산을 멈추는 방법보다는 보다 거대한 수요를 창출하는 것이 자신들에게 훨씬 유리하다는 것을 깨달았다.[6] 생산 속도의 낙태 합법안은 자본주의 의사당에서 기각되었다. 대신 그들은 더 높은 감도의 섹스, 더 빠른 생산, 더 광범위한 수요의 창출을 위해 도시를 생산해내기에 이르렀다. 한정된 대지 위에서 고수익의 부동산 부가가치를 끌어내는 데 한계에 부딪친 그들은 저 단세포 동물의 세포분열의 방법에서 무한정한 자본의 증식을 꿈꾸기에 이른 것이다. 이제 도시가 증식과 자기 복제에 나선 것이다. 기쇼의 메타볼리즘은 자본의 논리에 의해 모욕당했거나, 처음부터 모욕당하고 싶었던 것이 분명했다.

우리가 흔히 신도시라고 부르는 서울의 위성도시는 모두 서울이라는 한정된 대지 위에서의 고부가가치 창출이 한계에 부딪쳐

6 이 속도의 문제는 뒤에서 다시 자세하게 언급될 한국에서의 신도시 개발이 이루어지는 양상(재벌과 정치권력의 결탁)과 같은 궤을 형성하고 있다.

생성된 그야말로 위성도시이다. 이 위성도시라는 말은 한때 언론을 비롯한 일반 대중에게 널리 쓰이다가 제6공화국의 신도시 정책을 과거의 그것과 구별하기 위해서 어느 날부터 신도시라는 말로 대체되었다. 이 두 가지 용어는 한 측면에서는 전 정권과의 사소한 차이도 없이 취약한 정치적 기반을 보강해야 했던 신군부가 그 이름만 바꿈으로써 알맹이 없는 차별성을 가지려 했던 억지스러운 정치적 용어이며, 반면에 위성도시라는 이름처럼 서울의 주변을 맴도는 위성으로서의 베드타운적인 성격과 그 예속에서 벗어나 경제·문화적으로도 자족시설을 갖춘 독립적인 도시라는 성격적 변별성을 확보하기 위한 계획 입안자들의 용어이기도 했다. 그러니까 위성도시라는 말에는 어느 거대도시에 정치·경제·문화적으로 예속되어 그곳에서는 잠만 자고 일과 생활은 거대도시 안에서 이루어질 수밖에 없는 한계를 노정하고 있다. 따라서 엄밀한 의미에서 신도시라는 용어는 문화·경제적으로는 말할 것도 없고 정치적으로도 지방자치가 완벽히 이루어져야 가능한 개념인 것이다. 그러나 한국의 신도시는 아직 지방자치 이전에 이미 그렇게 불렸고(따라서 이 용어는 그런 정치적 오염을 벗어버리기가 쉽지 않다), 지방자치가 실시되고 있는 현재에도, 잇단 신도시 내 자족시설의 유치 미비로 정치적 미명이라는 혐의에서 벗어나기 어렵게 되었다.

건축은 자본의 시녀이다. 그래서 도시는 정치권력의 공동묘

피터 브뤼겔, 〈바벨탑〉, 1563 성서에 나오는 바벨탑 이야기는 신이 인간에게 준 선물인 땅을 함부로 대하는 자들에 대한 경고였다. 마찬가지로 하느님은 자신의 선물인 땅에 상처를 가하는 농부 카인의 제물은 받지 않았다.

성서에 따르면 농부들은 최초로 땅을 모독한 사람들이었
다. 그리고 이제 땅은 자본에 의해 모독당하고 건축은 그
모독을 완성한다. 위로부터 차례로 개발 전 분당의 모습,
개발 중인 분당의 모습, 개발 후의 분당의 모습.

지이다. 건축도 마찬가지지만 도시는 더더욱 지배권력의 이데올로기로 가득 차 있다. 한 시대의 정치 지배층들은 건설의 책임은 지지만(그들의 선거 공약에는 장밋빛 도시에 대한 환상으로 가득하다) 그 이후는 책임지지 않는다. 특히 단임제인 한국에서는 더더욱 공청회 같은 적극적 의견 수렴을 가능한 줄여나가는 것이 돈과 시간과 쓸데없는 정력 낭비를 줄이는 길이다. 천민자본주의 하에서의 도시는 단연코 정치적 지배 이데올로기에 절대적으로 복속된다. 최고 권력자의 한마디로 도시가 버려지고 새로 생긴다. 전통도 달라진다. 눈을 비비고 일어나면 울리는 새벽종과 함께 새로운 길이 나 있다. 최고 권력자가 가는 길을 따라 동산에 있는 나무가 서산으로 옮겨 심어지고 북산이 남산으로 옮겨오기도 하는 전능을 보여준다. 그저 놀라울 따름이다. 모든 도시 행정이 말씀으로 이루어진다.[7] 이때는 위성도시라는 말 자체도 크게 문제될 것이 없다. 한 나라의 모든 편의들이 태양(?)을 위한 위성에 불과하니 말이다.

　　과거에는 말할 것도 없고, 지금도 모든 도시의 빈민 문제와 재개발 지역의 문제는 이런 천민자본주의의 극악한 양태이다. 성남시는 단지 서울이라는 도시를 더 빛나게 닦기 위한 일환으로 그 '때'들(빈민들)을 서울의 경계 밖으로 쫓아내면서 생긴 도시이다. 재개발 지역에서 원주민들은 입주권을 팔고 이번엔 근거도 없는 빈민으로 전락하다 서울의 변두리로 추방당한다. 그 1970년대의 도시 빈

7　히틀러가 로마를 처음으로 공식 방문하였을 때, 우습게도 무솔리니는 로마역으로부터 1마일쯤 되는 철로 주위를 모조 아파트 건물로 치장하도록 지시하였다. 심지어 그는 수천 명의 사람들로 하여금 모조 아파트 벽 뒤에 숨겨진 발판 위에 올라서서 창문을 통해 히틀러 총통을 환영하도록 명령하였는데, 결국 이런 작태는 다음과 같은 풍자시를 낳게 만들었다.

대리석의 로마 마분지로 재건되다.
다음 통치자가 될 칠장이에게 로마여 경례하라.
(로버트 휴즈, 『새로움의 충격』, 최기득 옮김, 미진사, 1995.)

민들의 투쟁은 1990년대 일산 등지의 신도시에서 그 이후로도 계속된다. 하나의 도시가 거대자본과 정치권력에 의하여 하나의 세트로 만들어지는 것이다.

결탁

　부동산 자본의 논리는 전 국토를 자본 증식의 무대로 삼았다. 그들은 재편성된 자연을 다시 자본의 증식 수단으로 재편성했다. 산업화 이후의 도시 문제는 인간의 가장 기본적인 욕망에 기인하는 자본주의의 속성과 불가분의 관계를 맺는다. 도시에 대한 고귀한 꿈들은 이 욕망의 부분에서 항상 실패했다. 그 꿈들은 저 숲을 잠식하는 욕망들에 의해 늘 악몽인 채로 깰 수밖에 없었던 것이다.

　일산, 평촌, 분당 등지의 신도시 개발은 이러한 부동산 자본주의 이익과 취약한 지지 기반을 확보하기 위한 정치권력의 합작품이다. 이는 1960년대부터 급속한 산업화와 함께 공업을 주축으로 한 수출산업의 증대로 '한강의 기적'(한강의 기적은 기적보다도 말이 더 먼저 이루어져 있었다)을 이루려는 국가정책과 그 효율적 투자 방법으로의 집중적인 지역개발 전략에서부터 그 뿌리를 찾을 수 있다. 이것은 일군의 재벌회사에 대한 집중적인 투자와 지역 불균등 발전을 감수한 정책상의 오류였다. 그러나 이 오류는 무수한 미래의 청사진 더미에 묵인되었다. 따라서 한 지역의 공업화가 기형적으로 비대해짐에 따라 그 이익금은 자연히 그것을 환수시킬 유일한 도시인 서울에 재집중되었고, 서울의 문화·정치·경제의 집중화 현상은 더욱 심각해져갔다. 모든 자본들이 서울에 집중됨으로써 서울의 부동산 가격은 천정부지가 되었고, 그로 인해 서울은 오히려 더 이상 개발이익의 차액금을 투자자에게 되돌려주지 못할 상태가 되었다. 더군다나 부동산 가격의 상승으로 서울의 무주택 서민들은 날로 늘어나고, 그들 모두는 여차하면 여당에게 등을 돌릴 준비가 되어 있었다. 정치권력으로서는 집 없는 도시 중산층들을 자신의 지지 기반으로 편입시킬 필요가 있었으며, 부동산 자본으로 대표되는 재벌 기업가들에게는 투자한 금액에 비해 고수익을 올릴 수 있는 새로운 땅이 필요했다.[8] 이렇게 정치권력과 부동산 자본이 결탁하여 드디어 1989년 40만의 인구를 수용하는 일산·분당의 신도시 계획이 불과 3개월이라는 단기간에 수립되게 된다.

그 사이에 거대 부동산 자본은 토지개발공사를 통해 헐값에 개발 부지를 사들였고, 정치권력은 무주택 도시 중산층의 불만을 어느 정도 해소시키는 데 성공할 수 있었다. '슈퍼블록 방식'이라는 세련된 기법을 통해 계획된 일산·분당의 도시계획은 토지 매각금으로만 제공되는 물리적 시설물들로 인해 초기에는 생활이 이루어

8 유례없이 한국 아파트의 선분양—그 돈으로 공사—후입주 라는 특혜가 건설업자들에게 베풀어졌다. 그것도 모자라 2010년 무분별한 아파트 양산으로 미분양 사태가 일어나자 이명박 정권은 서민 보호에 나선 게 아니라 이미 특혜를 받고 있는 건설업자들에게 2조 원이라는 지원금을 떠안겨준다.

2008년 숭례문의 화재는 신도시 개발 과정에서 불만을 품은 분노한 농부의 방화였다. 사람들은 충격에 휩싸였다. 그것은 단순히 오래된 건축물이 아니라, 내내 우리 곁을 지켜주던 벌 하나가 사라져 버린 것 같은 충격이었다.

지지 않는 유령 도시가 되어버렸다. 그 개발계획에 맞서 일산의 원주민 5명이 목숨을 끊은 이후에도 토지개발공사는 분당의 한 지역을 떼어 21명의 건축가들에게 단독주택과 공동주택을 계획하게 하는 개과천선(?)한 사고방식을 선전하는 이벤트를 벌였다.[9] 제6공화국의 '200만 호 주택건설' 사업은 세계 건설 역사상에서도 그 유례를 찾아보기 어려울 정도의 해프닝을 연출하며 곳곳에다 부실공사의 허다한 쓰레기들만 양산했다. 이제 와서 생각하면 그것은 하나

건축, 또 다른 허구의 기호

9 이런 식의 축제는 한국건축의 문제가 곧 세계 건축의 문제일 수 있을 때에야 가능하다고 나는 생각한다. '일본의 넥서스 월드와 같은' 식의, '우리도 그들처럼'으로 시작되는 이벤트는 언제나 이벤트로 그칠 위험성이 높다. 여기에 대해서는 「한 시대의 신기루와 건축가의 환(幻)」에서 자세히 논하고자 한다.

의 코미디였지만 당시에는 정말 그 열기로 애매한 사람들까지 휘둘리는 비참한 지경이었다. 짧은 집권 기간 동안에 '200만 호 주택건설'의 위업(?)을 달성하겠다는 의지로 바닷가의 모래를 그대로 시멘트와 혼합해 모자란 콘크리트의 물량을 보충해야만 했다. 그 결과 곳곳에서 부실공사 아파트들이 속출했고, 심지어는 '200만 호 주택건설'의 가장 성행했던 부지로 손꼽히게 된 서울 주변의 신도시들 분당·일산·평촌 등지에는 콘크리트 벽체에 균열이 가는 등 도시 자체의 심각한 붕괴의 루머까지 나돌 지경이 되었다. 이러한 루머는 신도시 주민들의 생존에 대한 불안을 넘어서 한 국가의 건설정책에 대한 심각한 회의로까지 확대되었다. 이런 지경에서 정치권력이 확실한 이익을 보장해주는 데에 대한 부동산 자본의 보답은, 사는 사람들이야 어떻든 정치 핵심부의 임기 안에 공사를 마무리 지어 그 공을 광고할 수 있게 해주는 길뿐이었다.[10]

신도시의 성격 자체도 처음에는 베드타운의 기능으로 설정했다가 여론을 수렴하여 분당에는 서울의 업무·상업·금융의 기능을 분담하게 하고, 일산에는 관광·문화·국제회의 등의 자족시설을 유치하는 것으로 전면 수정되었지만, 신도시 완성 후 그것은 모두 백지수표가 되어버렸다. 애당초 신도시는 정치권력의 무마용이었고, 부동산 자본의 수탈지였음으로 그것은 당연한 귀결이었다. 앞으로 신도시는 그러한 자족시설을 갖추기 위해 부단히 노력하겠지만

10 이 당시에 이루어진 신도시 개발의 부작용은 그 후 20년이 지난 시점에서 엉뚱한 곳에서 불거져 나왔다. 2008년 2월 숭례문 방화사건이 일어난 것이다. 범인은 일산 신도시 개발 당시의 토지 보상에 불만을 품고 있다가 그것이 해결되지 않자 숭례문에 불을 질렀다고 진술했다.

자족시설이 없는 신도시는 베드타운-서울의 위성으로 전락할 수밖에 없었던 것이다.

쇼핑타운

어찌된 일인지 일산은 처음 계획대로 베드타운의 성격도 아니고, 그렇다고 수정된 계획처럼 관광·문화·국제회의의 도시도 아닌 쇼핑타운으로 변하고 있다. 아니 도시 자체가 하나의 거대한 쇼핑몰을 방불케 한다. 일산 신도시를 이루는 기능은 간단하다. 아파트, 음식점, 쇼핑센터. 이것이 일산 신도시에 있는 모든 것이다. (물론 아람누리 극장도 있고, 도서관도 있다. 하지만 시민들에게 그것은 비일상적인 공간이다.)

신도시를 둘러싼 모든 루머들이 진정되고, 그와 동시에 사람들의 불안도 과거의 전설처럼 신도시에 우후죽순으로 생겨나는 화려한 쇼핑센터의 상업 자본에 묻혀버렸다. 이제 신도시의 주민들은 그 불안은 잊고 서둘러 과자 한 봉지에서부터 파 한 단까지 자신들의 남편과 함께 쇼핑센터를 찾는다. 대단위 아파트 단지에 수용된 수많은 인원을 예상하여 유통산업의 이윤전략에 의해 계획된 거대한 매장의 회랑들 사이를 그들은 방황한다. 대부분의 신도시들이 서울의 근교에 있고, 그러한 신도시 내의 쇼핑단지들은 인근의 주변 군소도시들에까지도 주변부 인생으로서의 위화감을 일시에 털어버릴 것을 요구한다. (이제 일산의 쇼핑타운화는 심지어 역으로 서울의 수요를 끌어들이고 있다.) 이제 당신들은 쇼핑문화에 있어서만큼은 당당한 주도시의 주민으로 편입되었음을 그들은 광고하고 있다.

수출주도 산업의 경제에서 내수시장의 소비자들은 항상 불이익을 당한다. 급격한 소비문화의 확대는 금융 자본주의의 강력한 요구였고, 세계 은행이 이것을 통제한다. "소비하라! 고로 너는 존재한다."

초기 일산에서의 문화 행위는 유일하게 비디오 숍이 책임지고 있었다. 밀실로 몰아버리는 이런 공간의 정치학은 일산 신도시의 건축을 규제하는 건축법상에서도 잘 나타나고 있다. 그 큰 골격만 살펴보더라도, 첫째 신도시 내에서는 평슬래브 지붕이 허용되지 않는다. 그에 따라 모든 지붕들이 일률적으로 옥상을 활용하지 못하게끔 되어 있다. 옥상 공간의 활용은 굳이 르 코르뷔지에의 근대건축의 5원칙[11]을 예로 들지 않더라도 오늘날의 과밀한 도시 공간에 있어서는 필수적이다. 50퍼센트의 건폐율이라는 아주

11 르 코르뷔지에가 주창한 근대건축의 5원칙―자유로운 입면, 자유로운 평면, 필로티, 옥상 정원, 자유로운 구조. 여기에서 사용되고 있는 '자유로운'이라는 수식어에는 근대기술의 진보에 대한 당대의 설렘이 드러나고 있다. 옥상 정원은 그러한 근대기술의 진보를 바탕으로 전체 토지의 녹지화를 의미했다. 옥상 정원으로 꾸며진 도시의 조감도에는 건물은 사라지고 녹색 숲이 전체 대지를 뒤덮고 있다.

슈퍼블록(Super block)은 1928년 라이트와 스타인에 의해 계획되어 미국 뉴저지의 래드번(Rad-burn)에서 처음 사용된 이후부터 래드번 시스템 또는 래드번 아이디어로 불린다. 이후 각국의 뉴타운과 커뮤니티 계획에 널리 적용되고 있다. 주로 위에서 본 도시의 풍경을 사진에 담는 이득영은 다음과 같이 우리의 도시를 증언한다. "우리는 이제 도시를 산책자의 시선으로 보지 않아요. 차, 배, 비행기 등 이동수단을 타고 가면서 도시를 느낍니다. 올림픽대로를 지날 때 차창 밖으로 지나가는 풍경이 아주 기막힌데, 이게 지역마다 다른 특징을 보여주더군요. 사람의 눈높이와 이동수단의 속도가 결합되어 진화한 거죠." (《월간디자인》 2011년 5월호)

강화된 규제를 하고 있기는 하지만, 주차장법의 강화로 옥상 공간 마저 박공지붕으로 처리하면 마당이라는 개념이 아예 삭제되어버리고 만다. 둘째, 이 마당이라는 개념을 확대하면 도시 속에서의 쉼터로 그 개념이 확장되게 되는데 자연히 그 쉼터는 도시의 길과 연계되기 마련이다. 이미 일산에는 계획된 공원이 있기는 하지만 한 필지 내에서의 마당이 부재하고 도시 내의 길이 부재한 경우, 그것은 생활내용이 없는 단순한 물리적 공간에 불과하다. 일산의 길은 단순히 블록과 블록을 연결하는 통로의 구실을 하고 있을 뿐이다.[12] 일산에는 길이 없다. 그리고 그 통로마저도 걷는 행위를 거부한다. 아파트 단지들 내에서는 좋은 환경의 보행자 전용도로가 있지만, 지역과 지역으로 갈라진 블록은 거대한 덩어리로 나누어져 자동차를 이용하지 않고서는 그 접근이 어려운 거리를 형성하고 있다. 셋째, 한 블록 안에서 모든 생활이 이뤄질 필요는 없겠지만 기본적인 생활은 영위될 수 있어야 한다는 측면에서, 신도시의 건축법은 또 하나의 실패한 사례를 보여준다. 일산 신도시의 3층 이하의 단독주택 지역은 1층이 상가, 2, 3층이 주거지로 쓰이게 되는데, 이 상가로 정해진 1층 공간이 다양한 내용으로 알차게 채워지는 것이 아니라 누가 시키지도 않았는데도 거의 대부분 일률적으로 음식점이 들어서고 있다는 것이다. 그로 인해 단독주택 주거지역의 주민들이 만약 필기구를 하나 사러 가더라도 다른 블록의 상가를 찾는 경우가

---

12 슈퍼블록 방식에 있어서 한 블록의 길이는 대략 250~300미터 남짓이다. 다행히 다음 블록에 원하는 일상 잡화점이 있으면 다행이지만 그렇지 않다면 두 개 이상의 거리는 도보가 아닌 자동차를 이용해야 한다는 결론이 나온다. 일산에서는 차가 있어야 한다는 시민들의 판단은 이러한 미국식 도시계획의 적용에서 기인한다.

허다하다. 이와 같은 마당과 길과, 한 블록 안의 내용의 질과 관련하여 일산 신도시는 서울-일산이라는 베드타운저 성격을 넘어서 도시 자체 내에서의 베드하우스를 형성한다. 삶의 내용을 담고 있지 못한 슈퍼블록 super-block 안에서의 몰림은 산책할 권리, 길 위에서의 사유에서도 내몰리게 만들고, 결국 마당의 부재는 신도시의 주민을 침대로, 그게 싫은 사람은 쇼핑몰 속으로 몰아넣는 것이다.

그래서 신도시의 문화는 자고 사고 먹는 것으로 귀착된다. 심지어 일산 신도시의 〈뉴코아 백화점〉은 한때, 24시간 영업을 하는 전문코너를 따로 마련해두고 있었다. 모두가 잠든 신도시의 황량한 거리에서 쇼핑타워의 고층에서 창고형 매장을 서성이고 있는 신도시의 주민을 상상해보라. 이것은 참으로 괴이하다. 그러나 그것이 하나도 괴이하지 않은 풍경이 바로 우리들의 신도시이다.

세트

국민소득 만 불의 시대에 접어들면서 사람들은 부동산적 가치보다는 확실히 주거의 질적 문제에 더 집착하게 되었다. 따라서 부동산 자본주의의 논리도 이제는 실가용 면적을 계산하는 데서 건축적 해결의 방식의 문제를 거론하게 되었다. 과밀한 도심에서 부동산의 부가가치를 높이는 방법에 있어 임대면적의 증감보다는 공간의 질적 가치가 부동산의 가치를 결정하게 된다는 것을 인지하기 시작한 것이다. 그러나 한국의 근대화 과정과 맞물려 '근대화=서구화'라는 등식이 자연히 한국의 자본주의를 수입형 천민자본주의에서부터 출발할 수밖에 없게 만들었고, 그것은 건축도 예외는 아니어서 모든 주거의 평면은 한국의 전통과는 완전히 단절된 채 서구의 공간을 그대로 답습하는 결과를 낳았다.

그러다 보니 대중이 공간의 질을 비교 가늠할 수 있는 잣대는 서구의 집과 분위기였다. 여기에 무지한 주택업자가 가세하여 일산 신도시의 2층 단독주택 주거지역을 온갖 쓰레기들로 꾸며놓게 된다. 서양식 목조주택의 붐을 타고 예쁜 집을 선호하고 그림 같은 집(그런 집들은 보통 달력에 많이 나오는 서구풍의 전원주택이다)을 원하는 건축주는 주택업자를 찾아가고, 주택업자는 기다렸다는 듯이 미국에서 사온 목조주택의 수입 설계도를 펼쳐놓는다. 실제로 영국의 튜더왕조풍의 저택이나 빅토리아왕조풍의 저택이 지어지게 되는데, 이 땅에 왜, 튜더왕조와 빅토리아왕조의 저택이 완벽하게 재현되어야 하는지 모르겠지만 문제는 여기에서 그치지 않는다. 그 서구식 주택의 모든 자재가 전량 수입품이고 오히려 한국산 자재보다 수입가가 더 싸다는 데 있다. 이러한 개인적 취향(그리고 이 개인적 취향에는 반드시 우리의 근대화 과정과 밀접한 연관이 있다)과 경제적 여건이 맞아 우리의 풍토와 지역성과는 아무런 상관이 없는, 살 수 있는, 좋은(?) 세트들이 일산 신도시의 초입에 늘어서 있다. 그 도덕성과 당위를 잃은 집들은 영화 세트처럼 일산 신도시의 풍요를 선전하고 있다. 한때 한국의 아우토반이라는 자유로를 시속 180킬로미터로 달려, 몽롱한 눈으로 보게 되는 그 세트들은 무엇을 구현하고 있는 것일까?[13] 한국 자본주의의 어쩔 수 없는 천민성을? 대중이 지각하는 한국건축의 현실을?

예쁜 집, 자기가 선호하는 집에서 자유롭게 사는 것은 죄가 아니다. 그러나 미학적 논리가 결여된 집은 건축이 아니다. 그것은 세트에 불과하다.

과연 숲은 우리의 대안인가?

일산 신도시의 지도를 펼쳐보면 녹지는 변발한 만주족처럼 덩그러니 정발산에만 얹혀 있다. 그러나 좀더 자세히 보면 일산의 녹지 비율이 만만치 않다는 것을 알게 된다. 그런데도 불구하고 우리가 느끼는 이 갈증은 어디에서 연유하는가? 인간 생활에서의 녹지는 과연 우리가 믿고 있듯이 요지부동으로 바람직한 것인가?

인간이 불을 사용하면서부터 인간은 이제까지 이 지구상에

---

13 자유로는 특히 젊은층들이 주로 사는 일산 신도시의 각별한 메리트가 되고 있다. 주도시에서 하루의 일과를 마치고 자유로를 달리며 속도를 만끽한 후 진입하게 되는 일산 신도시는 일견 어떤 새로운 공간으로서의 대안 같은 착각이 들게 한다. 자유로는 비현실적인 길이다. 서울과 일산은 이 비현실적인 통로를 통해 연결되어 있다. 지하로 연계되어 있는 일산 신도시의 시민들을 서울의 중심부로 실어 나르는 전철은 말할 것도 없다. 이 비현실적 길에 오히려 일산 신도시의 가능성이 숨어 있다.

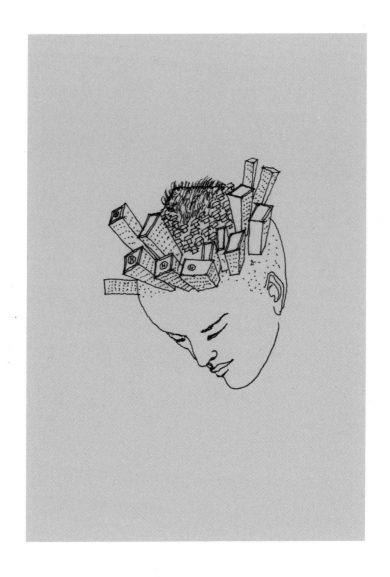

변발 아파트는 끝없이 도시를 잠식해간다. 과거의 단독주택지는 아파트로 재개발되고 있으며, 예전에는 산이었던 풍경들이 이제는 반복적인 아파트의 창들로 하늘을 가리고 있다. 도시의 외곽은 거의 다 아파트로 가득 차 있다. 그로 인해 우리들은 반복적인 효과들에 익숙해 있고, 테크노 리듬은 그 원시적인 도취에도 불구하고 가장 도회적인 리듬으로 인식되고 있다.

나타났던 다른 종들과는 전혀 다른 진화의 방식을 선택하게 되었다. 자연의 주어진 조건에 순응하며 진화하는 것이 아니라, 자연을 자신의 조건에 맞게 이용하게끔 되었던 것이다. 이 불을 이용할 줄 알았던 인류가 더 이전에는 저 숲을 버리고 사바나를 찾아 떠나온 원숭이들이다. 이 원숭이들은 숲의 방식을 버리고 과감하게 숲을 자신의 방식에 맞게 변화시켰고, 그 주요한 도구가 불이었던 것은 주지의 사실이다. 불을 통해서 인류는 자신에게 유리한 군집을 형성할 수 있었고 스스로 대규모의 군집에 유리한 조건들을 창출해내기에 이르렀다. 다시 말하자면 문명은 숲에서 이루어진 것이 아니라 숲을 배제하면서부터 이루어졌다. 중세의 암흑기까지 서양 회화에서 나타나는 숲의 이미지는 공포였다. 그것이 인자한 자연의 얼굴로 바뀌기 시작한 것은 쾌락주의의 시대인 18세기 회화에 와서이다. 그때 인간은 터빈의 원리를 발견하고, 숲을 다스릴 줄 알게 되었던 것이다.

서구의 정복론적 자연관은, 이제 겨우 반성할 줄 알게 된 현시점의 인류에게는 아무런 대안이 될 수 없지만, 인류의 운명이 어디에 있는가 하는 점을 너무나도 비정하게 밝혀주고 있다는 점에서는 아직 유효하다. 숲을 버린 원숭이들이 사바나에서 추구하고자 했던 자신들의 생활방식이 곧 인류의 문명이었고, 그 문명이 이루어지는 공간이 도시였던 것이다. 협의적으로 건축이, 자연과 인간의 관계에서 무자비한 자연으로부터의 피난처라면, 도시는 적응하기 힘든 자연을 (인간이) 적응할 수 있도록 재편성한 자연이다. 자연을 재편성하는 인류의 부단한 노력이 도시를 건설했고 그 도시 속에서 인간들은 꿈을 키운다. 우리가 꿈을 키워나가는 것은 저 숲을 보고 있으면서가 아니다. 우리가 진정으로 꾸는 꿈은 우리가 그토록 저주하는 이 도시에 의해서이다.

숲에서의 원숭이들은 숲의 다양한 천적들에 대응하고 적응해야 했지만, 사바나에서는 그럴 필요가 없었다. 사바나에는 자신들을 위협하는 종의 군집이 숲보다 훨씬 적었고, 원숭이들은 자연을 재편성하는 문제에 있어 사바나를 차지하고 있다는 것이 아주 유리한 고지에 서 있다는 것을 알았다. 자연적 재해, 이를테면 폭우와 바람과 햇빛이라는 주기적 변화를 감지하면서부터 그들은 더 이상 다른 동물들과 같아질 수 없다는 것을 깨달았다. 보다 엄밀하게 말하자면, 원숭이들이 숲을 버린 이유는 자연의 적응이라는 문제보다

이제 인류는 자연의 조건에 적응하며 진화하지는 않을 것이다. 왜냐하면 이제 그런 자연은 없고, 인간이 만든 도구에 의해 인간 스스로 지배받으며 도구에 적응하며 진화할 것이기 때문이다. 지금 비로소 인류는 자연의 일부가 아닌 '자연과 인간'으로 독립했다.

는 다른 종들과의 대립에 그 문제가 있었다. 다른 종들의 위협으로부터 자신을 보다 더 효과적으로 지키기 위해 원숭이들은 숲을 버리고 더 척박한 사바나를 찾았던 것이다. 결국 숲(보다 좋은 환경)에서 떠밀려났고 적극적으로 숲을(적들의 위협을) 떨쳐낸 것이다. 보다 척박했으므로 그만큼 적들도 적었고, 말하자면 사바나 자체가 숲을 버린 원숭이들에게는 셸터(피난처)로서 작용했다는 것이다. 도시는 그 자연적 셸터를 보다 안전하게 재편성한 오늘의 모습이다.

　　오늘날의 도시들은, 르 코르뷔지에가 그의 '빛나는 도시La Ville Radieuse' 계획안에서 믿고 있었던 것처럼 녹지를 금과옥조로 알고 있다. 숲을 왕으로 표현한 그의 구절은 결국 숲을 살게 하기 위해 인간의 생활을 수직적 체계로 변화시키자는 의미로 재해석해볼 수 있을 것이다. 그러나 오늘날 도심의 숲은 우범지대화되고 있으며, 청소년들의 본드 흡입 장소와 강간의 가림막이 되고 있다. 숲은 도시 주변의 산에 있는 것이 좋다.[14]

　　일산 신도시는 모두 도로와 주거지역 사이의, 블록과 블록 사이의 경계를 녹지화 하여 녹지가 주는 긍정적 효과들을 이끌어내지 못하고 있다. 그것들은 오히려 길과 건물과의 관계를 차단하고 있다. 길과 마당과 집들의 관계의 고리를 철저하게 차단하고 있는 녹지는 녹지가 아니라 푸른 철책이다. 인간의 생활을 담지하지 못하는 녹지라면, 차라리 녹지가 아닌 삶의 터가 될 수 있는 보다 치밀한

14 말레이시아의 '와와산 2020' 프로젝트는 신도시를 건설하는 방법에 대해 우리로 하여금 깊은 반성을 이끌어내고 있다. 2020년까지 새로운 신도시를 건설하는 그들의 방법은 먼저 계획 대지에 나무를 심는 것부터 시작한다. 말레이 반도의 독특한 기후 덕에 나무는 20년만 지나도 열대 밀림을 이루게 되며, 도시의 인프라와 건축은 그제야 이루어지게 된다. 숲의 생태를 위해서 도시의 이동은 주로 모노레일로 하게 된다. 이 원대한 실험이 차질 없이 이루어질지는 아무도 장담할 수 없지만 차후의 신도시 개발은 적어도 불도저로 밀어내기 전에 먼저 그 땅의 식생에 대한 보고가 선행되어야 한다. 녹지를 조성하는 것이 아니라 도시를 조성해야 한다. 그렇게 되면 녹지는 자연 상태로 있게 되고 도시는 인간과 온갖 식생들의 공동의 장소가 되는 것이다. 이것이 미래도시의 모습이 되어야 한다. 인간만이 아니라 인간 외의 생물들이 함께 살아가는 곳.

인공시설이 훨씬 바람직하다. 그곳에서 놀이가 이루어지고 자극이 이루어질 수 있다면, 이제부터라도 아무 반성 없이 펼쳐져 있는 모든 도시의 녹지는 재고되어야 한다.

저 어마어마한 모헨조다로의 유적들은 고대로부터의 인류의 자연 파괴가 어느 정도였는지를 말해준다. 그 도시에 쓰인 수억 장의 벽돌을 구운 연료가 과연 무엇이었으며, 그 땔감을 위해 얼마나 많은 자연이 황폐화되었는지는 오늘날 그 주변의 사막화로 추정해볼 수 있다. 통일신라시대 경주의 풍경에서 밥 짓는 연기가 나지 않았다는 기록은, 숯을 연료로 했던 그 시대의 자연 파괴를 잘 말해주고 있다. 실제로 에밀레종을 주조하기 위해 72톤의 구리를 야금하는 사이에 어마어마한 양의 이산화황이 발생하여 주변의 식물들을 몰살시켰고, 그로 인해 신라가 망한 지 1,000년이 넘는 지금도 경주 주변의 식생과 식물의 생산성이, 주변의 그것과 다르다는 김준호 교수의 지적은 경고가 아니라 인류의 미래이고, 인류가 재편성한 자연, 즉 도시의 미래이다. 숲을 버린 원숭이들이 떠나온 것이 궁극적으로 숲이 아니라 다른 동물군에 있다면, 우리는 지금 숲을 너무 멀리 떠나와 있다.

우리의 도시화 문제는 이 근본적 물음 앞에서 다시 제기되어야 한다. 어쩌면 이제 우리에게 숲은 없는지도 모른다. 우리가 그리워하고 있는 숲은 저 녹음방초 우거진 골에 있는 것이 아니라 다른 곳에 있다. 그 숲은 나무와 풀이 아니라, 생물학적인 진화의 방식을 떠나 어떻게 마음의 진화[15]를 이루느냐 하는 데 있다. 이제 우리는 숲으로 돌아갈 수 없다. 이제 진정으로 우리가 돌아가야 할 곳은 이 도시에 있다. 어떻게 이 재편성된 도시에서 살아가느냐? 하는 새로운 진화의 시점에 우리는 서 있다. 우리는 다시 이 도시를 버리고 도시를 재편성해야 한다.

15 일설에 의하면 인류의 생물학적 진화는 이제 끝났다고 전해진다. 이견이 있을 수도 있겠지만 인간복제 논의는 그것을 뒷받침해주고 있는 것 같다. 자연을 재편성하기 시작함으로써 인류는 이제 새롭게 자신이 만든 도구적 환경에 적응해야만 한다. 이것은 이제까지의 생물학적 진화가 아닌 다른 진화의 방식을 요구한다. 도구와 인간의 관계에 따른, 자연과 그것을 재편성하는(물리적 힘이 아닌) 마음의 변화가 따라야 한다.

한 시대의
신기루와
건축가의
환幻[1]

정부의 신도시 개발정책 발표 후 지금까지 원주민의 생존권을 주장하는 일산 주민 5명이 목숨을 끊었다. 나는 이 글에서 분당 신도시 주택설계전람회에 출품된 개개의 작품에 대해서 논하고 싶은 생각은 전혀 없음을 미리 밝혀둔다. 왜냐하면 이번 전람회는 출품된 작품들만으로는 말해질 수 없는, 정부의 신도시 개발정책의

---

1 이 글은 1993년 분당 신도시 주택설계전람회를 중심으로 당시의 신도시 개발과 부동산 재벌 그리고 정권 담당 세력의 이익에 대해 분석한 글이다. 토지의 문제는 근대화의 문제에 있어 아직도 우리가 해결하지 못하고 있는 부분이다. 그때로부터 이미 16년이 경과하면서 말 많고 탈 많았던 신도시들은 이제 어느 정도 자리를 잡아가며 그 공과가 더욱 분명해졌을 것이다. 이 글을 쓰는 나도 이미 15년째 일산 신도시에서 살고 있지만 언제나 느끼는 것은 건축을 만드는 것은 건축가이지만 그것을 이루어내는 것은 언제나 말없는 대중들이라는 것이다. 너무 편한 말인지는 모르겠지만 그런 의미에서 건축은 지속 가능한 속성을 자체 내장하고 있다고 해도 좋을 것이다. 적어도 이 속성을 파괴하는 정책만큼은 더 이상 나오지 말아야 한다.

복잡한 의도와 맞물려 생각해야 하는 미묘한 정치적 복선이 깔려 있기 때문이다. 그러나 내가 개개의 작품에 대한 평을 거부할 수밖에 없는 보다 궁극적인 이유는 오히려 작품 내적인 문제에 있다. 어떤 불순한 의도를 막무가내로 거부하기란 너무나 쉬운 방법이다. 물론 그런 방법도 커다란 동기와 신중한 결단력을 전제로 하지 않는 것은 아니지만, 특히 오늘날과 같은 다양한 산업사회의 각기 다른 분야들이 서로 연계되어 있는 현실에서는 독불장군이 아닌 바에는 비현실적인 방법임에 틀림없다. 그렇다면 어떤 불순한 의도 속으로 과감히 몸을 던져 적극 참여함으로써 그 의도를 전복시키는 보다 적극적이고 효과적인 대응책이 필요한 것은 자명한 사실이다. 분명 까마귀 노는 곳에 백로는 가 있어야 한다. 누군들 까마귀의 하늘을 좌시하고 있겠는가?

나는 이번 전람회에서 그런 기대를 가졌다. 토지개발공사의 장삿속을 되치고 참다운 이 시대 건축문화를 위한 새로운 이정표로 자리할 수 있게 될, 아울러 '200만 호 주택건설'이라는 정부와 대재벌의 어마어마한 부동산 이익 챙기기의 부당성을 작품으로 고발하는 자리가 되었으면 기대했었다. 그리고 나는 그 기대가 산산이 흩어져버린 지금도 그 기대가 터무니없는 거였다고는 생각하지 않는다. 나의 미련함을 탓할 수밖에 달리 방법이 없겠지만 전람회에 참여한 21인의 건축가들 중에는 많은 분들이, 평소 시대정신을 강조했고 건축행정의 오류에 대해서 나름대로 날카로운 칼날을 보여준 분들이었으며, 한국문화의 기현상에 대해 한탄했던, 나로 하여 충분한 기대를 가지게끔 활동하던 그런 분들이었다. 그러나 놀랍게도 한국의 유수한 건축가들은 '200만 호 주택건설'이라는 정부의 그 럴싸한 잔칫상 맨 구석자리에 몰려 앉아 적당히 냉소적인 어조들로 웅성거리고 있을 뿐이었다. 그러나 그러한 냉소적인 제스처가 그들 의 작가적인 자존심을 보상해주기에는 너무나도 공허한 것이라는 것쯤은 그들 스스로가 너무나도 잘 알고 있을 것이다.

지식인으로서의 건축가

사르트르Jean Paul Sartre는 『지식인을 위한 변명』이라는 저서 에서 '지식인'과 '지식전문인'을 구분한 적이 있다. '지식전문인'이 란 자기 전문분야 이외의 일에는 관심도 없고 구태여 참여할 생각 도 않는 자기 전문지식에만 한정 지어지는 전문인을 말하고, '지식 인'이란 자신의 전문분야는 물론 그 분야를 넘어선 정치·경제·사회 를 보는 자기만의 시각과 대응의 의지를 지닌 전문인을 말한다. 따 라서 지식전문인은 자신의 의지와는 상관없이 어떤 의도에 끌려다 니는 반면, 지식인은 자신의 지식을 대사회적인 맥락 속에 놓고 파악하려 한다. 우리가 흔히 '지식사회'라고 할 때 지식사회를 구성하고 있는 사람들은 그런 지식인을 말하고 있는 것이지 지식전문인을 포함하고 있는 개념은 아니다. 일례로 과학기술의 철저한 가치중립적인 태도는 왕왕 자신의 지식과 대사회적인 발언 사이에서 방황해 왔다. 미국의 트리니티 핵실험장에서 실험의 총책을 맡았던 오펜하이머^{Julius. R. Oppenheimer} 박사는 핵폭발 실험의 단추를 누르며 "이제 나는 세계를 파괴하며 죽어가고 있다."고 말했고, 그의 조력자이던 케네스 베인브리지^{Kenneth Bainbridge}도 "이제 우리는 모두 개자식들이야!"고 울부짖었다. 오펜하이머는 그 후 낭인이 되어 세계를 배회하며 자신의 일을 후회했다고 한다. 자기 일밖에 모르던 지식의 자폐가 부른 비극이었다. 여기에서 우리는 뼈아프게 한국의 지식사회에서 차지하는 건축가의 비중에 대해 생각해보지 않을 수가 없다. 과연 이 땅의 건축가는 지식인인가? 몇 해 전에 나는 어느 영화인으로부터 1970~80년대 유신과 5공을 거치면서 문화계 인사 중 유일하게 감방에 들어가지 않은 장르가 영화라는 말을 듣고, 거기에 건축도 포함시키라고 말한 적이 있다. 물론 김중업 선생의 예가 없지 않은 것은 아니지만, 아무튼 그 영화인의 말 속에는 건축을 아직 익숙하게 예술이라고 여기지 못하는 한국 지식사회의 풍토를 단편적으로나마 읽을 수 있는 빌미가 있었다.

전시장의 패널들을 꼼꼼히 들여다보면 볼수록 당대의 현실

상황에 대한 한 작가의 치밀한 인식이 읽히기보다는 자꾸 토지개발 공사의 빤한 장삿속만 보이는 것은 비단 나만의 그릇된 편견이었을까? 나는 건축전문인으로서의 21인의 건축가를 비난할 생각은 없다. 그들은 충분히 자신들의 역량을 드러내어 보였고, 무엇보다도 부동산 부가가치만 노리는 한국의 척박한 건축풍토 속에서 그만한 대지에 그만큼 자유스러운 조건이 주어지기란 드문 일이었을 터이고, 건축하는 사람이라면 누구든지 참여해보고 싶은 동기도 충분히 있었다. 많은 참가자들이 해결의 방식은 다르지만 거의 동일하게 표명하고 있는 현대주거에서의 마당이라는 일관된 관심들이 그러했고, 그와 연관해서 전통이라는 인자들을 해석해나가는 개개의 시각들이 그러했다. 그러나 그런 충분한 역량이 한국주거의 내적인 문제는 해결하고 있는지는 모르지만 한국주거의 보다 심각하고 절실한 외적인 문제들은 건드리지도 못한 것이 아닌가 하는 아쉬움이 있었다. 이 주택설계전람회는 학부 학생들의 비교적 자유로운 과제물이 아니다. 즉 주어진 대지의 조건과 평면구성의 해결을 생각하는 단순한 문제가 아니라 한국사회의 지역 불균등 발전 문제, 도시 범죄 및 과소비, 자원, 환경, 주거 등 공간환경적 문제들을 꿰어서 같이 생각해야 하는 보다 복합적인 문제다. 한국의 건축가들은 대부분이 건축전문인이라는 나의 지적이 별로 틀린 말은 아닐 것이다. 실로 시대와 같이 아파하는 지식인으로서의 건축가는 드물다.

　　오늘날의 한국사회에서의 주택 문제는 수요와 공급의 불균
형으로 야기되는 일반적인 해에서 벗어나 한국 자본주의의 정치경
제적 구조상의 모순에 그 원인이 닿아 있다. 한국 자본주의의 부동
산 자본주의로의 편향은 값싼 노동력에 의존해 대외 경쟁력을 높이
던 자본 분배의 공정성을 잃고 성장위주의 일방통행을 일삼던 좋았
던(?) 시절이 가고 난 다음의 일이다. 이제까지 값싼 노동력을 바탕
으로 자본의 잉여가치를 창출하던 대재벌들은 그 후 본격적으로 부
동산에서 생산 부문의 불경기를 보상받기 시작했다. 따라서 노동자
들의 임금 인상 요구가 거세질 때에는 가차 없는 폐업으로, 신자유
주의 이후에는 해고로 자신들의 잉여가치를 방어했다.

　　제6공화국의 신도시 개발정책은 이러한 한국 자본주의의 부
동산 자본주의로의 고착화 단계에서 나타나는 토지 및 주택가격의
상승으로 인한 정권 유지 차원의 산물이었다. 신도시 개발의 목적
이 결코 정책을 입안한 관료들의 말처럼 토지 및 주택가격의 안정
과 투기 억제의 가능성을 구체화시키는 것이 아니라 오히려 부채질
하고 있다는 사실은, 그 이후에 나타난 신도시 개발과 관련된 정부
의 부동산 정책을 살펴보면 그 의도는 더욱 의심스러워지고 차차로
명확해진다. 집 없는 도시 서민을 위해 시행한다는 '200만 호 주택

건설' 발표 얼마 후에 나온 정부의 부동산 정책은 부동산 투기를 조장시키기 위한 것이 아닌가 할 정도로 우리를 어리둥절하게 한다.

분양가 상한제 폐지와 채권입찰제 발행과 주택상환사채의 발행 용인이라는 이해할 수 없는 정부의 부동산 정책은 투기를 은연중에 방치해놓겠다는 의미로밖에는 읽히지 않는 것이었다. 인구 40만 명을 수용하는 거대한 도시건설 사업이 왜 3개월의 짧은 기간에 급속히 진행되어야 했는지, 신도시 개발 강행의 이유를 우리는 다음과 같은 정치적 배경에서부터 찾아볼 수 있을 것이다.

첫째, 무주택 도시 서민을 위한 신도시 건설의 목적은 계획 당시의 중대형 아파트 위주의 개발계획에서도 알 수 있듯이 허구였고(이 계획은 나중에 여론에 의해서야 소형 아파트를 포함시켰다), 기실은 대재벌과 막대한 부동산 자본가의 이익을 반영하기 위한 정책이었다는 사실이다. 마르크스에 의하면 토지는 가치를 창출하지 않는다. 왜냐하면 순수한 토지는 인간의 노동에 의해서 생산되는 것이 아니기 때문이다. 즉 모든 가치의 창출은 노동에 의해서만 정당화될 수 있다는 말인 것이다. 그러나 자본주의 체제 하에서의 토지의 가치창출의 기능은, 특히 극심한 부동산 자본주의 하에서는, 그야말로 경이적이다. 값싼 노동력과 세계무역시장의 원화절상으로 생산 부문에서 얻었던 잉여가치 창출에 제동이 걸린 대재벌은 높은 부가가치를 낳는 부동산 시장에서 자본의 잉여가치를 창출했다. 서울

외곽지역을 대상으로 한 신도시 개발은 도심지역 내 지가 상승으로 한계에 부딪힌 대재벌과 정권 담당 세력이 서로의 이익을 더욱 확대 재생산하기 위한 부동산 자본시장의 확장을 꾀한 것에 지나지 않는다. 특히 이번 주택설계전람회의 대상 지역인 분당의 경우 개발예정 지역 대부분의 땅이 대재벌의 소유라는 것은 우리를 더욱 우울하게 만드는 일이 아닐 수 없다.

둘째, 신도시 개발은 앞서의 부동산 자본시장을 확장시킬 만큼 방만해진 부동산 가격 상승 요인들로 인하여 압박을 받게 되는 다수의 서민 대중들을 무마하기 위한 정치적 유화책이었다는 것이다. 제6공화국 정부는 1987년 6월 항쟁의 거센 민주화 요구에 항복하는 형식으로 출범할 수 있었던, 그 국민적 지지 기반이 대단히 취약한 정부였다. 따라서 정권 담당자들은 그들의 항복을 가장 액면 그대로 받아들였던 중산층에 계속해서 호소함으로 하여 그들의 안정된 정권을 유지시켜나갔다. 그런 와중에서 대재벌과 부동산 자본가의 무분별한 투기로 인해 오른 부동산 가격은 자연히 중산층의 커다란 불만 요인으로 작용했을 것이고, 그것은 제6공화국을 출범시켰던 중산층들이 이제는 거꾸로 정부의 커다란 정치적 불만 세력으로 작용하기 시작했다는 것을 의미한다. 따라서 정부는 이미 생산 부문에서 매력을 잃은 재벌의 이익과 정치적 불만 세력으로 떠오른 다수 중산층을 무마하기 위해서도 신도시 개발은 필연적인 것이었다.

셋째, 정부의 신도시 개발정책은 88올림픽 이후 다시 분단 이데올로기로 되돌아가기에는 너무 멀리 온, 지향점을 잃어버린 제6공화국 정부의 탈출구였다는 것이다. 사실 1980년대는 전 국민이 줄곧 올림픽의 신기루 속에서 살아왔다고 해도 과언이 아닌 년대였다. 그러나 그 신기루가 자리하고 있다고 믿었던 자리에는 끝없는 모래무덤만이 기다리고 있을 뿐이었다. 대중들은 끝없이 신기루를 원한다. 그러나 그것은 언제나 현실이어야 했고 더욱이 먼 미래를 위한 현실적 대응력이 있어야 했음에도 불구하고 그런 치밀한 능력이 부재한 군부는 또 다른 환상을 준비했던 것이다.

그리고 그 환상은 신도시에 신축한 아파트의 붕괴와 교량의 붕괴로 신기루였다는 것이 증명되었다. 언제나 환상을 현실로 일궈내는 의지는 정치권력이나 대재벌들이 아니라 자신의 생존권을 위해 자신의 목숨을 끊어야 하는 아이러니와 월 몇 만 원의 통장을 들고 은행창구를 향하는 서민 대중의 끊이지 않는 발길들인 것이다.

환상

사실 어떤 그룹의 서문을 들어 그 그룹의 작업을 얘기한다는 것은 많은 오류의 여지가 따르게 마련이다. 서문은 하나의 의지로서 작업의 내용과 달리 좀더 나은 얘기를 힐 수도 있고, 또 그렇지 않을 수도 있기 때문이다. 그러나 「우리의 주거를 위하여」라는 분당 신도시 주택설계전람회 추진위원회의 명의로 된 서문은 한국 주거문화의 현주소를 보여주기보다는 한국 건축전문인들의 현주소를 보여주는 것 같아 씁쓸하기 그지없었다. 그 서문에서는 먼저 "급속한 도시화에 따라 수요와 공급의 심한 불균형으로 주택은 부동산 가치로 전락하여 투기의 대상이 되는 기현상을 보여왔다."고 일단 진단한다. 정확한 지적이었으나 그 말미에서는 그 정확한 지적이 흔적도 없이 사라진다. "여기에 참여한 21인의 건축가는 이러한 시대적 소명을 깊이 공감하면서 주어진 현실적 문제를 극복하여 오늘 고유성을 획득한 우리의 주거문화를 이끌어내기 위한 시도를 여기에 피력하고자 한다." 그러고는 그전에 "이러한 시대적 소명"을 "생활공동체로서의 마을"과 "인간성 회복의 중심과제", "주어진 대지조건", "기술의 개발" 등 아주 지당한 얘기를 들어 설명하고 있다. 이것은 건축가의 시대적 소명이 아니라 건축전문인의 시대적 소명이다. 보다 근본적인 문제를 단순한 현상으로 치부하고(하고 싶어 하고) 자신들의 열의에 찬 의지만을 계속해서 드러내고 있는 이 서문이야말로 한국 건축가들이 잘못 보고 있는, 쫓아가서는 안 될 환상이 아닌가 하는 것이다.

건축, 또 다른 허구의 기호

이 서문의 지극한 솔직성이 나는 두렵다. 그렇다고 해서 모든 건축가들에게서 어떤 지사적인 면모를 보여달라고 요구하는 것은 절대 아니다. 그러나 적어도 작가로 불리길 원한다면 자기 작품의 성취를 사회적 차원에서 바라봐야 하는 자기 검증이 필요하지 않을까. 나는 우리 건축계가 적어도 지식전문인이 아닌 지식인으로서의 면모를 보여줄 만큼 내적으로 성숙했다고 믿는다. 그것은 이번 전람회에 출품된 소수의 작품들이 보여주는 오랜 성찰의 흔적과 사고의 깊이가 그것을 증명하고도 남는다. 그러나 그것들은 너무 앞서 있거나 아니면 너무 뒤쳐져 있든지 둘 중의 하나이다. 둘 다 좋지 않다.

하버마스 Jürgen Habermas에 의하면 후기 자본주의는 위기를 담고 있는 사회라고 한다. 그리고 그러한 위기는 초기 자본주의 사회에서 볼 수 있던 '경제적 위기'에서 정책 결정의 '합리성의 위기'로, 또 대중 지지가 철회되는 '정당성의 위기'와 경제생활의 위기가 위축되는 '동기의 위기'로 이행되었다는 것이다. 오늘날 한국 자본주의의 현실은 이러한 가지가지의 위기를 골고루 거쳐 왔으나 아직도 그 부정적 요소들을 미해결인 채로 남아 우리의 생활경제를 더욱 압박하고 있는 실정이다.

건축은 그런 자본의 논리와 가장 밀접하게 연관되어 있다. 부동산이 가지는 부가가치의 증대는 건축의 질을 향상시키는 것이 아니라 반대로 건축의 질을 저하시킨다. 건축이 계속해서 자본의 논리를 좇는 것은 거의 자멸에 가깝다. 그렇다고 해서 자본의 논리를 거부할 수도 없는 것이 현실이다. 그렇다면 방법은 자본의 논리 속에서 자본의 논리를 전복시키는 것이다.

거듭 앙리 르페브르의 말대로 공간에는 이데올로기가 존재한다. 왜냐하면 토지와 같이 공간 자체는 가장 순수하고 객관적인 산물이지만, 결국 그것의 쓰임은 철저히 사회적인 산물이기 때문이다. 건축가는 이러한 공간의 정치적 배경을 읽어낼 수 있어야 한다. 그런 의미에서 경제학자인 김영호 교수의 다음과 같은 말은 의미심장하다.

> 일본의 집단주의는 결국 경제적으로는 부동산 자본주의, 정치적으로는 천황제와 자민당 장기집권체제의 확립으로 이어진 것이다. 최근 들어 한국의 외자外資 의존형 자본주의가 부동산 자본주의로 전락하면서 점차 일본의 부동산 자본주의에 연결이 되고 있다. 일본의 부동산 투기는 첨단기술 개발과 연결되지만, 한국의 그것은 그러한 능력을 갖지 못해 결국 일본의 기술 지배권과 엔 금융권에 편입되면서 본질적으로는 부동산 자본주의의 블록을 형성하고 있는 것이다.

결국 그가 간파한 대로 한국은 1980년대 후반기의 무역흑자를 1990년대를 위한 기술 개발 투자로 연결시키지 못하고 부동산 투기로 연결시킴으로써 노동자와 서민의 소유 불평등을 심화시키고 생산관계의 안정을 파괴시켰다. 한국의 건축 현실 또한 그런 정치·경제 상황과 무관하게 이루어지지는 않을 것이다. 필리핀 혁명의 실패가 바로 부동산 정책의 실패에 있었다는 사실을 상기할 때 김영삼 정부의 개혁의 성공 여부도 바로 땅에 있을 거라는 사실은 자명하다.[2] 신도시 개발정책 또한 그러한 정치·경제의 역학구도에 맞물려 돌아가고 있는 것인 만큼 건축 역시 기꺼운 억압 속에서 자유로울 수 있는 것임에 틀림없다.

2 결국 개혁은 실패했고 1997년 외환 위기가 닥쳐왔다. 남한에서의 개혁의 문제는 항상 땅의 문제와 연결되어 있다.

광고와

건축의

이데올로기

많은 오해들은 도시는 건축물들로 가득 차 있다고들 한다. 그러나 좀더 자세히 들여다보면 도시는 광고들로 가득 차 있다는 것을 금방 알게 될 것이다. 이를테면 단순한 점멸 회로를 이용한 입간판에서부터 현란한 네온간판과 액정화면을 이용한 대형 광고탑에 이르기까지, 도시의 건축은 광고를 마지막 외투/외장재로 입고 있다.

특히 포스트모던 건축의 은유와 상징의 언어들은 이제 광고 산업사회의 감각적이고 직설적이며, 심지어 억압적이기까지 한 광고언어에 의해 무참히 입막음당하거나 (광고간판에 의해) 그 의미가 왜곡된다든가(건물의 옥탑부에 놓여 건물을 억압하고 있는 대기업의 대형 광고탑을 보라!) 때로는 아예 건물을 광고 그 자체로 하여 건축을 세트화한다. 이건 위험하다. 건축가의 의도를 무화시키는 대중의 의도는 (나는 이것을 광고의 의도라고 말하고 싶은 욕구를 애써 참는다) 건축의 언어를 입막음하지만 건축을 무화시키지는 않는다. 즉 건축의 본질을 왜곡하고 있지는 않다는 말이다. 그러나 건축을 세트화하는 광고의 이미지는 건축의 본질을 왜곡시킨다. 대한교육보험 사옥의 수평띠 창에 브라운 색조로 마감한 타일은 전국 어디를 가나 동일하다.

광고 — 표피의 세계

많은 은행 지점들 역시 그들만의 독특한 개성(?)들을 천편일률적으로 많은 도시에 강제한다. 그렇게 세워진 건물들은 장소의 랜드마크가 되는 것이 아니라, 소수 기업의 이미지를 랜드마크화 한다. 그것은 건축을 광고처럼 온전한 하나의 환[1]으로 만들어버린다. 건축이 광고를 닮아간다. 광고가 건축이 되고, 건축이 광고

患者의 容態에 關한 問題

診斷 0·1
26·10·1931

1234567890·
123456789·0
12345678·90
1234567·890
123456·7890
12345·67890
1234·567890
123·4567890
12·34567890
1·234567890

以上 責任醫師 李 箱

이상, 「오감도」 중 「시제4호」, 1934 거울은 실재를 비추며
실재를 거부한다. 거울과 실재는 양립하지 대립하지 않는
다. 활자는 거꾸로 파내야 똑바로 찍힌다. 건축은 실재하지
않는다. 그러나 실재하지 않음으로써 존재한다.

가 된다. 그러나 이 말은 환이 실재가 되고, 실재가 환이 된다는 진술은 아니다. 환과 환 속을 드나드는, 꿈속에서 꾸는 꿈을 보여주는 겹침을 말한다("꿈속을 헤매는데도 발이 헨다?"). 광고는 보드리야르 Jean Baudrillard의 말처럼, 정보의 전달을 목적으로 하는 듯이(기호를 확대해서 기호의 소비를 조장하는 듯이) 보인다. 그러나 정보전달/기호소비의 목적 뒤에 있는, 상품/기호 판매의 목적은 광고를 또 하나의, 별개로 존재하는, 다른 세계/환으로 만들어버렸다. 이제 광고는 마냥 상품/기호를 위해 소비되어지지는 않는다. 오히려 광고는 광고 자체가 소비됨으로써 현실을 닮은, 그러나 현실과는 달리 안전한 모험을 위한 거울의 현실을 구축한다. 소비됨으로써 소멸되어지는 것이 아니라, 소비의 축적을 통해 광고는 현실과는 다른, 유일하면서도 가능한 유토피아를 형성해가고 있다.

그래서 광고는 거울현실의 유토피아로 분명히 존재하지만, 그것은 명백히 없다. 존재하지 않는다. 아니, 존재한다. 아니, 존재하지 않는다, 아니, 존재한다, 아니…….

광고의 존재하지도 않고 비존재하지도 않는 특성처럼 현대도시도 그렇듯 양자론적이다. 그렇다고 우리가 그것을 현실이 아니라고 과연 확정적으로 말할 수 있겠는가? 아니면 누가 또 그것을 현실이라고 말할 수 있겠는가. 그렇듯 광고는 존재하나 실재하지 않는 혹은 실재하나 존재하지 않는 유토피아를 구축한다. 그들이 의식하고 있든 그렇지 않든 간에, 이제 더 이상 광고 담당자들은 상품의 이미지/기호를 팔려고 애쓰지 않는다. 광고에서 보이는 상품에 대한 기호 이미지는 그들의 의식일 뿐이고, 그들의 무의식 속에는 현실을 복사한 거울의 세계를 건축하고자 하는 은밀한 욕망들로 가득 차 있다. 마치 뛰어난 건축가들이 그들의 이상을 공간을 매개로 실험해 보이듯이.

　광고 속에서는 어떤 고민이든지 15초 안에 해결된다. 그 상품을 선택함으로써. 그래서 즐거운 세상—광고의 세계에서 고민은 하나의 제스처에 불과하다. 누구나 그 황홀한 고민을 통해 즐거움뿐인 거울세계의 권태 속에서 빠져나와 위안받고(현실세계에서는 쾌快를 통해 고통을 위안받지만, 거울현실인 광고의 세계에서는 고통을 통해 쾌를 위안받는다) 다시 그 즐거움뿐인 세상살이 속으로 들어간다. 그러나 그것을 쉽게 표피적이라고 말해서는 안 된다. 왜냐하면 그것은 표피의 세계이기 때문이다.

　다시, 왜냐하면, 그것은 매혹의 세계이지 절대 유혹의 세계는 아니기 때문이다(광고는 이제 물건을 팔기보다는 이미지를 판다는 말을 상기하자). 표피의 가장 엷은 층위 속에서도 세계가 있음을 광고는 보여준다. 그러나 현실, 혹은 우리가 현실이라고 부르는 장소 속에서 존재하는 그 깊은 층위는 사실 구조의 문제이다. 흩어져 있고 산개되어 있다. 무릇 그러한 구조를 총체적으로 이해하고자 하는 것은, 발언을 일삼는 자들의 소중한 바람에 지나지 않을 뿐이다. 거듭 고귀한 꿈이다.

건축—현실의 환(幻)

오늘날 광고가 현대 산업사회의 가장 얇은 층위를 오히려 복합적으로 보여주고 있다면, 건축은 현실, 혹은 우리가 현실이라고 부르는 장소 속에서 이루어지는 그 깊은 층위의 행위들을 가장 심층적으로 보여준다. "형태는 기능에 따른다 Form follow function"는 말은 모더니즘 건축의 오랜 경구였다. 모더니스트들은 환상을 거부했다. 그들에게 환상은 거짓일 뿐이었고, 환상 속의 진실이란 일종의 주술이거나 점성술사의 넋두리에 불과했다. 위의 경구는 회화와 조각이 건축에서 떨어져나간 이후 건축만이 이루어낼 수 있는 독자적인 영역을 의미한다. 건축을 이루는 가장 기본적인 골격을 숨기지 않고 드러낸다는 모더니즘 건축의 명제는 현대 도시의 근간을 이루고 있다. 바야흐로 환(幻)을 거부한 자들에 의해 새로운 환의 건축이 구축된 것이다. 어쩌면 포스트모던 건축은 차라리 그러한 환을 좀더 솔직히 받아들인 것 같다. 그들에게는 모더니스트들에게서 볼 수 있었던 결벽증 따위는 없다. 그들은 대단히 자유롭고, 가볍다. 가벼

움으로써 그들은 어디든 가지 못할 데가 없다. 건축의 질료가 공간
이라면, 광고의 질료는 미디어와 전자산업의 발달에서 기인한다. 포
스트모던 사회의 한 특징인 '소비'는 전자파의 가벼움, 즉 광고의 가
벼움에서 연유한다.

잘 벗겨지지 않아요
— 제비(?)표 페인트
알아서 빨아줘요
— 대우 봉(?) 세탁기
구석구석 빨아줘요
— 삼성(?) 세탁기
빨아주고 비벼주고 말려주고
— 금성(?) 세탁기
우리는 그이가 다 빨아줘요
잘 빨아주니 새댁은 좋겠네
— 럭키 슈퍼타이

무엇이, 무엇을 의도적으로 빼는 이 광고에
우리는 무엇을 꼭 집어 넣으라고 욕해야 할지
— 함민복, 「내 귀가 섹스 쪽으로 타락하고 있다」 전문

포스트모던 건축의 언어는 대맥주 회사의 사옥을 맥주 거품으로, 햄버거 가판점을 거대한 햄버거로 직설적으로 표현한다. 〈뉴코아 백화점〉 전체를 하나의 거대한 선물상자로 표현한 기업주의 의도는 다분히 건물을 건축언어로 해석했다기보다는 광고언어로 표현한 직설적인 예다. 대중들은 거대한 선물상자 안에 진열되어 있는 수많은 상품들 사이를 헤쳐 나오며 풍요의 환상 속에서 행복해한다. 그러나 그 환상은 자기 소유가 될 수 없는 것들에 대한 착각, 즉 상품/기호에 대한 착각이 아니라 광고가 만들어낸 환상 속에서 즐기는 환상여행에 다름 아니다.[1] 여기에서 상품/기호는 이제 아무런 의미가 없다. 그것들은 단지 광고에 의해 훈련된 상태에서 품을 수 있는 환상—광고가 보여주는 거울세계—의 소품들에 지나지 않는다. 광고 산업사회에서 소비는 상품의 디자인이나 질이 결정하는 것이 아니라, 광고가 만들어내는 환의 구조에 따른다. 〈뉴코아 백화점〉 건물이 지니고 있는 거대한 선물상자의 이미지는 현실, 혹은 현실이라고 불리는 장소에서 광고의 세계로 단박에 이행할 수 없는 대중들의 껄끄러움을 메워준다. 그 선물상자 안은 광고의 세계로 진입하려는 대중의 마음을 설레게 하며, 그 설렘 속에서 대중들은 현실을 잃는다. 드디어 우리는 어느 재단사가 야근에 시달리며 만든 한 벌의 양복과 한 여공의 손때 묻은 한 켤레의 구두를 만난다. 그 상품들에 직사하는 매장의 빛이 사라지지 않는 한 우리들은

광고와 건축의 이데올로기

---

1 우리가 착각이라고 생각했던 모든 것들은 환상이었고, 그 환상은 또 다른 현실이었다면? 착각이 만들어내는 또 다른 현실이었다면 말이다.

구두 광고 신데렐라의 유리구두처럼 여성에게 구두는, 그것이 신분 상승이든, 물리적인 높이든, 변태(metamorphosis)의 욕구를 상징한다. 구름처럼 높아지고 싶은 여성의 욕망, 그것은 현대 도시를 장식하고 있는 마천루의 욕망이기도 하다.

결코 광고가 주는 환을 의심하지 않는다. 모든 사물들이 빛에 의해 시각화되는 것처럼 광고가 만들어내는 환 역시 빛에 의해서 만들어진다. 도시의 건축물 역시 빛이 만들어내는 개개 사물들의 표정임에 틀림없다. 그러나 현실엔 그늘이 있지만 광고가 보여주는 거울 현실엔 그늘이 없다.

　〈뉴코아 백화점〉 건물이 대중을 광고의 세계로 인도한다면,

잠실의 〈롯데월드〉는 그런 광고가 카피한 동화의 세계로 우리를 이끈다. 서구 중세의 성곽을 본뜬 전체적인 매스와 번쩍이는 P.C 자기질 타일로 성대하게 치장한 입면은 구조의 솔직한 표현을 왜곡하여, 무엇을 하는 건물인가를 솔직하게(?) 표현하고 있다. 그리고 그 속에는 과중한 업무와 붐비는 지하철 안에서의 모욕감, 교통 체증이나 위험한 사고 등이 전혀 없는, 안전한 모험만이 우리를 기다리고 있다. 더군다나 그 건물 안에는 소비를 목적으로 하는 광고와 광고 자체를 소비하는 광고의 두 측면이 동시에 자리하고 있다. 광고 모델처럼 금방 행복해질 수 있는 것만 같은 광고가 보여주는 상품들과, 그러한 광고가 표절하는 메르헨의 세계가 동시에 있는 것이다. 〈롯데월드〉 건물은 무시무시할 수 있는 중세의 성곽에서 그 모험의 유혹만을 남기고, 음울한 벽돌 대신 순백의 자기질 타일을 이용해 그 모험의 위험성을 제거해버린다. 순백의 자기질 타일은 적당히 위험스러운 모험을 광고한다. 많은 백화점 건물들은 하나의 광고로 전략화되어 마지막 외장을 광고로 마감하거나, 아니면 광고할 수 있는 자리를 내어주는 것으로 끝난다. 계절마다 백화점 건물의 전면에 나붙는 대형 이미지 포스터나 파격세일 광고를 위해, 아니면 자본주의 사회에서의 계층 상승의 욕망을 마스터베이션하기 위해 백화점 건물은 화려하게 장식되어 있다. 그리고 그 내부는 좀더 오래 환의 세계를 즐기기를 바라는 기업주의 배려로 미로의 체계를 모방한다. 길고 최대한으로 연장된 고객의 동선은 되도록 많은 상품의 곁을 지나가도록 계획되고 있고, 에스컬레이터는 결국 진열된 상품에 대한 개방성을 간직한 채 수직이동하기 위한 일종의 장치이다. 환을 눈감아버린다는 것은 꿈 밖으로의 추락을 의미한다. 광고를 위한 건축은 현실로의 추락을 방지하기 위해 광고의 환을 모방하기 시작한다. 분명 광고산업사회 하에서의 건축은 광고에 의해 모욕받고 있다.

건축의 노출증

두루마리 화장지 하나가 인생의 행복을 가져다주지는 않는다거나 화려한 고급가구들이 행복한 결혼을 보장해주지는 않는다고 광고의 언설을 비판하는 시각들은 분명 광고를 보는 많은 착시들을 대변하고 있다. 많은 대중들은 정말 광고의 언설대로 화장지가 행복을 가져다주거나 가구가 그렇게 하리라고는 믿지 않는다. 대중들은 오히려 광고가 속삭이는 상품의 환상보다는 광고 자체가 보여주는 상품판매를 위한 상품 외의 이미지들에 매혹당한다. "안 예쁜 신부도 있나, 뭐."라는 광고모델의 말을 기억하는 대중은 많지만, 정작 그 광고가 대상으로 하는 상품을 기억하고 있는 이는 적다.

〈압구정 갤러리아 백화점〉 미디어파사드(Media-Facade)로 불리는 LED 조명을 이용해 건물의 벽면 전체를 거대한 사인보드로 만들었다. 형태는, 기능을 따르지도 않고, 공간을 따르지도 않으며, 오직 광고를 따르고 있다.

그것은 현실세계와는 다른 광고의 세계이며, 오늘날의 도시를 이루고 있는 보다 중요한 이미지 중의 하나이다. 이제 대중들은 광고가 선전하는 상품에 대해서는 더 이상 관심이 없다. 보다 중요한 것은 광고가 보여주는 그 세계 자체이다.

우리가 영상세대라고 지칭하는 새로운 세대들은 바로 광고에 매혹당한 세대들을 가리킨다. 광고는 한 세대를 잘 훈련시켜놓았다. 광고에 의해 잘 훈련된 세대들의 눈으로 보았을 때 종로 거리의 무분별한 입간판들은, 그야말로 세련된 광고의 세계를 위협하는 촌스러운 적이 되고 있다. 이 부분에서 광고 내의 차별화가 이루어지고 있다. 그들에게 광고는 언어-문자로 전달되는 것이 아니라 영상-이미지로 전달되는 보다 즉각적이고 감각적인 체계를 의미한다. 건물의 가장 마지막을 장식하는 외투로서의 광고는 이제 건축물 자체의 이미지에 동시적이고 복합적으로 작용하게 되었다.

이제 건축의 구법構法 자체로 충분히 건축물이 담고 있는 내용을 드러낼 수 있게 된 거리들과, 상표를 옷 바깥쪽으로 드러내놓고 그 거리를 활보하는 젊은이들, 그런 젊은이들의 만남이 이루어지는 소규모 카페의 대형 창들은 바로 광고의 개방성을 드러낸다. 밝은 내부조명과 그로 인해 밖에서도 환히 들여다보이는 개방된 창은 바로 광고의 '보여주기'에 다름 아니다. 그들은 마치 광고에서처럼 마시고, 광고에서처럼 사랑하고, 광고에서처럼 싸운다. 그리고 무엇보다도 그 모든 것들을 연속적인 광고처럼 보여준다. 그러한 개방 성향들로의 대중적 변화를 건축이 구태의연하게 놓치고 있을 리가 없다. 건축 재료의 경직된 속성 때문에 건축 내적 변화의 속도를 의심할 수도 있지만, 사실 건축의 가장 기본적인 질료는 공간이고 공간이야말로 가장 추상적이며 유연한 재료라고 인정할 때, 건축은 가장 발 빠르게 생활의 변화를 잡아갈 수 있는 첨예한 장르일 것이다. 정신없이 급변해온 한국 현대사의 주거는 한옥에서부터 일제의 다다미방으로, 다시 일본식 집장사들의 한옥에서부터 아파트와 원룸에 이르기까지 약 90년간의 세월 동안 숨차게 변화되어왔다. 영상세대/광고세대의 출현이 거론되기도 전에 이미 건축은 그 수용의 문제를 예상하고 심각하게 받아들이기 시작했다. 비록 건축을 하나의 장식적인 문제로 전락시킨 오류는 있으나 압구정동의 거리에서 볼 수 있는 많은 패션건물이나 소규모 카페의 오픈 플랜open-plan과 실내장식들은 그러한 건축이 수용하고자 했던 소수 세태들의 성향을 단적으로 보여준다. 일층에 자리 잡고 있는 카페들의 증가(많은 의류상점들이 일층에 자리하고 있는 것과 마찬가지로 일층은 '보여주기'의 가장 효과적인 시각 위치를 차지하고 있다)와 네온을 이용한 환상적인 실내장식들, 그리고 설득력이 없어 보이는 자유분방한 조형들은 단순한 왜색이라고 매도해버릴 수 없는 나름대로의 발언이 분명히 존재한다. 다만 압구정동을 비롯한 강남 일대에서는 이 같은 발언들

이 효과적인 건축적 전략으로까지 발전하기에는 분명한 한계가 있었다는 것만큼은 사실이다. 그것은 압구정동을 창조해낼 수 있었던 그 밑바탕인 부동산 가격의 급격한 상승을 이제는 소규모 상업 자본으로는 도저히 따라잡을 수 없게 되었다는 것이다. 즉 건축적 전략으로까지 자신들의 발언을 밀고 나가기에는 이미 극한으로까지 상승해버린 부동산 가격을 감당해낼 수 없었던 것이다. 그래서 그들이 선택한 곳이 바로 홍대입구이다.

홍대는 첫째, 신촌이라는 서울 서부지역을 커버하는 거대한 상권이 이미 존재한다는 것. 둘째, 광고에 의해 매혹당한 세대층이 포진한 한국의 아이비리그라고 불리는 유수한 사립대학가로 이루어져 있다는 것. 셋째, 비주얼한 분야로는 꽤 전통이 있는 홍대라는 캐릭터가 강하게 작용했다는 점이다. 그리고 마지막으로, 무엇보다도 소규모 상업 자본가들이 눈독을 들이기 전에 이미 홍대입구에는 어느 정도 자체 상권이 이루어져 있었고, 그로 인해 주위의 많은 단독주택들이 그들 소유의 부동산 가치를 인식해 이미 기존의 대지에 새로운 상업건물을 계획하기 시작했다는 것이다(실제로 홍대 주변에는 심심치 않게 국내 유수의 건축가의 작품들이 산재해 있다). 그리고 무엇보다도 이 네 번째 이유가 광고의 '보여주기'를 건축적 전략으로 채택할 수 있었던 가장 적극적인 이유일 것이다. 그래서 최근 홍대입구에 지어진 많은 건물들은 주로 일층 부분에, 그리고 필요하다면

왼쪽 **홍대 앞 〈상상마당〉** 〈수 노래방〉과 더불어 홍대 앞의 랜드마크가 된 건물. 옆의 〈수 노래방〉이 노래방의 폐쇄성을 깨뜨리고 내용을 드러낸 반면, 〈상상마당〉은 거의 곡예에 가까운 노출 콘크리트로 내용과 아무 상관없이 이미지만을 표출한다.

일이층을 오픈시켜서까지 외부를 위해(?) 내부를 개방시킨다. 필연적으로 개방구조의 건축적 구법으로 인해 몇몇 소수의 건물들은 지극히 미니멀하기까지 하거나 아니면 극단적으로 장식적이기까지 하다(물론 그들의 미니멀은 장식에 가깝다는 협의에서 완전히 벗어날 수 없는 한계가 있긴 하다). 그렇게 해서 광고세대들은 자신들의 세트-건축 속에서 마치 광고모델들처럼 발랄하게, 때로는 우아하게, 레몬에이드와 카푸치노를 마시며 길을 가고 있는 행인들에게 자신을 '보여주기' 한다. 이제 광고는 건축을 통해 광고의 세계를 실현한다.

표피의 건축

　　대중들은 기호를 신고, 기호를 입고, 기호를 먹는 것을 넘어서 광고 자체를 소비하고 광고의 이미지를 현실에 재현한다. 광고-소비의 관계는 기호의 문제이지만, 광고-이미지의 관계는 이미 기호의 관계를 떠나 있다. 그 이미지는 무엇을 사라고 강요하지도 않고, 어떤 특정 이미지에 대한 선입견도 심어주지 않는다. 광고의 [안]은 우리에게 무엇을 입고, 먹고, 소비하라고 가르치지 않는다. 그것은 이제 [무엇]의 문제가 아니라 [어떻게]의 문제이다. 광고의 현실-환[幻]은 기호와 소비의 문제를 떠나 이제는 삶의 방식을 규제한다. 허상이 현실의 자리를 밀치고 거울현실-환幻으로 자리 잡으려 한다. 바야흐로 광고는 현실(허상으)로 괄호 안에서 빠져나오려 하고 있다.

　　반면에 모더니즘 이후의 건축은 현실 속에서 허상의 체계를 구축한다. 실재하는 어떤 것처럼 보이고 싶어 한다. 건축의 커튼월curtain wall의 개념이 가능해진 이후 특히 모더니즘 건축의 결벽증에서 해방되고 싶었던 모더니즘 이후의 건축들은 자유로이 건물의 의장을 선택할 수 있게끔 되었다. 철근과 콘크리트라는 가장 현실적

이인철의 〈우리시대의 광고—우리는 하나〉 이것이 광고가 우리에게 이야기하는 속내다.

인 뼈대를 구성한 집에 화려한 붉은 벽돌로 외벽을 포장해 마치 조적조(벽돌구조) 같은 인상을 주게 하는가 하면, 철골조의 건물에 대리석을 붙여 둔중한 돌의 이미지를 강조하기도 하고, 알루미늄 패널을 이용해 경쾌한 이미지를 강조하기도 한다. 우리가 보는 많은 대리석 빌딩들이 실제로는 대리석 건물이 아닌 것처럼, 우리는 그 건물을 서 있게 하는 가장 중요한 뼈대의 구성재를 알 수가 없다. 따라서 건축이 표방하고 있는 현실이야말로 환이고, 건축은 광고처럼

광고와 건축의 이데올로기

그 환을 '보여주기'보다는 그 환을 통해 '위장하기'를 감행한다. 광고와는 달리 건축은 드러냄으로써 감추기보다는 감춤으로써 드러낸다. 오늘날 현대건축은 '위장하기'를 위장하지 않음으로써 환으로 다가가길 열망한다. '위장하기'를 통해 이뤄지는 환은 실재하나 사실은 거짓인 실재임에 반해, '위장하기'를 위장하지 않음으로써 이루어지는 환은 실재하지 않는 어떤 것들에 대한 재현이다. 그래서 특히 포스트모던 클래시시즘은 자칫 세트 같아 보인다. 새롭게 복원된 〈광화문〉은 복원되기 전의 복원에서는 목조를 가장한 철골조였다. 일차로 복원된 〈광화문〉은 철골조로 위장하기를 통해 목조처럼 보일 뿐더러, 역사를 복제하고 있었던 것이다. 다시금 복원된 〈광화문〉은 이 시대 건축의 조악함과 이 시대의 무가치한 사회상을 고발하고 있다. 이처럼 건축의 '보여주기'는 반드시 '위장하기'와 결부되어서 나타난다.

분명 포스트모던 건축의 '위장하기'를 위장하지 않음과 광고의 '보여주기'는 밀접한 연관 하에서 이루어지고 있음이 틀림없다. 광고의 '보여주기'가 보여주는 세계는 없다. 마찬가지로 포스트모던 건축의 '위장하기'가 보여주는 세계 역시 없는 세계이다. 로마와 고딕이, 파르테논과 르네상스가 복합적으로 구성되어 황홀한 네온빛에 의해 번쩍거리는 건축이 표방하고 있는 세계는 과연 무엇인가? 도저히 '참을 수 없이 맛있는 피자'와 '가구는 여자'가 되는 세계는 과연 또 어디인가? 현대 광고 산업사회의 건축은 지금 그러한 세계를 만들어내고 있는 중이다.

광고는 (그러나) 실제로는 존재하지 않는 허상이(어디 있겠는가?)다. 이제 자본의 시녀로 전락한 건축은 그 실재하지 않는 대상을 존재하고 있는 것처럼 만들어 보인다. 현대 도시의 야경은 그런 빛이 만들어내는 환의 세계를 적나라하게 보여준다. 대신문사의 사옥들은 자신들의 헤드라인 뉴스를 전하고, 그 뉴스 중간중간에 뉴스의 스폰서들이 밝고 명랑하게 스쳐간다. 깊은 가로의 양옆에는 이 도시를 움직이는 힘들이 과연 무엇인가를 보여주는 대형 광고 전광탑들이 즐비하게 서 있다. 그들은 '점-멸'하면서 다시 소생한다. 다른 모습으로, 또 반복해가면서. 그러나 그것들은 그들의 '점-멸'만큼이나 순간적인 것이 되어버렸다. 이제 광고는 이미지의 확장을 통해 자신의 세계를 건축적으로 구축한다. 문명이라는, 이 금방 무너져버릴 바벨탑 안에서 우리는 또 어떤 세계를 차곡차곡 쌓아가고 있는가?

나는 다시 "형태는 기능에 따른다."는 말 대신 "건축은 광고에 따른다."고 얘기해야만 되는지 망설인다.

종·산
복합체의
등장

우리는 흔히 영화를 '꿈의 산업'이라고 부른다. 실제로 오늘날의 영화산업은 그것을 '꿈의 공장'이라고 부르기에 전혀 손색이 없을 정도로 우리의 기대치에 상응하고 있다. 특히 조지 루카스의 많은 작업들은 어린 시절의 상상을 추억하게 만든다는 점에서, 그의 영화들은 늘 동화적인 주제라고 말해도 별 틀린 말은 아닐 것이다. '꿈'이라는 주제는 모든 인간을 압도하고 있는 근저이다. 많은 종교적 인간들은 말할 것도 없고 심지어는 무종교자이거나 무신론자들에게까지, 그것이 신에 대한 꿈이든 아니면 어떤 소박한 바람이거나 거대한 희구이든지 간에, 꿈은 그렇다. 그것이 종교적인 차원이거나 그렇지 않거나 간에, 그 꿈의 종교적/무신론적 차원의 논의를 떠나 스필버그는 신-꿈-인간의 관계를 그의 영화 〈태양의 제국〉에서 말하고 있다.

> 신은 우리의 꿈이고, 우리는 신의 꿈인가 봐요.

이것은 모든 꿈속에 우리가 놓여 있다는 말이고, 모든 꿈은 우리 속에 있다는 말이며, 신은 곧 그러한 꿈의 존재라는 말이다. 여기에서 장자적인 의미의 신-인간/나비-인간의 관계는 이미 그 의미를 잃고 있음은 말할 것도 없다. 그리고 이미 영화가 그 꿈의 기계화를 이루기 전에 우리는 이미 종교라는 의식을 통해 그 꿈의 수공업을 이루어왔었다. 그것은 신에 대한 꿈이라고 말해도 좋고 '꿈을 위한 신'이라고 말하면 더 좋을 법한, 꿈으로 가기 위한 의식이었다. 아직 종교랄 것도 없는 초기의 그러한 의식들이, 대부분 전적으로 마술적이었으며, 그런 마술적인 제의였다는 것은 이미 잘 알려진 사실이다. 흔히 '종교적이다'라는 말은 곧 '도덕적이다'라는 말과 곧 잘 등가로 교환되기도 하지만 보다 본질적인 종교의 뒷면은 그 마술적 성격이 보여주듯이 사실 비도덕적일 수도 있다는 점이다. 따라서 오늘날의 종교의 타락은 사회구조적인 개편에 따라 기업화된 종교산업의 당연한 귀결이지 결코 '꿈'에 관한 본질적인 회의와는 거리가 멀다. 오늘날 많은 사람들이 종교의 타락에 대해 얘기하고 있지만 더 많은 교회가 세워지고 더 많은 절이 세워지고 있으며 심지어는 그런 틈을 타 신흥종교라든지 사이비 종교까지 등장하고 있는 점으로 미루어 보아 '꿈'과 연결되어 꾸어지는 '신'의 꿈은 계속해서 유효하다. 유효할 뿐더러 확장 일로다. 왜냐하면 영화와는 달리 종교는 사회적인 규범을 가르치고 있음으로 해서 더욱 사회적인 조직력을 확대시킬 수가 있는 것이다.

'꿈'은 그러한 사회의 규범이라든지 도덕적 틀과 무관하다. 종교는 종교가 뿌리박고 있는 사회적 규범으로서의 도덕률을 무시하고서는 존립할 수 없다. 바로 이러한 차이에서 '꿈'의 종교화가 이루어진다. 즉 '꿈'이 종교의 차원으로 한정되면 꿈은 더 이상 자유로워질 수 없는 것이 되고 만다. 모순 없는 신화로서의 '꿈'을 오늘날에는 영화가 능숙하게 대신하고 있는 것이다. 사실 사이비 종교는 우리들이 꾸는 꿈의 다른 부분을 개척해서 종교로 보여주려고 하는 노력에 다름 아니다. 그것이 어떤 개인적인 이익의 차원으로 이용될 때 사이비가 되는 것이다. 동학이라는 신흥종교의 쇠락은 드물

〈**아미앵 대성당**〉 신을 향한 고딕의 간구.

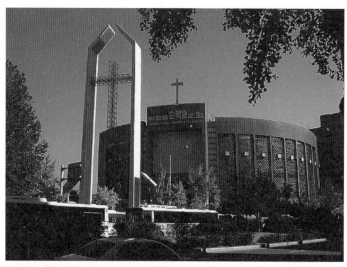

〈여의도 순복음 교회〉 한꺼번에 2만 5천여 명이 동시에 예배를 드릴 수 있다. 거대한 단일 공간에 들어선 신도들은 신의 말씀으로 하나가 되는 게 아니라, 소속감이 주는 집단주의로 하나가 된다.

게도 이민족의 이익 갈등에 얽혀서였다. 그것은 동학이 민족종교로서는 이례적으로 '인내천'이라는 세계성을 가지고 있으면서도 '척양척왜'라는 방법적 한계를 드러냈기 때문이었다. 반드시 같다고는할 수 없지만 기독교는 유대민족의 메시아를 버리고서야 세계화할수 있었다. 제일차 십자군 전쟁의 모토는,

　　신이 이것을 바라시도다.

였다. 말인즉슨 신의 꿈이라는 거였지만 사실 그것은 기독교 문명의 확대를 위한 인간의 꿈에 지나지 않았다. 신이 우리의 꿈으로 비춰지고 있었던 것이다. 그렇게 보면 부디즘이야말로 인간이 꿀 수 있는 모든 꿈의 총화다. 부디즘의 교리는 나를 나의 꿈으로 직접 투사하게 하며 그것을 현실화한다. 모든 종교는 현실이다. 아직 우리가 도달하지 못했을 뿐이라고 그것들은 속삭인다.

　　모든 종교는 말씀의 세일sale을 통해 자신을 유지하고 자신을 확대한다. 특히 기독교의 사상은 말씀의 사상이다. 기독교인들에게 주어진 전도의 의무는 교회의 수익을 증가시키는 동시에 기독교리를 확산한다. 기독교가 신도들에게 전도의 의무를 지우게 함으로써 무작위적인 말씀의 '방문판매'를 의도하고 있다면, 통일교의 방법은 더욱 획기적이고 조직적이다. 통일교도 간의 집단 결혼식을 통한 교리의 번식은 가장 확실한 전도의 방법이다. 거기에 비한다면 불교의 방법은 훨씬 지적이면서 가장 불확실한 판매 방법이다. 기독교나 통일교가 보험세일과 같은 방법을 동원한다면 부디즘은 거대한 허무의 성채를 지어놓고 고객들을 끌어들이는 백화점 판매식이다. 고객들은 그 누드 엘리베이터를 통해 보이는 많은, 그러나 역시 말씀의 상징들을 통해 자신의 허무를 고정시킨다. 불교의 사원이 기와지붕이라는 과거의 양식적 차용에 매달리고, 교회가 상가 건물에 적극적으로 입주하는 것은 판매 대상에 따른 차별화 전략의 일종이다.

'꿈'을 상실한 종교는 종교의 껍데기인 사원만을 번창시킨다. 왜 현대의 교회건축은 체육관을 닮아가는가? 육체의 단련과 정신의 해방이라는 그 상이한 출발점에서 갈라져 어느 순간 똑같이 자본의 단련장에서 만나게 되는 이 아이러니, 종교산업이 잉태한 저 자본의 거식증, 도시의 어둠 속에서 즐비하게 늘어서 있는 붉은 네온의 십자가들은 규모의 경제 하에서 이루어지는 대리점식 판매망의 그것과 비슷하다.

후기 산업사회의 종교는 이미 후기 산업사회의 상업주의와 그 진화를 같이 해나간다. 아니, 엄밀히 말하자면 후기 산업사회의 상업주의는 종교를 자신의 한 부분으로 편입시키고 있다. 즉 '종교산업'이라는 말이 성립할 수 있게 되었다는 말이다. 그러나 종교가 그런 식으로 신비감을 벗어던지면 마치 광고에서 환상을 벗겨내듯이 그 존립 여부가 의심받게 된다. 그래서 오늘날의 종교건축은 기를 쓰고 높아만 간다. 부실한 판매로 미약한 자본력의 종교 주주들은 종탑만이라도 높이 세우려 애쓴다. 종교의 대자본가들의 건축은 으레 체육관을 닮아가고, 그 안에서 신도들은 농구스타에 열광하는 여고생들처럼 복음에 열광한다.

극단적인 종교적 메시지를 종교산업의 주요한 논리로 차용하는 어떤 종파는 오히려 기존의 어떤 온건한 거대 종파보다 더 종교적이다. 그러나 그것은 과대광고가 그러하듯이 위협적이고 돌발적인 만큼 늘 위험을 내포하고 있다. 오늘날의 상품판매의 조직력은 어느 부분 종교적 의식을 닮아 있다. 세일즈맨들의 가장 기본적인 경구는 "자신을 팔아라."이다. 상대방의 신뢰는 상품의 신뢰에 바탕하는 것이 아니라 그 상품을 파는 세일즈맨이 주는 신뢰에 기인한다는 것이다. 마케팅에 성공하고 자신의 신뢰도를 높이는 데 성공한 세일즈맨은 반드시 성공한다. 마찬가지로 극단적인 메시지를 전파하는 종교들은 마케팅에는 성공했으나 그 신뢰도를 끝까지 지켜나가는 데에 있어서 성공하기 어렵다. 이는 종교와 닮아 있는, 현대 산업사회의 꽃이라고 하는 광고에서도 예외는 아니다. 종교의 신비감이 광고에서는 환상으로 대치된다. 종교는 그 신비감을 조장하기 위하여 종교건축의 공간감을 극대화한다. 고딕의 건축이나 비잔틴의 건축들은 그러한 종교의 신비감을 공간에서 느껴지는 장엄함과 엄숙함을 통해 조장하려 한다. 그러나 광고는 현실 밖의 환상을 극사실적으로 혹은 강조된 이미지로, 이미 만들어진 상품에 포장한다. 오히려 그러한 포장 속에서 현대의 종교건축은 일보 후퇴한 느낌이다. 광고가 자본의 논리에서 한 발 빠져나와 더욱 충실히 자본의 논리를 따른다면, 종교는 더욱 많은 주주들을 모아들일 궁리로 종교건축이 갖는 신비감을 희석시킨다. 이제 상업주의는 능률과 효율에만 얽매이지 않는다는 점에서 이것은 구태의연하다. 그러나 종교건축에도 건축 외적인 하나의 승부수가 있다. 그것은 바로 예의 말씀이다. 그 도저한 복음의 소식만으로도 우리는 충분히 종교의 신비, 그 자체에 다가갈 수 있는 것이다. 오늘날 절집의 쇠퇴는 전도의 의무를 종교적 전략으로 채택하지 못한 말씀의 세일의 부재에서 기인한다. 왜냐하면 허무는 너무 고급한 전략이므로.

백화점식 세일은 일단 그 거대한 규모의 경제가 뒷받침되기 때문에 가능한 것이다. 한낮의 대형 입간판들이 어둠 속에 덮이고 난 다음에 더욱 휘황히 즐비한 십자가들의 묘지를 본다. 이제 종교산업의 논거는 더 이상 '꿈'의 논리에 있지 않다. 종교는 철저히 상업주의의 논리에 따른다. 꿈의 상업주의를 구현하고 있는 것이 영화인 것처럼 종교 역시 자본주의의 체계 속에서 재편되어 있다. 종교를 배제한 공산주의 사회는 종교 자체가 공산주의의 존립 자체를 위협해서가 아니라 어쩌면 현대 종교처럼 거대화된 괴물은 공산주의 사회에서는 성립할 수 없기 때문인지도 모른다. 일요예배를 보기 위해서 교회를 찾아가는 많은 신도들이 그 지역의 교통을 마비시켜놓고, 극단적인 메시지를 전파하는 종파의 우두머리의 침실에서 거액의 돈이 발견되고, 종교로 인해 가정이 파괴되는 현실 앞에서, 우리는 과연 종교의 본질이 무엇이냐는 질문보다 이미 이 땅에서 횡행하고 있는 종교의 논리는 무엇인가 하는 보다 현실적인 문제에 접근해갈 필요가 있다. 우리가 애써 부정하려고 해도 종교는 이미 하나의 기업이다.

산업화가 낳은 가장 치명적인 환부가 환경공해라면 그 최악의 기형적인 모습은 군산軍産 복합체이다. 20세기의 거의 모든 전쟁은 미국과 소련의 냉전체제 하에서, 그 기형적인 상업주의의 물신화된 모습은 그 매음을 통해 갖가지 기형적인 산물들을 낳는다. 산업과 종교의 이 비밀한 간통도 그 한 예이다. 종교가 기업화되는 것은 말할 것도 없고 이제는 종교가 기업들을 방계로 거느리고 있다. 거꾸로 말하자면 그것은 기업의 문어발식 확장과 같이 종교의 문어발식 확산이 기업이라는 이름으로 확대되고 있는 것이다. 이제는 종교의 기업화가 아니라 종교가 직접 기업경영에 뛰어들어 자신의 종교를 전파한다. 굵직한 종교들의 거의가 언론사에 군침을 흘리고 각각 하나씩의 매체를 가지게 된 것은 결코 우연이 아니다. 전파를 이용한 말씀의 세일이야말로 가장 확산력이 큰 전도력을 갖게 되니까 말이다. 바야흐로 제정일치의 시대와 제정분리의 시대를 지나서 우리는 이제 종·산 일치의 시대에 살고 있는 것이다. 많은 기업체와 신문사까지 거느린 통일교는 종·산 일치의 좋은 본보기가 되고 있다. 이런 상황 하에서 우리는 왜 계속해서 신성한 종교의 환상을 강요받아야만 하는가? 이 시대의 종교가 행하고자 하는 구원은 과연 누구를 위한 것인가 반문해보지 않을 수 없는 자리에 우리는 지금 와 있는 것이다.

파놉티콘 Panopticon

감시와 처벌의
공간

17세기의 실증적 공리주의 철학자 제러미 벤담Jeremy Bentham은 감시자가 피감시자들을 가장 효율적으로 관리할 수 있는 원형의 평면을 제시하면서, 이는 감옥과 학교, 병원의 건축에 적용 가능한 평면 형태라고 예를 들었다. 최근 전자 주민카드나, 온라인상에서 처리되는 모든 정보에 대한 관리의 문제가 제기되면서 다시금 거론되는 제러미 벤담의 '원형감옥'은 이미 푸코 Michel Foucault에 의해 정치하게 분석된 바 있지만, 감시자와 피감시자의 시선은 온라인상에서 더욱 첨예한 문제로 받아들여지게 되었다. 즉, 감시자는 피감시자의 시선을 차단하면서, 동시에 피감시자가 감시자의 시선을 의식하지 못하는 감시 형태야말로 통제와 관리의 효율을 가장 극대화시킨다는 것이다.

질서—근대 시민사회의 허구

만일 건축이 다른 예술 장르보다 사회·정치적인 측면이 강조된 예술이라고 한다면, 그것은 다름 아닌 관리와 통제의 방법을 건축계획 속에 넣고 있기 때문이다. 건축이 이런 프로그램을 제외시킨다면 건축이란 장르는 성립할 수 없다. 건축이 예술이냐 아니냐, 하는 케케묵은 논쟁도 바로 그러한 건축예술의 '때' 때문이다. 이 '때'가 모든 건축의 하드웨어를 어느 정도 결정한다. 공공건물의 로비는 이용자의 정치적 견해와는 상관없이 당대 권력의 이데올로기를 선전하는 장으로서 원활하게 이용되도록 프로그램되어 있고, 백화점의 에스컬레이터는 항상 주변의 상품들을 싫어도 보게끔 항상 매장의 한가운데 설치되어 있다. 백화점의 상업주의는 항상 우

파놉티콘 OMA 제러미 벤담의 원형감옥을 패러디한 이 계획은 20세기 말의 건축이 추구하는 지향점을 분명히 보여준다. 이 계획은 마치 파놉티콘의 의미를 반성하지 않고 그대로 차용함으로해서 '이것이 현대다'라고 자조한다.

리의 시선이 자신들의 상품에 고정되도록 하는 건축의 프로그램을 요구하고 있다. 여기서도 우리의 시선은 통제되어 있다. 감옥은 말할 것도 없고, 병원의 규모를 설정하는 기준으로 간호사 한 사람이 환자 몇 사람을 통제할 수 있는가 하는 것이 중요한 기준으로 작용한다. 그것을 간호 단위라고 부르는데, 이를테면 간호사 한 사람이 관리하는 가장 적절한 병상수가 30~40병상이라고 할 때 1병상의 가장 적절한 면적은 43~66m^2가 된다. 그렇다면 300병상을 가진 병동의 최소한의 간호사 수는 10명 이상이 필요하고, 면적은 최소 15,000m^2 이상이 필요하게 된다는 식이다. 병원에서 환자의 자의적인 행동은 철저히 통제된다. 엄밀히 말하자면 그것은 환자의 건강을 위해서가 아니라 환자의 개인행동을 통제해서 이루어지는 병원의 관리 효율 때문에 그렇다고 말할 수 있다. 병원에 가면 오히려 병을 얻는다는 말은 건축적 입장에서 들을 땐 결코 과장이나 엄살이 아니다.

병원에서 이루어지는 환자의 관리나 통제가 병원의 생산성과 직결된다면(결국 병원에서 인력 관리의 성공은 병원에 이익을 가져다주며 그것은 제조업의 생산성과 무관하지 않다), 학교에서 행해지는 학생들에 대한 관리와 통제는 처벌이라는 좀더 적극적인 방법을 통해서 지배 이데올로기의 생산성과 직결된다.

그것은 학교라는 개념이 근대의 출발과 같이한다는 데서, 근대 시민사회의 허구를 보여준다. 근대 시민사회는 자유가 아닌 관리 혹은 통제의 사회인 것이다. 근대의 출범과 함께 정치적 지배 이데올로기는 '피의 순수성'에서 '제도의 순수성'으로 나아갔고, 거기에서 교육은 '교양의 문제'에서 '제도와 장치'로서의 문제로 변환을 꾀하게 된다. 따라서 사교육은 자연히 제도적 기반을 확보하기 어렵게 되었고, 모든 공기관이 이를 대체하게 됨으로써 학교건축은 태동한다. 따라서 근대 교육기관으로서의 학교는 '질서'를 시민사회의 최고 가치로 삼게 되는데, 이는 '제도의 순수성'을 유지하기 위한 가장 적절한 선택이었다. 그리고 학교건축은 이 질서와 제도의 유지를 위해 파놉티콘의 공간을 도입한다.

공간의 시선

학교건축을 구성하는 두 가지 중요한 인적 요소는 당연히 학생과 선생이다. 흔히 학교의 블록플랜block plan을 계획하는 경우 가늘고 기다란 교사동(본관)을 북측에 앉히고, 남측에는 넓은 운동장을 배치하는 수법이 많이 적용된다. 이는 장래의 증축 가능성을 예상한 안이한 배치의 한 예이지만, 어떤 배치형식을 취하고 있든지 학교의 관리동이 운동장 쪽으로 면하게 되어 있는 것은 똑같다. 운동장은 처음에는 학생들의 유희장으로 활용하기 위해 만들어놓은 넓은 공터의 개념이었다. 그러면 당연히 학생들이 주로 머무는 교실동에서의 접근이 원활하게 하는 것이 누가 봐도 당연하다. 그런데 바로 그 자리에 교사들의 집무가 주로 이루어지는 공간이 자리하고 있다는 것은 무엇을 의미하는 것일까? 이는 학생들에 대한 교사들의 감시는 물론이고, 학교를 구성하고 있는 두 가지 인적 요인 중의 하나가 비대하게 부각되고 있음을 말해준다.

감시와 처벌의 초상 19세기 유형학. 범죄자 신상 파악을 위한 초상 사진.

흔히 본관이라고 불리는 교사동의 관리 공간은 운동장과 마주 보는 자리에서 학교의 상징적인 건물로 우뚝 솟아 있다. 감옥이 처벌형식으로서 투옥을 통해 감시자와 피감시자의 시선을 일방적이게 한다면, 건축에서의 처벌은 보다 상징적인 형태로 나타난다. 폐쇄회로 TV가 쓰이기 전부터 은행이나 관공서는 직·간접적으로 이러한 사전처벌을 위한 시각적 상징을 도모해왔다. 은행의 출입문이 대부분 안여닫이 문이나, 관공서의 수직의 기둥들은, 그러한 사전처벌의 방식을 위해 자주 쓰이는 건축 어휘들 중의 하나이다. 처벌이 죄의 대가를 위해 쓰인다면, 사전처벌은 기관의 권위를 드러냄으로써 처벌을 상징적으로 처리하는 방식이다. 즉, 투옥은 죄를 진 자에 한해서만 행해지지만, 권위의 상징은 죄를 지은 자나 그렇지 않은 자 모두에 대한 처벌을 의미하고 있다. 이것은 명백한 공공기관의 테러리즘이다. 우리가 권위주의에 대해 드러내는 혐오는 이러한 부당한 처벌에 대한 반감인 것이다. 은행 건물은 이러한 권위주의에서 일찌감치 탈피하려는 노력을 해왔고, 그런 권위주의를 버리지 않고서는 '티끌 모아 태산'이라는 경구를 실천할 수가 없었다(사실 '티끌 모아 태산'을 이룩한 자는 은행밖에 없다). 지금은 보다 은밀한 시선을 가진 폐쇄회로 TV가 그 감시의 기능을 담당하게 되었지만, 결국 금융자본의 고객이 모든 시민을 대상으로 하고 있듯, 금융자본의 감시 대상도 우리 모두일 수밖에 없다는 것은 명백한 사실이다. 은행 강도들이 노골적으로 은행의 감시체계를 조롱하는 폐쇄회로 TV의 장면 뉴스 보도는 그 감시체계가 무엇을 위한 것인지 의아하게 만들고 있다. 결국 은행의 폐쇄회로 TV는 모두들 이곳에서 범죄를 저지를 생각은 꿈에도 하지 말라고 으름장을 놓고 있는 것이다. 우리 모두를 잠재적 범죄자로 몰고 있는 것이다.

감시의 길이냐? 자유로운 길이냐?

학교건축의 본관 건물이 갖는 권위주의도 이와 무관하지 않다. 이미 죄를 저지른 자를 감시하는 데는 푸코가 간파한 것처럼 감시자와 피감시자의 시선이 일방적이기보다는 오히려 상호적인 것이 더 유효하다. 근대교육이라는 것이 지배 이데올로기의 생산성을 조장한다면 교사의 중심에서 마치 운동장을 굽어보듯 서 있는 본관 건물의 위압적인 자세는 근대교육이 지향하는 바를 말해준다. 학생들은 항상 학교의 옆구리로 들어가서 어둡고 긴 복도를 따라 각자의 교실로 향하고, 거기서 지배 이데올로기의 가치를 주입받는다. 근대교육의 학교 시스템은 포드 자동차의 자동생산 라인과 크게 다르지 않다. 산업화 이후로 거대해진 도시와, 공간의 이동수단으로서의 자동차와, 산업사회에 바람직한 인간상을 생산해내는 교육의 공간은 자연히 대량생산과 획일화된 시설을 낳았고, 감시와 통제에 적합한 공간을 필요로 했다. 초등학교 때 배우는 토끼와 거북이의 우화는 능력보다는 성실함을 더 요구하는, 튀는 생각보다는 기계의 한 부품으로, 요소화된 인간으로서의 덕목을 주입하고 있다. 교사동이 학생들의 외부공간에서의 일탈을 감시하고 있다면, 복도는 교과과정에 따른 학생들과 교사들의 자유로운 이동수단이 아니라 학생들의 내부공간을 감시하는 감시자의 통로가 되고 있다.

영화 〈여고괴담〉의 장면 학교에서 복도는 복잡한 기능을 수행한다. 학생들을 감시하는 곳이며, 동시에 선생들도 감시받는 곳이다. 특히 쉬는 시간이라 할지라도 복도에 자주 나와 있는 학생은 일단 의심받는 공간이기도 하다.

학교의 운영방식은 크게 특별교실형 방식과 교과교실형 방식이 있다. 특별교실형 방식은 가장 흔한 방식으로 학급 수만큼의 보통 교실을 두고 음악, 미술 등과 같은 특별교과에 대응하는 특별교실을 따로 갖추는 방식이다. 반대로 교과교실형 방식은 대학에서 많이 채택하는 방식으로 교과목마다 전용교실을 두고 학생들이 필요한 강의실로 찾아다니는 방식이다. 대부분 전자의 방식이 고등학교 이하의 학제에서 광범위하게 채택이 되는데, 여기에는 근대교육의 선택 방식이 부지불식간에 배어 있다.

특별교실형 방식은 특별교과가 들어 있는 날을 제외하고는 하루 종일 같은 교실에서 지내게 되어, 고학년으로 올라감에 따라 특별교과가 많아지게 되면 상대적으로 이용 효율은 떨어진다. 반면에 교과교실형은 각 교과목에 맞는 전용설비를 갖출 수 있고, 작은 규모로도 많은 학생들을 수용할 수 있는 장점이 있다. 경제적인 측면에서 봐도 많은 교육기관들이 특별교실형 플랜을 채택할 근거는 더 희박해진다. 그런데도 불구하고 고등학교 이하의 학제에서는 한결같이 특별교실형 플랜을 채택하는 것은 의외가 아닐 수 없다. 교과교실형 플랜이 이상적으로만 계획된다면 교과별로 교과 이해에 따르는 그룹을 지어 세분된 클래스를 형성할 수도 있고, 각 교과 간의 유기적인 연계를 기할 수도 있을 뿐 아니라, 각 교원이 상주할 수 있는 준비실을 둔다든지 해서 교과 조정의 장소까지 확보하기가 훨씬 용이해진다. 그럼에도 불구하고 특별교실형 플랜이 광범위하게 채택되는 이유는 무엇일까? 그 이유는 너무 단순하다. 학생들의 동선이 복잡해진다는 것이 그 첫째 이유고, 둘째는 저학년일 경우 지참물의 분실과 자주 교실을 옮기는 경우의 학생들의 불안감 조장이 그것이다.

그러나 이 이유를 가만히 들여다보면 몇 가지 석연치 않은 점이 쉽게 발견된다. 학생들의 불안감과 지참물의 분실 등이 우려

되는 초등학교는 그렇다 쳐도 중학교 이상의 학교에서는 왜 교과교실형 플랜을 채택하지 않는가? 하는 것이다. 거기에는 복도의 이용 목적이 감시의 길이냐? 자유로운 이동의 길이냐? 하는 문제가 걸려 있다. 아울러 근대 이후의 교육이 가지는 제도와 장치로서의 학교가 가지는 감시와 처벌의 공간적 문제가 다시 걸려 있는 것이다.

교과교실형 플랜에서 학생들의 동선이 길어진다는 것은 곧 감시자의 동선이 길어진다는 것이고, 그것은 감시가 불가능해진다는 말과 같다. 여기에서 우리는 근대 시민사회가 유지하고자 했던 질서의 본질에 대해서 다시 의심해보아야 한다. 말하자면 통제를 원활하게 하기 위한 제품 검사대와 같은 질서는 자유로운 교육이 원하는 바가 아니라는 사실이다. 냉전 이데올로기 속에서의 학교의 운동장은 제식훈련과 반공 웅변대회 그리고 궐기대회를 위한 장소였지 학생들의 놀이와 건강을 위한 건전한 체육의 장소가 아니었다. 마찬가지로 학교의 복도는 근대 시민사회의 질서가 지배 이데올로기의 질서로 변환되어 나타난 지배구조의 유지 장치로 기능한다. 교실의 출입문에 복도로 나 있는 대부분의 창은 감시자의 시선을 위해 뚫려 있다. 실제로 음악교실의 출입문은 방음을 위해 창을 내지 않는 것이 우리의 상식임에도 불구하고 유일하게 학교 음악교실의 출입문에는 창이 뚫려 있다. 심지어는 예술학교의 경우도 마찬가지인데, 이는 혹시도 있을지 모르는 실습실 안에서의 남녀학생들 간의 화간 내지 성폭행을 감시하기 위해서이다.

　　교사동의 건축적 장치가 처벌을 암시하고 복도와 창이 학내에서의 일탈 행동을 감시하기 위해서라면 교복은 보다 간접적인 건축체계로서 감시에 관계한다. 그러나 사회적인 의미에서의 감시체계로 보았을 때 그것은 보다 더 큰 의미를 가질 것이다. 교복의 문제는 그래서 더 심대하게 건축에 영향을 미칠지도 모른다. 정확한 통계를 가지고 있는 건 아니지만, 교복자율화 세대 이후 군대 내 폭력이 심하게 반발을 받았다는 조심스러운 보고가 있다. 자유로운 행동이 자유로운 사고와 함께 한다면, 교복으로 상징되는 통제받지 않은 세대의 자유로움이 이 건축 공간을 어떻게 바꿀지 그것은 아무도 예측할 수 없는 문제이기 때문이다. 만일 근대인이 모든 규제의 도가니라고 불린 ― 세세한 규율과 그의 부차적인 규율들, 야단법석을 떠는 검열, 학교, 군대, 병원, 혹은 작업장 등에서 삶과 육체의 가장 작은 단편이라도 감독하는 ― 일 속에서 태어났다(미셸 푸코)면, 분명 탈근대인은 온갖 방임의 도가니, 모든 부정적인 근대의 덕목 속에서 태어날 것이 분명하다. 그리고 무엇보다도 그들이 탈근대를 이루어갈 것이다.

슈퍼
매너리즘의
시대

프랭크 스텔라, 〈노가로〉, 1981

모더니즘의 명제가 극에 달하면서 미니멀리즘에 대
한 논의를 제기한 프랭크 스텔라는 미니멀리즘이 결
국 하나의 극단이었음을 이 그림에서 고백하고 있다.
그러나 일루전을 배제하고 평면성을 강조한다는 미
니멀리즘의 방법은 역설적으로 다시 바로크의 길을
열어주었다. 온갖 양식의 혼재, 그러나 역시 아무것
도 조장해내지 않는 것. 그것이 슈퍼매너리즘이다.

몸의 공간에서,
말의 공간으로

혹은
말의 몸
입기

인간이 언어를 발명하면서부터 우리는 이미 또 하나의 새로
운 공간을 가지게 되었다. 이 공간은 우리의 몸을 담고 있는 현실의
공간과는 달리 지도상의 좌표로 읽을 수 없는 공간이며(그러나 지도
가 발명되기 이전의 이 지리상의 세계란 또 얼마나 비현실적인 공간이었겠
는가?) 위상topology이 없는 공간인 동시에 지형topography도 없는, 말을

슈퍼매너리즘의 시대

148

1 "지표상에서 인간 활동의 제 현상을 지리공간적으로 파악하는 데 관건이 되는 개념이 '입지성'이
다. 입지성은 위치, site, situation, 분포를 일컫는 말이다. 지리학에서 입지성의 함의는 다음과
같은 내용을 전제로 한다. 첫째, 지표(earth surface)를 전제로 한다. 지표상에서 위치는 경·위
선 좌표의 절대적 자리이며, site는 그 위치의 속성이다. situation은 절대적 위치 간의 공간관
계를 보여주는 상대적 위치이다. 그리고 절대적/상대적 위치가 발전된 개념이 곧 분포이다. 이
개념들 모두가 지표상에서 지리적 사고를 펴기 위한 일차적 요소들이 된다. 둘째, 입지성 그 자체
가 장소적 성격과 지리적 현상의 조건임을 전제로 한다. 역사의 무대로서 지리 공간은 인간의 다
이나믹한 정치·경제·사회사를 담고 있다. 그러나 그것들의 현상을 조건 지어주는 이해의 단서가

담고 있는 공간이다.[1] 한 개체의 자기인식은 그 개체를 둘러싸고 있는 장소성에 대한 인식에서부터 출발한다. 유럽 세계의 확대는 포르투갈과 에스파냐를 중심으로 시작된 신항로의 개척과 신대륙의 발견으로 이루어졌다. 이로써 포르투갈은 동양 무역을 독점하였고 에스파냐는 신대륙에 광대한 식민지를 개척하였으며 네덜란드와 영국, 프랑스 등도 다투어 해외로 진출하였다. 지리적 발견이 광범위하게 이루어졌던 이 시기에 유럽의 경제가 비약적으로 발전하여 상업혁명이 일어나고 자본주의가 발전하기 시작한 것은 결코 우연이 아니다. 그리고 각국의 절대왕정들은 중상주의 정책을 적극적으로 추진하였다. 그동안 유럽인들의 자유의지를 묶고 있었던 신神 중심의 세계는 그들이 스스로의 좌표를 지도에 표시해나감으로써 그 영역만큼 반비례하여 좁아지게 되었다. 그렇듯 개체가 위치하고 있는 장소에서 자신의 위치가 매김됨으로써 그 개체는 비로소 개별자로서의 인식이 시작되며 세계라는 확장된 인식이 가능해지게 되는 것이다.

어떤 장소성 속에서 개체로서의 자신의 좌표를 읽지 못하는 자는 끝없는 불안에 휩싸이게 된다. 그에게는 공간이라는 장소가 부재하므로 허무한 부유를 계속하게 된다. ('인터넷의 바다'라는 말에는 그 무한한 가능성 이면에 숨겨진, 떠도는 좌표들의 허무를 반영하고 있다.) 한 개체의 자기인식은 장소성이라는 확장자를 통하며 세계라는 틀 안에서 개체의 자존을 획득하게 되는 것이다. 세계와 나와의

되는 것이 바로 입지성이다. 때문에 지리학에서의 입지성은 역사의 사후 요소로서가 아니라 인간 세상을 구체적으로 지표 위에 각인하는 다이나믹한 원인요소로서 이해되어야 한다. 셋째, 입지성의 함의는 실체적 공간의 속성임을 전제로 한다. 전통적 의미의 지역·장소·locality는 모두가 지표 위의 어디인가에 실재하는 차원의 공간이다. 따라서 지역·장소·locality를 다루는 실재적 차원의 공간과 입지성은 불가분의 것이며 인식영역 차원의 의미적 공간과는 큰 대조를 보인다." (김인, 「지리학의 아이덴티티를 "입지성立地性"에서 찾자」, 《대한 지리학회 회보》 58호.)

불화는 그 이후의 일이다.

전쟁은 그러한 개체의 인식 속에 그려져 있는 모든 지형도를 파괴한다. 폭격으로 황폐화된 도시에서 우리는 부모와 형제에 대한 상실감이나 경제적 손실보다도 더 크게 자아에 대한 공황을 경험하게 되는 것이다. 모든 것이 무너져버렸다는 극도의 상실감에 빠지게 되는 것이다. 공간의 황폐는 곧 정신적 좌표의 상실을 의미한다. 우리는 나의 좌표점을 상대방에게 인식시키기 위해 나를 포함하고 있는 몸의 공간에서의 모든 랜드마크^{land-mark}를 총동원한다. 주유소, 특징 있는 건물들, 거대한 나무, 상업 간판들. 전쟁이 앗아가는 이러한 좌표들은 단순한 물리적 부재만을 뜻하고 있지 않다. 그것은 세계에 대한 상실을 의미한다. 무수한 전쟁 문학이 드러내는 이러한 상실감은 곧 지리적 상실을 의미한다.

> 중립국. 아무도 나를 아는 사람이 없는 땅. 하루 종일 거리를 싸다닌대도 어깨 한 번 치는 사람이 없는 거리. 내가 어떤 사람이었던 지도 모를 뿐더러 알려고 하는 사람도 없다.
> 병원 문지기라든지, 소방서 감시원이라든지, 극장의 매표원, 그런 될 수 있는 대로 마음을 쓰는 일이 적고, 그 대신 똑같은 움직임을 하루 종일 되풀이만 하면 되는 일을 할 테다.
>
> ―최인훈, 『광장』 중에서

『광장』에서 중립국이 좌표의 상실에 대한 대안이 결코 아니라는 것은 주인공인 '명준'의 자살로도 짐작할 수 있다. 지리적 좌표는 철저하게 장소의 문제와 연관된다. 장소성을 갖지 않는 '중립국'은 이미 또 다른 상실을 말하고 있기 때문이다.

그러나 말의 공간에서 나의 좌표는 철저하게 미세한 의미망들의 조직 배열에 의해 드러난다. 개념들, 새롭게 의미를 획득한 단어들—나의 사고에 접근하고자 하는 타인은 이러한 워드마크word-mark에 의지한다. 랜드마크가 특정한 장소의 역사, 신화 그리고 이미지를 주도한다면, 워드마크는 언어의 역사성에 기대고는 있지만 극히 개인적인 의미작용에 따르고 있기도 하다. 바르트Roland Barthes에 의하면 텍스트는 신 같은 작가의 전언, 단 하나의 신학적인 의미만을 방출하지 않는다. 평범한 예술은 자연스러운 것, 자명한 것, 유일하고 교조적인 의미 등을 전제로 한다. 이러한 작품들은 '읽기 위한' 텍스트로서, 소비되는 상품에 불과하다. 반면에 다원적인 텍스트는 관객으로 하여금 의미의 역동적인 생산을 요구하는 것이다.

그렇다면 타인은 어떻게 나의 의미작용에 개입할 수 있는가? "한 단어의 의미는 언어 속에서의 사용에 있다."는 비트겐슈타인L. J. J Wittgenstein의 말처럼, 그것은 언어의 창조성과 개방성의 문제에서 '변형 가능한 텍스트'는 관객들이 참여하는 언어 게임을 통해서, 이전에는 상상해본 적이 없는 문장을 이해하고 구성할 수 있도

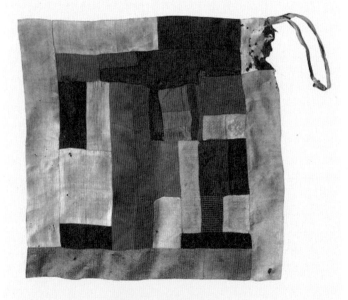

위 조각보 조각보는 계획되지 않는다. 이미 존재하는 것들을 찾아 끼워 맞추고 연결하면서 이루어진다.

아래 레고 장난감 레고의 부품들은 개별적으로 아무런 연관이 없다. 그 하나하나의 의미들은 다른 조각과 결부되어지는 우연에 의해 결정되고 그때야 비로소 조각 하나의 의미가 결정된다. 미리 전체를 짜놓고 부품이 만들어지는 것이 아니라 부품이 만들어지고, 전체는 아직 모르는 미래로 돌려놓는다. 건축의 파노플리는 이러한 우연적인 요소가 자아내는 조직이다. 조각보처럼 건축은 계획되는 것이 아니라 짜맞추어진다.

록 한다는 데에 있다. 이러한 약호 엮기는 일종의 기호나 메시지를 만드는 조작이라고 할 수 있다. 워드마크는 이러한 조작을 통해서 나의 세계를 타인에게 인식시킨다.[2]

이것은 몸이 말화言語化하는 과정인 동시에 말이 다시 몸의 체계(육화)를 입는 과정이기도 하다. 이쯤에서는 언어의 지시성은 사라져버리고 언어의 의미작용만이 남는다. 언어는 지시대상을 빌리지 않고 언어의 체계만으로 의미를 전달한다. 그리고 이룩한다.

말을 '이룩한다'는 의미에서, 역사는 말의 의미작용이 이루어지는 몸의 공간이다. 왕도정치의 이상을 구현하려 했던 조선 사림세력의 발호나

2 베토벤의 피아노 소나타를 자세히 살펴보면 크레센도(crescendo)가 어떤 의미로 사용되는지 확실히 구분할 수 없는 경우가 많다. 그의 피아노 소나타 3번 Opus 1, 첫 악장의 경우 51번째 마디에 가서 처음으로 크레센도를 사용하는데, 그것이 "여기는 점점 커집니다."라는 극히 평범한 발언이라 하더라도, 그것이 갖는 의미가 과연 "지금까지는 절대로 크레센도를 하면 안 되고 여기만 크레센도 하십시오."의 의미인지 아니면 "여기는 크레센도를 더욱더 확실히 해주십시오."인지 아니면 "여기는 크레센도라는 것을 잊지 마십시오."인지 혹은 더 나아가서 "여기야말로 진짜 크레센도입니다, 언뜻 보기에 마치 디크레센도일 것 같지만 말입니다!"라는 의미인지 명확하지 않다. 어쩌면 베토벤은 크레센도를 악곡 위에 표시함으로 이 '악곡'의 연주 방법에 대해 새로운 의미를 부여하고 있을지도 모르는 일이다. 베토벤은 도대체 어떤 의미로 크레센도를 사용했을까? 이 질문을 답하기 위해 우리는 한 발 뒤로 물러서서 생각해볼 필요가 있다. 원래 인지언어학에서 출발한 기호학에서는 이런 경우를 위하여 간단한 해결방법을 제시하였다. 크레센도를 하나의 음악적 기호로 생각하고 그에 따른 연주상의 해석을 기호의 의미작용으로 생각할 경우, 기호의 의미를 정확하게 파악하기 위해서는 무엇보다도 기호를 사용한 사람의 의도를 파악하는 것이 급선무라는 것이다. 즉 외형적인 조건이나 첫눈에 띄는 의미보다는 베토벤 작품 자체 안에 문제 해결의 열쇠가 있다는 말이다.(장우형, 「개가 짖습니다」 중에서)
즉 나는, 나의 의미작용으로 들어온 타자는 내가 구사하는 기호의 의미가 기대는 언어의 역사성에서보다는 보다 궁극적으로 내가 구사하는 기호들의 상관관계에 주목함으로 내가 장치한 워드마크의 본의에 더 충실히 다가올 수 있다는 말을 하고 싶은 것이다.

153

서구의 부르주아 혁명은 모두 말의 이데올로기를 실현시키고자 했던 노력들이었고, 그것이 역사 기술의 전부를 이룬다. 그러나 역사는 항상 말의 의미를 배반한다. 혁명이 변질되는 것은 혁명을 수용하지 못하는 사회구조적 모순 때문이 아니라, 혁명 초기에 내건 이상의 순수성을 유지하지 못하는 자체 모순에 의해서다. 말의 속도에 몸이 따라오지 못해서 모든 역사는 실패하고, 가장 극단적인 말의 순수를 유지하려 함으로써 혁명은 언제나 좌절한다. 말의 공간이 몸을 입으면서 일으키는 부작용, 골수이식의 부작용 같은, 다른 장기의 이질감, 죽음⋯⋯.

건축과 달리 다른 장르의 예술은 몸으로부터 급속하게 멀어지는 말을 따라잡기 위한 중간적 기재를 마련하고 있다. 보다 말의 공간체계에 가까운 (문학), 캔버스라는 말의 공간 (미술), 언어보다 더 치열한 (음악), 안전한 말의 여행 (영화). 그러나 건축은 바로 몸의 공간에 자신을 구축한다. 그로 인해 뒤틀어지는 저 말과 몸의 부작용, 스케일의 오류, 무수한 현실적 오차, 자본의 통속성⋯⋯. 차라리 건축은 몸의 공간(현실)에 있는 것이 아니라 도면(말) 속에 있다. 현실은 우리가 온전히 인식할 수 없는 스케일이라고 할 때, 그것은 또 다른 가상의 공간이다. (여기에서 다시 말의 공간과 몸의 공간이 뒤섞인다.) 콜로라도 사막에 펼쳐진 장 크리스토 Jean Christo의 작품은 철저한 2차원적 평면에 있을 때에만 우리에게 인지될 수 있다. 우리가

오른쪽 장 크리스토, 〈달리는 울타리〉, 1976 미국 샌프란시스코 북쪽 해안 40킬로미터를 흰 나일론 천으로 울타리를 설치한 작업.

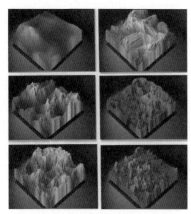

컴퓨터 안에서의 기억의 복원과 저장 기억의 완전한 저장이란 디지털계에서는 의미가 없다. 디지털계 내에서의 기억의 의미는 오히려 변형과 조작에 있다. 이것이 우리의 기억과 무슨 차이가 있단 말인가?

그것을 전체적으로 조감하기 위해 헬기를 타고 일정한 높이 이상으로 날아오르는 순간, 규모의 스케일만이 남을 뿐 작품의 스케일은 없어지고 만다. 우리가 그의 작품을 제대로 감상할 수 있는 것은 2차원적인 사진에 의해서이다. 우리는 그것이 콜로라도라는 광대한 사막에 펼쳐져 있다, 라는 사실을 기반에 두고 그것의 좌표점을 상상한다. 그러한 말의 공간을 동원해야 우리는 그의 작품의 스케일을 비로소 인지할 수 있게 되는 것이다. 몸의 공간이 다시 말의 공간 속에서 새로운 지형을 입게 된다.[3]

건축 캐드CAD 시스템은 우리가 인지할 수 없는 스케일로서의 가상공간(현실)을 우리가 인지할 수 있는 현실공간으로 만들어버렸다. 기존의 수작업이 축소된 대지 위에서 축소된 스케일로 작업된 반면, 캐드 작업은 실

슈퍼매너리즘의 시대

156

---

3 복잡성 이론은 이런 몸과 말의 공간이 어긋나는 모습을 논리적으로 보여주고 있다. 푸앵카레(Henri Poincaré)가 3體의 문제(three body problem)를 제시했을 때 그 문제는 지구의 공전 궤도에 대한 계산이 불규칙적일 때, 그리고 달과 지구의 중력 사이에 간섭이 생기는 데서 연유한 것이었다. 이와 같이 비직선적 시스템을 이해하기 위해서는 새로운 과학이 필요하다는 푸앵카레의 문제의식은 비록 해결책을 제시하는 데에는 실패했지만 비직선적 문제에 선적 방법을 적용하는 데에 있어 한계를 보여주었다. 그레그 린(Greg Lynn)의 작업에서도 보여주듯이 이것은 현대 건축을 읽는 또 다른 독법이다.

제 대지에 선을 긋는 것과 같은 일대일 작업으로, 그것도 화면상에서 우리가 완벽하게 인지할 수 있게 이루어진다. (그러나 이 완벽한 인지, 즉 정밀한 관찰이 대상의 인지를 흐리게 하는 것은 아이러니이다. 너무 가까이 들여다보거나 너무 멀리 들여다보는 것. 캐드 시스템은 이 둘 중의 하나를 선택하게 함으로써 다시 몸의 공간이 가지고 있는 오류에 빠지고 만다. 컴퓨터의 공간은 아직까지 지형도가 생성되지 않은, 인덱스만 있는 몸의 공간이고 그것의 확장이다.) 기존의 수작업이 현실의 모사로서 일정치의 오차를 갖고 이루어진다면 캐드 작업은 현실공간의 모사를 바탕으로 한 치의 오차도 없이 작업이 진행되어나간다. 여기에서는 모든 것이 수치로 이루어진다. 예술적 감흥과 우연에 의해서 얻어지는 선을 허용하지 않는다. 아직은 불완전한 몸의 공간이고 불완전한 말의 공간이다. 그러나 우리가 'zoom all'로 무수히 공간을 확장할 때 펼쳐지는 캐드 상의 무한한 공간은 다른 우주를 상상하게 할 만큼 신비롭다. 몸의 공간을 무한히 확장하면 우리는 어느덧 말의 공간에 닿아 있음을 알게 된다.[4]

그리고 이런 상상을 통해서 문학과 건축은 하나의 가설로 나아가고 있다. 문학이 이미 오래전부터 탐색해왔던 그 가설의 영역으로 이제 건축도 가고 있는 것이다. 집을 짓는 것은 하나의 생명체를 만드는 작업과도 동일하다고 말하는 그레그 린Greg Lynn의 작업은 '집은 살아 있는 것'이란 가설을 인정하지 않고서는 가능하지 않는

---

4 컴퓨터의 속도가 전자기석처럼 나의 눈을 끝없이 모니터 위에 고정시키고, 하나의 뇌에 랜(LAN)으로 연결된 나의 모니터는, 불필요한 시간을 단축시켜 나의 작업 시간을 실질적으로 늘려놓고 하루의 작업량을 저장해서 체크하며 파트 책임자에게 보고한다. 전체를 파악할 수 없는 모니터 크기의 제약으로 종이의 소비량이 늘어나고 건축도면에서의 모든 도상학적인 의미들보다 도면상에서의 그 위치들이 더 중요시되었다. 오늘날의 설계 인원은 도상학적인 드로잉 보다 치수를 정리하고 글자의 크기를 맞추며 해칭(hatching)을 넣는데 더 많은 시간을 할애하고 있다. 몸의 공간과 말의 공간의 프랑켄슈타인, 다시, 장기 이식의 부작용.

것이다.

건물이 비록 움직이지는 않지만 정적인 것은 아니다. 사람들이 항상 건물을 통해 움직이고 있고, 세월이 흐르면 건물의 기능과 의미도 변화한다. 그러므로 이런 의미에서 건물은 유동적이라 할 수 있다. 그러나 지금까지 건축가들은 두 가지 관념, 즉 공간은 항상 정적인 위치를 가져야 하며, 건물은 영원히 지속되어야 한다는 사고를 지니고 있었다. 건물에서 유기적인 특성을 배제시켜야 한다고 생각했던 것이다. 그러나 나는 여러 건축 경험을 통해서, 건물이 하나의 정점에 고착하기보다는 동적이며 유기적인 공간 개념을 가지고 있다고 생각하게 되었다. 이러한 생각을 갖게 된 계기는, 기하학의 역사를 통해 형form과 공간에 대한 기하학적 논쟁의 근본은 '정지'가 아니라 '움직임'에 대한 것이었다는 데 주목하고부터였다. 데카르트적 관념은 영점zero point의 관점에서 공간을 규정하여 모든 사물들이 제로축을 기준으로 상호 등위적으로 조정되기를 강요한 것이다. 그러나 뉴턴이나 라이프니츠, 그리고 미적분학을 발명한 기하학자들은 모두 공간을 '움직임'의 관점에서 규정하고 있다. 나는 이러한 17세기에 논의된 공간에 대한 관점에 관심을 가지고, (데카르트식의 고정된 점에서 해석하는 공간이 아니라) 미적분적 관점에서 해석된 공간을 연구하게 되었다.

토마스 리저 건축은 고형된 실체에서 변형가능한 가상으로 나아간다. 그것은 우리가 이제까지 사이버 공간이라고 부르는 세계가 실제적인 세계로의 침투를 의미하고, 동시에 가상/실제 공간의 확장을 의미한다. 확실히 오늘날의 건축은 이미 어떤 지도를 그려나가고 있다.

아직 우리는 태양계의 지도를 그리고 있다. 그리고 꼭 그만큼의 공간적 영역이 우리 인간 인식의 한계임에 틀림없을 것이다. 몸의 공간적 영역 확대는 말의 공간을 기하급수적으로 확대시킨다. 그리고 말의 몸 입기를 통해 몸은 말을 이루어낸다. 사이버스페이스가 공간의 영역으로 확장되려면 반드시 사이버스페이스의 지형도topography가 그려져야 한다. 우리가 그곳을 인지할 수 있을 때만 그곳은 공간space이 될 수 있다. 그때까지 우리는 떠도는 좌표처럼 부유해야만 한다. 유례없는 공간이 다가오고 있으므로.

다시,
바로크로

오늘날, 21세기라는 비현실적인 시대는 일찍이 마르크스 ^{Karl} Marx와 엥겔스 ^{Friedrich Engels}가 그들의 『공산당 선언』에서 언급했던 '자본주의의 전 세계적 관철'을 향해 치닫고 있는 듯하다. 미국을 중심으로 하는 서방 강대국들의 정치·군사·경제적 헤게모니의 강화와 동구 사회주의의 몰락, 그리고 한층 더 복잡하고 다층적인 소수민족들의 분규나 인종 간의 갈등은 금융 자본주의의 전 세계적인 확산과 더불어 오늘날의 세계를 말 그대로의 세기말의 혼돈에서 세기 초의 광기로 몰아가고 있다. 거대한 냉전 이데올로기의 와해는 극지방의 빙산이 해빙된 것처럼 미시적 갈등의 해수면을 갑자기 높여 놓았다. 갑자기라는 말이 무색하게도 스리랑카에서는 수십 년 동안 불교와 힌두교도들 간의 반목이 계속되어 왔고, 터키에서는 1,200만 쿠르드 족의 무장투쟁이 아직도 치열하게 진행 중이다. 탈냉전 이후 본격화하기 시작한 이들 분쟁지역에서 희생된 사람의 수는 지금까지 확인된 숫자만 해도 60만 명이 훨씬 넘는다. 바야흐로 세계는 미국과 서방 세계라는 세계경영의 헤게모니를 쥐고 있는 분명한 세력이 여전히 존재하기는 하지만, 그런 경제·군사적인 진행 과정 속에서도, 서서히 분극화된 어떤 중심으로부터의 이동을 꾀하고 있는 것만큼은 틀림없는 사실이다. 그것은 근대를 낳았던 어떤 기반들이 서서히 변하고 있는 중이라는 말과도 같다.

콘텍스트에 대한 부정

아시아의 도시는 서구의 도시와는 다르다. 비록 아시아 경제를 지배하고 있는 논리에 따라 작금의 아시아의 도시와 건축은 다분

안견, 〈몽유도원도〉, 1447 동아시아의 이상도시는 흐르는 복숭아꽃을 따라 갔다가 와보니 어느덧 수백 년의 세월이 흘렀더라는, 꿈과 같은 이야기다. 안견도 안평대군의 꿈 이야기를 듣고 이 그림을 그렸다.

히 서구의 뒤를 따르고 있지만, 분명 아시아, 그중에서도 한자 문화 권에서 가지고 있는 자연관은, 서구의 도시들이 실패했고 아시아의 도시들이 그대로 답습한 근대도시의 맹점들을 보완하고 있다. 그래 서 외형상으로는 서구의 도시들과 다를 바 없지만 그 내면의 모습은 완전히 다르다고 할 수 있는 것이다. 아마도 근대건축의 진정한 반성 은 서구에서 나오겠지만 그 반성을 이루는 것은 아시아가 될 것이다.

　　서구의 근대건축은 (당연히) 데카르트적인 합리주의에서 출 발한다. 즉, 그것은 'cogito ergo sum'이라는 생각하는 나와 존재 하는 내가 완전히 일치하는, 이해 가능하고 '만들어지는' 세계에 대 한 이해를 표방한다. 그러나 '道可道非常道'라고 할 때의 나는 다만

암브로시우스 홀바인, 〈유토피아〉, 목판화, 1518 서유럽의 이상도시는 외부와 물로 차단된 섬이다. 성서에 나오는 에덴 역시 지상의 동쪽 끝에 홀로 떨어진 섬으로 표현된다. 이상향을 뜻하는 영어 'uto-pia'는 라틴어 'ou topos'에서 나왔다. '어디에도 없는 곳'이란 뜻이다.

우연으로 존재하고, 세계는 이미 '만들어진' 세계를 표방한다. 따라서 우연히 존재하는 나는, 완전히 자유로운 나, 인 동시에 이미 무엇과 관계를 맺고 있는 나, 이기도 하다. 나의 우연성 속에서 나의 연기성이 존재하는 것이다.

이 '만들어지는' 세계와 이미 '만들어진' 세계에 대한 인식의 차이는 서구의 도시와 우리의 도시를 구분 짓는 중요한 분기점이 된다. 서구의 도시는 파리의 도시계획이 보여주듯이 단일한 가치를 지닌 일관성을 가지고 시작한다. 그러나 아시아의 도시는 홍콩, 서울, 동경 등지에서 보여지듯이 일관성을 찾을 수 없이 혼란스럽다. 이는 근대의 수입이라는 측면에서 기인할 수도 있지만 반대로 이미 내재해 있을 수도 있다. 아시아의 제 도시들은 서구의 근대 시민사회와 같은 근대 사회적인 특질들에서 공백의 상태를 보여준다. 그러나 그러한 근대사회의 특질들이 서구 중심적인 편향성을 띠고 있다고 할 때, 아시아의 현대적인 상황은 역으로 근대 시민사회에 대한 부정일 수 있고, 도시계획적으로는 우연이 주는 다양성을 포괄한다고 할 수 있다.

〈공각기동대〉와 홍콩 곧 다가올 미래의 도시는 여전히 지금의 홍콩이나 동경이나 서울과 별반 다를 바가 없다. 만화에서의 동경은 고도의 디지털 문명을 구가하고 있지만 거리는 여전히 혼란스럽다. 아시아적 가치의 부재를 그대로 답습하고 있는 미래, 혹은 변하지 않는 가치.

　　많은 아시아 국가들의 현재 상황을 미루어볼 때, 미래의 개발, 개발에 대한 요구, 혹은 가능성에 대해 어떤 형태라도 정확한 예측을 하기는 어렵다. 알지 못하는, 그리고 알 수 없는 요소들로부터 새로운 전체가 만들어질 것이다. 따라서 불확실성을 포용할 수 있도록 전략 또한 수정되어야 할 것이다.[1]

— 렘 쿨하스Rem Koolhaas

1 서구의 건축가가 아시아의 도시에서 찾아내는 정답은 이처럼 혼돈과 혼재의 어리둥절한 표현이 가장 적절할 수 있다. 더군다나 이 혼란스러움을 극복하기 위해 건축에 불확정적인 요소를 도입한 그의 해법은 더군다나 재기에 찬 것이 아닐 수 없다.

결국 분석이 안 된다는, 이 유연한 진술은 서구의 콘텍스트로 동양의 콘텍스트를 보기 위해 파기해야 할 서구의 잣대를 말하고 있다. 건축의 콘텍스트는 텍스트 자체이다. 나는 이제 콘텍스트와 텍스트를 혼재시키고, 그것을 그냥 '관계'라는 말로 대치한다. 관계는 타자와의 관계이지만 '관계'에서는 '나'가 분열되어 나 스스로와도 관계 맺는다. 말하자면 타자와의 관계만큼 나와의 관계도 치밀하다. 타자와의 관계만 맺는 '관계'는 없다. '관계'는 언제나 자기 관계 속에서 파악되어지는 관계이다. 철저히 하나의 중심이면서 그로 인해 분열한다.

아름다운 실패

건축사에서도 근대는 빛나는 이성과 황홀한 유토피아의 시대였다. 산업화와 기계문명에 열광하던 시대였고, 끝없는 실험과 그에 합당하는 성공이 주어졌던 시대였다. 모더니즘 건축은 그런 유토피아의 영향 아래 있다. 모더니즘 건축은 모든 전위의 세대가 그렇듯이 하나의 미완으로 끝났다고들 얘기한다.[2] 그런 의미에서 위르겐 하버마스의 '모더니티—미완의 기획'은 산업사회 하의 건축에 대해 던지는 질문들로 많은 것을 시사해준다. 근대건축에 가해지는

2 근대성을 덧없고 일시적인 것과 연관시켰던 샤를 보들레르의 견해도 있지만, 근대가 하나의 흘러간 과거의 개념이 아니라 늘 영원히 새로운 것들에 대한 일반적인 개념이라면 샤를 보들레르의 근대는 아마도 시대성과 역사성이 배제된 개념일 것이다. 그것을 '진정한 근대' 혹은 '영원한 근대'라고 할 때 근대라고 하는 것은 늘 새로우며, 낯설고, 항상 전위에 있는 개념일 것이다. 그러나 여기에서 내가 말하는 모더니즘은 (지나간) 하나의 건축사적인 의미로 사용하는 개념이다.

Centre Transept & North Tower from South Wing.

조셉 팩스톤, 〈수정궁〉, 1851 1851년에 유리로 세워진 〈수정궁〉은 가장 단순하고 합리적인 규격화된 생산방식의 결정이었고, 그것은 완벽한 질서를 뜻했다. 대리석과 벽돌에 익숙해 있던 당시의 사람들에게 이렇게 가볍고 반짝이는, 투명한 막 같은 물질로만 이루어진 건물은 하나의 충격이었고, 그 투명성은 위험스러운 것인 동시에 아름다운 숲 속에서 녹색 나뭇잎 사이로 반짝이는 햇살처럼 전원의 축제를 연상시켰다. 그리고 그것은 오래전부터 서구가 추구해온 유토피아였다.

악의에 찬 비난이나 아니면 객관적인 비평이건 간에 국제주의 양식으로 대표되는 근대건축은 '영혼이 없는 컨테이너'라든가, '야수적인 벙커 건축의 계승자'라는 비판에서 자유로울 수 없을 것이다. 그러나 처녀가 애를 나아도 할 말이 있듯이 근대건축의 당위 또한 명확하다. 그 당위를 아도르노Theodor W. Adorno는 다음과 같이 정리하고 있다. 그는 근대건축의 세 가지 도전을 언급하며, 첫 번째로, 건축 디자인에 있어 새로운 질적 요구에 부딪치게 되었다고 얘기한다. 즉 산업 자본주의의 대두는 유럽의 도시와 농촌의 건축문화뿐 아니라 궁전과 교회 건축까지도 사라지게 한 새로운 이해관계의 장을 창출했다는 것이다. 철도에 의한 수송망의 혁신적인 변화가 바로 그것이었고, 철도역의 건설이라는 것은 그 당시의 전통적인 건설 과제에서는 전혀 새로운 문제였다.

그 두 번째 도전이란, 철과 유리 그리고 철근콘크리트의 등장과 무엇보다도 조립식 부품들의 사용으로 인한 새로운 생산방식에 대응하는 것이었다. 그리고 세 번째 도전은 지금도 우리가 직면하고 있는 노동과 부동산, 특히 건축물의 부가가치가 창출하는 자본주의적인 이동 방식을 포함한 도시적 삶의 이동 조건이었다.

이 모든 19세기 말의 도전에 대한 응전의 양식으로서의 국제주의 건축은, 우리가 당대의 한계로서 그것을 충분히 인식한다면, 이보다 더 성공적으로 당대의 건축적 책임과 맞서왔던 적은 거의 없었다고 말해도 좋을 정도이다. 그것은 당대의 상황과 그 고민을 자신의 가장 예민한 성감대로 포착해나간 실로 눈부신 싸움이 아닐 수 없었다. 그러나 모든 전위의 운명이 그러하듯이 근대주의 건축은 가장 성공적으로 실패했다. 19세기 말이 던져준, 다양하고 새로운, 충격적인 도전으로부터는 성공했지만 그 성공의 화려함만큼 새로운 변화의 속도에는 실패한 것이다.

근대건축은 유례없는 도전에서 성공했지만 그것은 하루 동안의 성공뿐이었다. 그다음 날 거대한 궁전이었던 집은 쓸쓸한 초가로 변해버렸다. 그리고 이것은 문명이 그 속도를 늦추지 않는 한 산업화 이후의 모든 예술이 겪게 될 운명임이 분명했다. 그러므로 '진정한 근대/영원한 근대'는 항상 순간 속에서 빛을 발하고, 실패해가기 마련이다.

이후 탈근대건축에 대해서 행해지고 있는 무수한 진단과 정의와 처방전들이 어떻게 내려지든 간에 근대 이후를 바라보는 모든 시각은 '진정한 근대/영원한 근대'로의 회복을 의미한다. 즉 역사의 무게에서 벗어나 그 말이 가지고 있는 진정한 의미로의 회귀를 주장한다는 것이다. 그렇다면 그들도 실패할 것이다. 왜냐하면 '진정한 의미'란 어디에도 없기 때문에.

바로크적인 미니멀!

그렇다면 실패를 열어두는 길뿐이다. 바로크냐? 아니면 미니멀이냐? 이것이 우리의 실패의 길이다. 미니멀은 예술의 미메시스mimesis에 대한 반기이다. 처음부터 건축이 회화와 조각을 건축에서 분리시킨 이후 건축에 있어 재현representation이라는 문제는 그것들과 함께 완전히 떨어져나간 듯하다. 사과를 그린 회화 작품이나 인체를 다룬 조각 작품처럼 건축은 재현을 위한 오브제를 갖지 않는다. 단지 건축은 그러한 이미지를 상징이나 은유로 채택할 뿐이다.

그런 관점에서 팝아트의 등장과 비슷한 시기에 나타난 미니멀 아트는 오브제를 갖지 않는다는 점에서 건축의 방법과 대단히 유사한 점을 보이고 있다. 특히 평면에서의 그리드grid(그러니까 입체로서의 큐브)는 많은 미니멀리스트들이 즐겨 사용하는 오브제이다. 심지어 처음 미니멀리즘이 나왔을 때 사람들은 그것을 팝아트와 비교해서 "이것은 이미지가 없는 팝아트이다."라고까지 이야기할 정도였다. 거기에는 종래의 어떤 이미지의 아무런 재현도 없었고, 종래의 회화 개념으로 본다면 무미건조하기 짝이 없었다. 그러니까 팝아트는 이전의 회화가 가지고 있는 방법처럼, 배경과 그려지는 대상의 이미지를 구분하는 데 반해, 제스퍼 존스Jasper Johns의 〈세 개의 깃발〉과 같은 작품의 경우처럼 미니멀리즘은 작품의 배경과 오브제의 차이가 없다.[3] 즉, 그림 자체가 하나의 대상이 되는 것이다. 따라서 어떠한 오브제도 화폭에 재현하는 것이 아니라, 작품 그 자체가 하나의 오브제로 화해버린다는 것이다.[4]

사실 많은 건축가들이 일반적으로 건축에 있어 자유로운 표현의 문제를 깊이 고민해왔던 만큼, 어떻게 보면 이젠 그 여파가 한풀 꺾이고 있지만, 지난 시대 해체주의 건축의 선풍도 그러한 건축 표현의 좀더 자유로운 방법론에 대한 갈구의 결과였을 것이다. 사람들은 해체주의의 철학적 바탕과 사유의 방식에 환호했던 것이 아니라, 해체주의가 보여준, 짐짓 자유로워 보이는 표현의 방법에 더 환호했던 것이 사실인 만

3 프랭크 스텔라(Frank Stella)도 그렇고 도널드 저드(Donald Judd)와 로버트 모리스(Robert Morris)도 그렇겠지만, 이들이 거의 공통적으로 제스퍼 존스의 영향력 아래 있었다는 것은 아무도 부정하지 못할 것이다. 1958년 제스퍼 존스의 개인전을 접하게 된 스텔라는 이전의 추상 표현주의 방식에서 벗어나게 되는데, 초기에는 잭슨 폴록식의 어법이 배어 있는 아직 다분히 과도기적인 작품도 있지만 이후 그는 많은 미니멀리스트들에게 지대한 영향력을 끼친 중요한 작가 중의 하나가 된다. 1993년에 우리나라에서도 전시회를 가졌던 그의 작품은 상당히 유기적인 측면이 부각된 변화는 있지만 "여러분이 보는 것이 보는 것이다."란 그의 경구를 그대로 따르고 있었다. 그것은 예술이란 무엇인가를 발언해야 한다는 예술작품의 서술적 구조에 대한 반발이었다. 또 그것은 도널드 저드가 얘기하는 "그냥 하나씩 있는 것들"이라는 말과도 일맥상통하는 것이었다. 저드가 자기의 작품을 미니멀리즘이라고 부르기보다는 스퍼시픽 아트(specific art)로 불리기를 바라는 바, 내밀한 변별성 유지의 전략이 엿보이는 부분이기는 하나, 그것 또한 이전의 자연주의 회화가 갖는 재현성과의 분명한 단절을 얘기하고 있다. 저드가 얘기하고 있는 바로 그 차별성의 전략이라는 것이 어느 정도 설득력을 갖고 있는 이유는 그의 작품들이 어떤 미니멀 아티스트들의 작품보다 더 미니멀하다는 것이다. 그의 스퍼시픽(specific)이라는 말은 스페이스(space)라는 말로 바꾸어 불러도 좋을 만큼 작품이 전시되는 공간을 연출하는 그의 능력은 탁월하다. 좀더 구체적으로 얘기하자면 시간과 공간의 문제다. 저드는 "그냥 하나씩 있는 것들"의 어차피 변할 수밖에 없는 시간의 추이에 따르지 않고 그 오브제의 어느 순간을 절묘하게 정지시켜서 보여준다. 따라서 거기에는 통념적인 시간이 배제되고 절대적인 공간이라는 장소성의 문제만이 남게 된다. 그는 순간의 영원성을, 혹은 영원한 것들의 찰나를 그냥 하나씩 있는 상태로 보여준다. 그렇게 함으로 해서 "그냥 하나씩 있는 것들"은 '절대공간 속에 놓인 것들'이 된다. 흔히 얘기하듯이 시간이 정지해 있다거나 하는 흐르지 않는 시간의 얘기가 아니라 그것들의 개념이 무화된 그 공간의 풍경을 말하는 것이다. 이렇게 되면 분명 저드의 오브제는 그가 말하듯이 "그냥 하나씩 있는 것들"이 아니

라 그것들의 개념이 무화된 그 공간의 풍경을 말하는 것이다. 이렇게 되면 분명 저드의 오브제는 그가 말하듯이 "그냥 하나씩 있는 것들"이 아니라 그 오브세가 놓여 있는 전시장소의 공간과 시간으로 환치되어버린다. 그가 즐겨 사용하고 있는 오브제의 형태로서의 박스(box)는 그가 대상으로 하고 있는 보이지 않는, 그러나 분명히 존재하는 오브제-공간에 가하는 극히 절제된, 그리고 치밀히 계산된 흠집들에 불과하다는 것이다. 그렇게 해서 "그냥 하나씩 있는 것들"이란 양각적 의미는 사실 그 전부가 비밀한 음각적 진술을 내포하고 있게 된다.

큼 재현의 문제는 건축의 뜨거운 감자다.

여기에서 바로크의 장식성의 문제가 다시 등장하게 된다.[5] 고딕과 모더니즘이 지고한 종교적 열정과 유토피아에 대한 확신이라는 점에서 그 맥을 같이 한다면, 순간에 대한 향락과 찰나적 감각 그리고 다른 현실에 대한 언급이라는 점에서 바로크와 미니멀은 서로 내통하고 있다. 얼핏 보면 이 말은 상충하고 있는 듯이 보인다. 어떻게 고도의 장식을 추구하는 유파와 그것을 거부하는 유파가 서로 추파를 주고받을 수 있단 말인가?

그러나 바로크적인 장식을 가만히 보면 거기에는 현실에 대한 과장과 장식의 반복

4 미니멀리즘의 태도는 단적으로 안티일루전(Anti-illusion)이라고 말해질 수 있다. 미니멀리즘이라고 얘기되는 1960년대의 미국 미술의 상황은 사실 자연주의 회화가 가지고 있는, 그리고 더 가깝게는 추상 표현주의 회화가 가지고 있는 '왜곡된 사실'에 대한 반발이었다. 즉 3차원의 세계를 2차원의 캔버스에 재현하려 하였을 때 자연스럽게 저질러지는 사실의 과장과 그 과장의 드라마를 위한 눈속임의 장치들을 거부하고, 그 대신 객관적이고 기계적인 반복이나 지극히 절제된 이미지를 통해 사실의 재현이 아니라 그 자체 사실인 것을 보여주려 했던 것이다. 이미 팝아트의 대중적인 성공이 먼저였고, 절제된 이미지의 미니멀리즘이 확립된 때는 대중성이라는 팝아트의 가능성이 한계로 노출된 얼마 후부터였다. 그런 팝아트의 실험 이후의 미니멀리즘은 예의 자연주의 회화가 주는 환상이나 환각(illusion)에 대한 회의였다. 건축은 미니멀이 거부한 이 환각을 수학적으로 나타낸다는 점에서 미니멀과 다르지만 미니멀 역시 환각을 거부함으로써 다른 환각을 조장해내고 있다는 점에서는 다시 건축과 같아진다.

5 바로크는 화가 바로치오(F. Baroccio, 1526~1612)의 이름에서 나온 말이다. 바로치오는 종래의 관습적인 필법에서 벗어나 광채의 명암, 색채의 쾌감, 요염한 자태를 대범하게 묘사함으로써 종교적 성화였음에도 불구하고 파격을 띠었으므로 바로치오 화풍이라고 지칭했다. 이후 그 시대의 건축, 조각, 회화를 가리켜 바로크 양식이라고 불리게 되었다. 프로테스탄트 교세가 제후 귀족들과 신흥 자본가들을 배경으로 삼고 팽창해나갔듯이, 바로크는 비합리주의를 지향하는 사조 속에서 성숙하여, 로마 가톨릭 교회의 예수회 회원들의

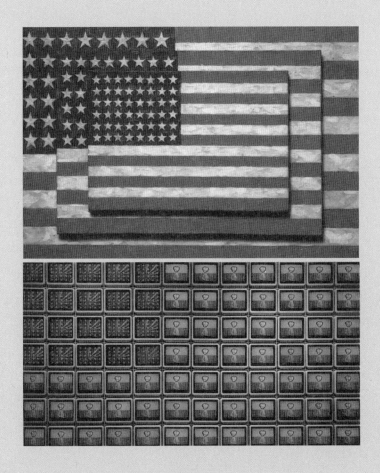

위 제스퍼 존스, 〈세 개의 깃발〉, 1958 아래 백남준, 〈비디오 깃발〉, 1982

동조자였던 각국의 왕족과 중신들, 지방 부농을 기반으로 전해나갔다. 인간의 존엄성, 개인의 존귀성, 선택의 다양성, 사상과 표현의 자유를 존중했다.

이 보인다. 바로크가 르네상스나 고딕과 다른 점은, 르네상스가 가지고 있는 인본주의적인 과도한 책무나 역사에 대한 고답적인 태도에서 벗어나 인간이 가지고 있는 자유로운 욕망에 주목했다는 점이고, 고딕이 가지고 있는 신에 대한 의무감으로부터도 자유로웠다는 데 있다. 바로크적인 인간들은 순간에 취해 살았고, 그만큼 탐미적이었으며, 예술 지상주의자들이었다. 따라서 바로크의 장식은 오직 인간의 생동감 넘치는 활력의 강조에 있었으며 장식에 의미를 두지는 않았다. 마티스Henri Matisse의 데쿠파주découpage, cut-out는

색종이를 자르는 방법은 재료를 직접 깎아나가는 조각가의 방법을 연상시킨다.

는 그의 말처럼 '그리는' 방법을 버리

고, 색채가 발휘하는 깊은 빛에 도달하는 인간의 감성을 보여주었을 뿐 아니라, 그림에 대한 작가의 통제력, 장식적 요소들에 대한 결단력을 보여주었다.

이것은 두말할 것도 없이 바로크와 미니멀의 접점에 서 있는 태도이며, 장식의 계속적 반복을 통해 장식은 장식 자체의 오브제가 주는 재현의 의미를 잃고, 오히려 반복하는 행위의 의미가 강조되고 있다. 장식으로써 장식이 배제되는 것이며, 무엇을 채움으로써 비워가는 작업이 바로 바로크의 의미이다. 미니멀은 처음부터 오브제에 대한 부정으로 출발해서 작업 자체를 오브제화 하지만 바로크는 오브제를 통해서 오브제 자체를 무화시킨다. 최종적으로 미니멀은 자신의 작업이 유일하고 궁극적인 오브제로 남지만 바로크는 자신의 행위만이 궁극적이

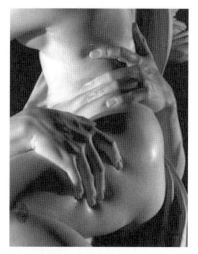

로렌조 베르니니, 〈프로세피나의 강탈〉, 1622 바로크의 관능성. 바로크에는 현존에 대한 문제, 즉 우리가 느끼는 감각적이고 주관적인 사실과 객관으로서의 사실이 같이 녹아 있다.

마티스, 〈푸른 누드〉, 1952 페인팅과 조각의 경계를 지운 마티스는 그 자체로 미술사의 경계에 섰다. 바로크적인 관능과 미니멀적인 단순함, 재현과 창조의 새로운 미지를 개척했다.

다. 바로크에서 오브제는 재현의 대상으로써의 오브제이든, 오브제가 된 작업 자체이든, 어떤 오브제도 갖지 않는다.

　　모더니즘이 장식을 죄악으로 만들어서 건축에서 장식을 배제시켰다면, 바로크는 건축에 다시 장식을 일깨운다. 미니멀의 바로크적인 반복을 통해 아무것도 구축하지 않는 빈 것을 구축해낸다.

건축의

미니멀리즘

약 2,500년 전 탈레스Thales는 물이야말로 모든 물질의 근원이라고 생각했다. 그러나 현대의 물리학자들은 모든 물질의 근원은 진공이라고 말한다. 아무것도 없는 진공 속에서 어떻게 무엇이 생성된다는 말인가? 바로 진공은 무無라고 생각하는 등식의 고정관념이 무엇을 생성할 수 있는 진공의 무한한 잉태력을 방해한다. 우리가 숨 쉬고 있는 이 허공중에는 우리가 생각하는 진공상태란 전무한 것처럼 보인다. 그러나 사실 참으로 우습고 반갑게도, 이 무언가로 꽉 차 있는 것처럼 보이는 이 공기 중에도 진공은 존재한다. 틈—이 이름은 우리가 흔히 이해하고 있는, 빈 상태, 어떤 허한 사이를 말하는 틈은 아니다—이 존재한다는 것이다. 중요한 것은 그 틈이 사실은 하나의 전체를 이루고 있다는 데에 있다.

꽉 차 있는 것과 틈이 서로 교차한다. 관입한다. 흘레붙는다. 서로가 서로의 속에서 뭉개고 흐려지는 것이 아니라 너무나 명확하게 자기의 특성을 유지한 채 전체 속에 개별화되어 섞여 있다. 조화다, 얼러리 둥기둥기. 그러니까 이 대기는 진공으로 꽉 차 있다. 그러니까 이 지상은 공기 분자들로 꽉 채워져 있다. 공기 분자와 분자 사이에 진공이 존재한다. 진공과 진공 사이에 또 그 공기 분자들이 존재하고 있는 것이다.[1] 이 지상은 공기 분자로 채워져 있는가? 아니면 진공으로 채워져 있는가? 색인가? 공인가? 색즉시공? 얼씨구, 이건 너무 멀리 넘어왔구나. 코끼리 다리 만지며 무너진 성수대교 찾는 꼴 아닌가? 지레 겁먹고 상상하기. 지레 흥분해 텍스트를 넘어서 버리기. 그렇다면 공간은 진공일까? 아니면 공간은 대기를 말함일까? 우리가 이야기하고 있는 건축의 질료로서의 공간은 과연 무엇일까?

고진공이라는 TV 브라운관의 진공상태도 1입방 센티미터

---

1   지상의 공간에도 진공은 있다. 지상의 공간은 약 80%의 질소분자와 대다수의 나머지를 차지하는 산소분자, 그리고 탄산가스로 가득 차 있다. 공기 분자수는 지상에서는 10입방 센티미터 중에 약 20억의 100억 배가 된다. 이 공기 분자와 분자의 미세한 틈에 진공이 존재하는 것이다. 한 개의 공기 분자의 지름은 약 1억 분의 10입방 센티미터이다. 따라서 지상의 1입방 센티미터 속에 있는 엄청난 공기 분자의 부피는 고작 1000분의 1입방 센티미터가 되는 것이다. 그리고 나머지가 모두 진공이니, 사실 지상의 공간이라 해도 거의 대부분이 진공인 것이다.

당 약 3억 개의 기체 분자가 존재하고 있다. 자연적으로 존재하는 가장 완벽한 진공인 별과 별 사이의 진공 공간도 1입방 센티미터 당 1개 내지 수 개의 분자가 존재하고 있다. 이것이 바로 광대한 우주 공간에 산재하는 성간 물질의 존재이다. (아니, 이거, 또, 나는, 너무 멀리 와버렸다는 반성.) 그러니까 건축적 질료인 공간에서는 무엇이 끊임없이 채워져 있다는 것. 건축가들은 스스로 무에서 유를 창조한다고 하며 거들먹거리고 있지만 에헤, 사실은 그 자체, 하나의 파괴의 모습인 걸.[2] 진공을 밀어내기. 아니면 대기를 밀어내기. 다시 공이 밀려나간 자리는 색? 아니면 이것도 저것도 아닌. 그것은 공간이라는 추상명사의 앞선 자리에 있다. 그 추상명사의 앞에 서서 더욱 구체적으로 그것을 현현시킨다.[3]

극추상의 건축이란 모든 언어의 기표를 잃어버리기에 있다. 기표를 잃기. 기호를 버리기. 그래서 몸을 버린 언어는 순수한 의미만을 남긴다. 순수한 의미라구? 그러나 몸을 잃어버린 언어는 이제 더 이상 언어로서의 구실을 잃게 된다. 순수한 의미는 아무도 모르는 의미와 같다. 그것은 소통하지 못한다. 소통의 의미를 저버리게

---

2 힌두교에서 이야기하는 신(神) 시바의 모습은 바로 이러한 창조와 파괴의 양면을 가진다. 어쩌면 건축은 철학의 모습보다는 종교의 모습을 하고 있는지도 모른다.

3 나는 여기서 무의지의 건축을 설명해내는 잉태의 단어로 극추상성이라는 단어를 잡는다. 내가 생각하는 극추상성이란 의미는 기호가 배제된 언어, 언어 이전의 언어, 미니멀한 분위기, 표현하지 않는 형태와 그것이 무화된 형태를 지향한다. 공간의 무의지에서 게으름의 방법을 통해 무의지의 건축으로.

된 언어는 하나의 의미작용으로써의 제구실을 상실한다. 결국 순수한 의미의 발견자는 벙어리일 수밖에 없다.

순수한 의미의 개체는 소통을 꿈꾸지 않는다. 기표를 잃은 기의는 이미 의미가 아니다. 기표와 기의는 한 몸에 두 개의 꿈을 꾸고 그 두 가지 꿈을 각각 엮어내는, 한 몸에 두 개의 머리를 가진 바룬다 새의 비극과도 같이 다른 차원의 의미로 넘어간다. 다른 차원? 아무튼 그 하나가 다른 하나를 죽이려 한다면 그들은 둘 다 죽는다. 독 바른 떡을 삼킨 한 머리의 복수는 결국 자신의 살해라는 파국을 가져온다. 기표와 기의 역시 두 개의 머리를 가진 한 몸뚱이의 새와 같다. 기표의 죽음은 기의의 죽음을 낳는다.[4] 그 둘은 어느 것이 먼저랄 것도 없이 동시에 쓰러지고 마는 것이다. 그러나 그 의미는 과연 존재하지 않는 무언가가 되고 마는 것일까? 기호가 사라진 의미가 과연 존재할 수 있는 것일까?

이쯤에서 우리는 기호와 의미작용이라는 언어적 분석에서 벗어나야 할 것 같다. 이를테면 그 작용 이전으로 되돌아가보는 것. 우리가 '아름답다'라고 말할 때 그 아름답다, 라는 말이 말로 되어 나오기 이전에 기대고 있는 그것은 무엇일까? 소통은 되지 않지만 사고 속에서, 아니면 하나의 직관으로 존재하는 그것. 언어를 일으키게 하는 언어. 바로 언어 이전의 언어. 건축이 구사하는 언어 행위는 궁극적으로 이것을 지향한다.

건축의 미니멀리즘

4 기표의 죽음이 기의의 죽음을 낳는다. 죽음은 태어난다. 무엇의 죽음으로 무엇이 태어난다. 그 태어남의 주체가 무엇인가 하니, 죽음이다. 그래서 이 진술은 기표와 기의가 동전의 양면이 아닌 개별의 개체임을 보여준다. 둘은 아무 상관없이 서로를 왜곡한다. 서로 배반하고 서로를 서로가 재해석해낸다. 끊임없이. 우리는 어쩌면 죽음의 향수에 취해 있는지도 모른다. 죽음은 그러한 향수에서 어떤 실체에 부여된 당대의 의미를 꺼내 보여준다. 역사가 스스로 자신을 뒤적여 우리에게 보여줄 수 있는 것이란 아무것도 없다. 역사는 반성하지 않고 잊혀—왜곡? 재구성?—진다. 그런 의미에서 지나간 모든 것들은 새롭다.

그렇다면 언어 이전의 언어는 무엇인가? 그것은 단적으로 표현하지 않는 특성을 이야기한다. 건축뿐만이 아니라 모든 예술에서도 마찬가지이지만 표현하지 않는 예술이란 20세기 초 회화사에서 미니멀리즘이 나타나기 전까지는 뚜렷이 인식되지 못했던 요소였다. 건축 또한 그것을 인식하지 못했다.

이에로 사리넨Eero Saarinen과 요른 웃존Jorn Utzon 등의 직유적 표현방법은 오히려 건축사의 시계를 거꾸로 돌리려한, (당대를 보는) 시각과 (예술사에 대한) 인식이 엇갈린 결과였다. 그들은 건축예술을 다른 일반예술과 마찬가지로 어떤 표현의 수단으로서 생각하는 오류를 저질렀던 것이다. 거대한 스테인리스 파라볼릭 아치로 이루어진 사리넨의 〈게이트웨이 아치〉은 무솔리니가 계획한 로마 재건 사업계획의 대미를 장식하고 있는 철근콘크리트로 만든 대형 아치와 흡사하다. 로마에서는 계획에 그쳤지만, 그것이 바다 건너 미국에 세워졌다는 것은 무얼 의미하는 것일까? 그것은 파시즘의 국가권력을 상징하는 건축양식이 1950년대에 대서양을 건너 미국으로 흡수되면서 민주주의 건축양식으로 전도되었던 것이다. 캄피돌리오의 건축을 유치하게 모사한 〈링컨 센터〉와 무솔리니의 국가 사회주의적 양식을 아무 생각 없이 베낀 〈린든 존슨 기념 도서관〉은, 그것이 어떤 민주주의의 모습으로 포장되든지 간에 분명히 팍스 아메리카나의 욕망을 보여준다.

^위 **이에로 사리넨, 〈TWA 터미널〉, 1962** 비행기 → 새 → 날개의 연상 작용에 의해 결정된 형태는 최적화된 구조를 찾아 건축에 있어 상징성을 완벽하게 드러냈다. 그러나 그의 요절과 함께 그의 건축도 요절했다.

^{아래} **요른 웃존, 〈시드니 오페라하우스〉, 1973** 망망대해를 떠다니는 범선의 이미지는 시드니라는 항구도시를 표현하기 위한 가장 좋은 소재였다. 푸른 하늘에 흰 닻처럼 걸려 있는 이 건물은 이 도시를 방문하는 사람들의 마음을 휘어잡기에 충분하다. 그러나 이후의 어떤 건축에도 이 건물의 충격은 이어지지 않았다.

타틀린, 〈제3인터내셔널 기념탑〉, 1919~1920 타틀린은 디자인을 사회·경제·정치적인 관점에서 실천적으로 파악하려고 하였다. 무계급 사회를 위한 세계혁명의 열정이 과도하게 나타나 있다.

미니멀리즘 이전의 회화는 재현에 자신의 시각을 고정시키며 외부의 무엇을 어떻게 표현하느냐에 매달렸다.[5] 그 정점에 많은 인상파 화가들이 자리한다. 세잔Paul Cézanne의 위대성은 그가 그러한 표현의 극점에 자리하고 있다.

사리넨과 웃존에 비한다면, 멘델존Erich Mendelssohn의 〈아인슈타인 타워〉와 타틀린Vladimir E. Tatlin의 〈제3인터네셔널 기념탑〉의 경우는 오히려 그 시대적 상황으로 인해 비극적이기까지 하다. 그들은 근대 이성주의의 열정과 실패 그리고 세계대전의 전화 속에서 그 위험한 이성을 고발하고 있다.

그렇다면 무엇을 표현하지 않는 존재가 과연 있을 수 있을까? 그러한 순수형태가 과연 존재할 수 있을까? 의미는 부여되어지는 측면이 강하다. 〈롱샹Longchamp〉을 우울이라고 보든 아니면 명랑하고 재기에 찬 형태로 읽든, 그것은 전적으로 보는 이의 입장에 따라 달라질 수 있다. 그것이 오독이든 아니든 간에 상관없이, 하나의 의미로 읽혀지는 존재는 존재하지 않는다. 따라서 순수한 형태란 존재하지 않는다.

순수한 형태가 존재한다고 믿었던 것은 모더니스트들의 이상이었다. 그러니까 형태에 있어 건축적 모럴이란 엄밀히 말해서 존재하지 않는다. 그러므로 이제 장식은 더 이상 죄악이 아니다.[6] 그것이 장식이든 아니든 간에 하나의 형태에 국한된 것이라면, 장식

건축의 미니멀리즘

5 모든 예술은 자연의 모사에서 시작한다. 그 주술적 제의가 모사의 단계보다 선행할 수도 있지만 예술이 선택한 가장 근본적인 방법은 그 모사라고 할 수 있을 것이다. 그러나 건축이란 모든 동물들이 본능적으로 갖고 있는 적응의 한 방식이다. 개미는 자신에게 가장 적절한 방법으로 굴을 판다. 인간도 그렇다. 표현 의지란 이러한 적응의 방식 이후의 문제이다. 건축이 표현 예술로서 부적당하게 여겨온 것도 바로 이 적응의 방식에 건축이 놓여 있다는 것이고, 건축의 표현하지 않는 의지가 미덕처럼 여겨온 것도 바로 이 이유에서이다. 그렇다면 앞으로 건축은 표현하는 것이 아니라 바로, 바로, 존재하게 하는 것? 이 논의는 다시 뒤에서 세밀하게 얘기된다.

6 나는 이제는 다시 바로크에 대한 탐구가 필요한 때라고 말하고 싶다. 자본주의적 현실이 가지고

과 순수한 형태라고 나누는 구분은 없어지고 만다. 이브가 금단의 열매를 먹고 있다면, 그것은 이미 아담의 배 속에서 소화되고 있는 것이다―바룬다 새. 장식이 죄악이라면 순수한 형태, 또는 그렇게 믿어지는 것 역시 죄악이다. 만약 그렇지 않다면? 장식은 다시 순수해진다. 결백한 형태, 순수한 형태에서 장식은 다시금 자리하게 되는 것이다. 그렇다면 역시 문제는 다시 공간으로 귀착하게 된다.[7]

이미 21세기를 살고 있는 건축―아직도 20세기에 있는―에 있어서 진정한 죄악은 형태도 아니고 장식도 아닌 바로 표현하고자 하는 의지이다. 그것이 모든 예술에 적용되지는 않더라도 적어도 건축에 있어서는 그렇다. 장식이 죄악이었던 한 시대를 지나, 나는 다시금 이렇게 이야기한다. 표현은 죄악이다. 표현하지 말라. 단지 존재하게 하라. 아무런 의지가 없는 공간은 절대적이며 시간의 흐름처럼 공간은 우리에게 흘러 스며든다. 우리의 피부 깊숙이.

공간의 무의지에 반하며

내가 표현의 의지에 반反한다고 말했을 때, 그것은 강한 부정의 의미이다. 그러나 다시 내가 '공간의 무의지에 반魅한다'라고 말했을 때의 반魅은 매혹의 의미이다. 무엇을 보고 홀리고 마는 유혹

있는 욕망의 문제는 바로크가 아니면 해결할 수 없다. 그리고 묘하게도 극단의 장식은 극단의 미니멀과 통한다. 장식의 반복적 사용으로 장식이 지워진다. 그래서 남는 벽면은 아무것도 없는 빈 것이다. 채워져 있는데 빈 것이다.

7　오늘날처럼 장식이 천대받았던 시기는 없었을 것이다. 그러나 구조의 솔직한 표현이라는 근대의 여명과 함께 일어났던 장식의 배제라는 문제도 결국에는 산업화해가는 당시의 시대적 요구에 의해 공장 생산의 방식에 맞춰 자연스럽게 귀결된 결과이다. 산업화를 통해 새로운 귀족이 된 부르주아들은 전시대의 귀족들과는 분명히 구분되는 다른 모럴을 요구하였다. '모던한'이라는 수식어는 그런 새로운 귀족들의 새로운 모럴이 되었다.

위 멘델존, 〈아인슈타인 타워〉, 1921 "〈아인슈타인 타워〉는 진정한 건축적 유기체이다. 이 건물은 아인슈타인의 상대성 이론을 연구할 목적으로 지어진 천체물리학 연구소인 동시에 그 과학자를 기리기 위한 기념물이기도 하다. 결과적으로 이 건물은 건축작품일 뿐 아니라 그 성격상 조각작품이기도 한 것이다. 한 시대의 힘을 표현하는 것이야말로 항상 예술이 할 수 있는 최상의 과제였다."고 멘델존은 말했지만, 〈아인슈타인 타워〉는 고딕적인 우울을 재현하고 있다.

위 르 코르뷔지에, 〈롱샹〉, 1950~1954 롱샹은 르 코르뷔지에의 절정을 보여준다. 그는 롱샹에서 그의 초기의 원칙들을 버리고 있는 것처럼 보인다. 벽은 휘어져 내부로 접혀 있고, 창은 자유분방하게 뚫여 있다. 콘크리트는 그 가소성을 한껏 뽐내고 있으며 정형적이고 틀에 맞춘 흔적은 어디에서고 찾을 수 없다. 이 건물은 마치 프랭크 로이드 라이트의 〈구겐하임 미술관〉이 보여주는 절정과도 닮아 있어 흥미롭다. 어리숙한 듯 절제되어 있는 형태는 김기창의 〈바보 산수〉에 나오는 집 같다. 모자란 듯 고졸하고, 어눌한 듯 세련되어 있다.

이며, 강한 이끌림을 말하는 것이다. 나는 공간과 그 공간의 무의지에 이끌린다. 공간의 이 무심한 부분이 그 공간을 표현으로부터 자유롭게 한다. 공간은 표현되는 것이 아니라 존재하는 것이다. 그것은 누가 무엇을 의도했든 그렇지 않든 간에 그 시점을 떠나, 시점 이전에도 시점 이후에도, 그리고 행위 이전에도 행위 이후에도 거기 그대로 그냥 있어왔던 것이다. 그러니까 건축가가 공간을 제작하거나 만들어낸다는 말처럼 무모한 오류는 없다. 건축가는, 그리고 행위자는 이미 존재하는 공간을 이루어내는 것이다.

이 이루어낸다는 것은, 혹은 일구어낸다, 혹은 일으켜낸다, 라는 말과도 같은 의미로 쓰일 수 있다. 이루어낸다/일구어낸다, 라는 말은 이미 기존에 있었던 사물을 어떤 장치를 통해 두드러지게 한다는 것이다. 눈에 보이지 않는 추상적—공간을 인지하게 하는 구상명사—형태를 드러나게 하는 것.[8] 그것이 바로 건축행위인 것이다. 따라서 형태를 갖고 운운하는(형태를 적대시하는 담론도 포함해서) 모든 건축의 담론들은 모두 실패한 담론들이다. 왜냐하면 주지하다시피 형태란 공간을 드러내는 하나의 기재일 뿐이지 그 궁극적 본질은 아니기 때문이다. 바로 여기서 건축예술 일반에 대한 오해가 빚어진다. 건축은 다른 예술과는 달리 존재하는 가장 추상적인 질료로 그 자체를 드러나게 한다.

건축의 질료는 관념이라는 것마저도 하나의 구체성으로 전

8 이 점에서 나는 몬드리안(Piet Mondrian)을 노자적으로 해석하려고 한다. 즉 몬드리안의 비례는 사실 하나도 새롭다거나 그 색조에 있어서도 동양적인 사고로 본다면 특별한 사건은 아니었다. 그러나 그가 사용하는 색과 색의 경계는 그의 검은 띠를 없애버려도 색의 간섭현상에 의해 나타나는 일종의 착시현상이다. '착시'라는 말처럼 그것은 존재하지 않는다. 그러나 그것은 정말로 존재하지 않을까? 몬드리안은 단지 그 경계를 일궈냈을 뿐이다. 그의 의미는 여기에 있다고 나는 생각한다. 그는 이미 있는 것을 일으켜 세웠을 뿐이었다. 이 점에서 몬드리안은 세잔을 잇는다.

이시켜버린다. 그래서 건축에서의 마음이라는 것도 다른 예술의 그것과는 달리 몸의 구체성을 가진다.

암컷과 같이 가만히 생식기의 문을 열었다가 닫을 수 있겠는가?[9]

— 노자老子

무無는 유有의 용用이 된다. 이는 없는 것의 쓰임에 대해 이야기하고 있는 말이다. 그러나 반대로 이것을 유有는 무無의 용用으로 쓰인다고 생각해보자. 이것이 바로 건축의 해법이 된다. 형태는 공간을 이뤄내는/일궈내는 용用이 된다. 공간은 소리도 없고 만져지지도 않는다. 그것에는 의지가 없다. 그러나 존재하여 아무것도 하는 바가 없지만 무엇을 작용하게 한다. 그것은 분명한 흐름이 있으며, 저절로 열었다가 닫히는 암컷의 생식기처럼 의미 없는, 의도하지 않은 작용을 한다. 노자老子가 도道를 이야기할 때 비어 있는 것들을, 빈 공간이라고 말하고 있는 것은 결코 우연이 아니다. 그 작용을 무엇이라고 이름 불러 이야기하지 못하는 것, 그러나 존재하지 않는 것, 따라서 공간의 성격이란 그 형태가 일궈내는 것이지 공간 자체에는 원래 아무런 성격이 없다.

그렇지만, 공간은 절대공간이라는 말이 가능할까? 십분 양보해서 절대공간을 가정해보자. 그렇다면 시간은 어떻게 할 것인가?

건축의 미니멀리즘

189

9 노자의 『도덕경』. 사람이 형체의 원형인 도에서 떠나지 않을 수 있겠는가? 자연의 기를 받아 몸을 부드럽게 하여 아기와 같을 수 있겠느냐? 무위자연으로 백성을 사랑하고 다스릴 수 있겠느냐? 무지의 지로 신명을 사면으로 통달할 수 있겠느냐? 도는 만물을 낳고 기른다. 만물을 생성하게 하여도 제 소유로 하지 않는다. 일을 하고도 공을 바라지 않는다. 자라게 하고도 주재하지 않는다. 이것을 신비스러운 덕이라고 한다.

더크 휘저, 〈큐브〉, 1984 모더니즘이 추구한 공간은 어차피 착시였는지도 모른다. 모더니즘의 저 창백함에 그나마 유머는 착시라는 것에 있었다.

시간은 공간에서의 이동이다. 따라서 현실적으로 절대공간은 존재하지 않는다. 왜냐하면 거기에는 항상 시간이 끼어들어 '장소'를 만들어내기 때문이다. 그래서 건축은 불가능해진다. 공간 자체를 만지는 것도 불가능하고, 장소를 만들지도 못하기 때문이다. 비록 형태에 의해 어떤 역할과 구체적인 작용을 한다 하더라도 그것은 건축가가 할 수 있는 일이 아니다. 건축가가 시간을 만질 수는 없다. 공간과 시간이 따로 존재하지 않는 하나이므로 공간은 따로 시간과 분리되지 않는다. 이 불가능에서 건축가가 선택할 수밖에 없는 것은 시간을 배제한 수학의 공간으로 몸을 숨기는 일이다. 수학의 영역에서 공간은 시간과 분리된다. 거기에서 공간은 아무 성격을 가지지 않는다. 그 무의지는 형태가 주는 의도에 의해서 마치 공간 자체가 어떤 성

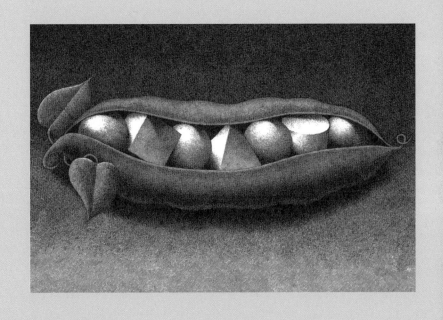

모더니즘의 탄생 가장 순수한 형태는 가장 유기적인 몸을 빌어 탄생한 것인지도 모른다.

격을 지니고 있는 것처럼 보일 뿐이다. 공간은 아무런 생각이 없다. 따라서 공간에는 언어가 없다. 따라서 그 언어를 드러내는 기호가 없으며 그 의미가 배제되어 있다. 실재에서 순수한 공간이란 존재하지 않는다. 오직 절대공간 속에서 모든 건축적 공간들은 무의지하게 있다. 공간과 시간을 따로 생각하는 이 무지의 공간에서 장식이 들어서고 형태가 들어서고, 죄악시된 장식과 순수한—혹은 그렇게 불리는—형태 간의 이전투구가 벌어진다.[10] 그것이 모더니즘이다.

모더니즘은 끝없는 소모전의 양상을 띠고 발전해왔다. 그것은 분명 하나의 진보였다. 사실 서구 근대 이성주의의 모든 완성은 저 위대한 모더니즘 건축의 완성으로 그 총체가 모여져야 한다. 일찍이 실낙원을 노래한 것도 서구의 이성주의이지만, 그 실낙원의 노래 속에는 낙원에 대한 오랜 인류의 희구가 은밀하게 숨겨진 것 또한 사실이다. 그들은 그런 유토피아의 이상을 오래전부터 꿈꾸어 왔다. 그것은 기독교의 천년왕국설에서 비롯되는 구원과 그 나라에 임하려는 청교도적인 이상과도 이어지는 것이었다. 바로 이 부분에서 저 위대한 모더니스트들의, 당대 서구사회의 모든 기술의 집적으로 이루어진 이상도시가 비록 종이 위에서이지만 건설되기 시작한다.

20세기 초, 미래도시로의 이주를 꿈꾼 모더니스트들의 정신

---

10 많은 건축가들이 아직도 그러한 이전투구를 벌이고 있다. 혹자는 자신의 공간적 치부를 감추기 위해, 혹자는 완고한 결벽증세에 빠져서, 그러나 사실 이렇게 서로 다투고 있는 두 사람은 모두 똑같이 '형태'라는 진흙밭 속에 빠져 있는 자신들을 바라보게 될 것이다.

에는 서구사회가 오래전부터 그들의 내면에서 키워온 계시록적 불안감이 숨어 있었던 것이다. 그리고 그 위대한 스승들의 한 세기가 저물어갈 때에 근대 이성주의도 파탄을 고했다. 그러면 이제 우리는 어떤 노래를 지어 불러야 할까?

　존재가 해체되고 중심은 사라졌다. 중심은 사라졌거나 아니면 개체 속에서 존재하거나, 혹은 의지를 잃었다. 모든 것들이 예지로운 의지로 가득 차 있던, 빛나는 한 세기는 갔다. 이제 모든 것은 스스로 중심으로서 작용하며 그 의지는 아무 곳에도 그 뜻을 두지 않는다. 모든 것은 암컷의 생식기처럼 아무 의지도 없는데 어떤 작용을 하고 있다. 그 비밀을 캐내는 자는 자신의 무위함을 깨달을 것이다. 공간이 어떤 의지를 갖고 작용하고 있다고 생각하는 자는 자신이 만든 덫에서 헤어 나오기 어려울 것이다.

형태는 공간을 일궈낸다

불의 도마뱀이 불 속에서 살고 있듯이,
현자의 돌도 그러하다.
　　　　　　　　— 미하엘 마이어, 『아탈란타 푸가』(1617)

저 무심한 공간에 누가 마음을 일으켜낼 것이냐? 노자의 어투를 빌리자. 공간은 형태의 쓰임새가 되지만 형태는 건축적 의미에서 공간의 쓰임새가 된다. 공간은 자신의 모습을 저렇게 형태로, 연금술적인 변환을 통해 그 쓰임새를, 마음을 갖게 한다. 그렇게 공간은 형태를 조작한다. 형태는 기능에 따르는 것이 아니라 형태는 공간에 따른다. 'Form Follow Function'이 아니라 'Form Follow Space'로 기능과 공간의 자리가 오버랩된다. 형태는 공간의 연금술적인 변환에 의한다.

형태는 기능에 따른다고 할 때의 기능의 의미는 모든 사회적 제도나 규약과 규범, 그리고 그 사회의 제도나 사고의 틀을 포함하고 있다. 따라서 기능은 최적화된 동선의 체계를 떠나 있을 뿐만이 아니라 오히려 한 사회의 관념적인 이상에 의해 결정되어지는 것이다. 이를테면 산업사회의 가치규범과 농경사회의 가치규범은 다르다. 이는 한 사회가 추구하는 집단적 이익을 수반하는 가치에 의해 결정되고 교육으로 다음 세대들에게 이어진다. 그러한 사회적 규범이 공간에 투영될 때 우리는 그것을 공간의 사회적 기능이라고 부른다. 형태는 공간이 응고된 모습이다? 응고된 음악이다?―이건 아니고, 유물론적으로, 혹은 기회주의적으로, 노자적으로 이야기하자.

랑그langue 자체는 음악이 아니다. 마찬가지로 형태 자체는 건축이 아니다. 음악은 랑그가 파롤parole화할 때 들린다. 여기에서 바로 곧 해석의 다양성이라는 문제가 확보되는 것이다. 그런데 건축에서는 그 랑그와 파롤이 복잡하게 얽혀 있다. 즉, 음악적으로 형태는 랑그인 동시에 파롤이다. 무의지한 공간이 어떤 연금술적 변환을 통해 자신을 변화시키고 그 변환된 몸에 자신과, 자신 이외의 것을 동시에 갖는 자웅동체를 이루어내는 것이다.

　　무위無爲는 위爲를 바탕으로 한다. 꾸준히, 하지 않는 것을 함으로써 종내는 하지 않는 것이 된다. 따라서 무엇을 표현한다는 행위는 이미 형태에 그 비중을 두고 시작하는 것과 같다. 그것은 공간과는, 방법적으로 접근 방식에서 큰 차이가 있는 것이다. 표현의 의지라는 것은 그것이 외부에서 이루어지든 내부에서 이루어지든 일정한 방향성을 갖고 이루어지게 마련이다. 왜냐하면 형태 자체는 이미 일정한 방향성을 갖고 있게 마련이니까. 그러나 공간을 염두에 두고 이루어지는 형태―이것을 표현의지라고 해도 이제는 많은 오해의 소지들이 줄어들어 있으리라고 믿는다―는 공간과 공간의 사이에서 이루어지고 있는 간극이므로 거기에는 일정한 방향성이란 존재하지 않는다. 그것은 마치 무중력의 공간에서 느낄 수 있는 아래와 위가 없고 방향이 사라져버리는 일종의 틈에서 이루어지는 행위이다.[11] 사이나 틈은 어떤 물체와 물체 사이에서의 관계를 말하는 것이 아니라 공간과 공간의 사이와 틈을 말하는 것이다. (다시 한 번 이 대기 중에 존재하는 진공의 상태에 대해서 상기하라.) 원래 있었던 것

건축의 미니멀리즘

---

11 무중력의 공간에서의 건축은 아직 미지이다. 임상적인 데이터도 충분하지 않고, 방향과 상·하가 사라진 공간에서 느끼는 인간의 심리도 우리는 아직 모른다. 21세기 중반까지 우주 공간에 국제 우주정거장이 완성이 되면 건축의 문제도 중력 바깥의 공간에 대해서 숙고해볼 필요가 있는 것만큼은 분명하다. 우주 공간에서의 거주의 문제는 벌써 시작되었기 때문이다.

을, 그러나 보이지 않는 것을 드러나게 하는 행위가 공간의 표현행위이다. 그래서 존재하는 형태는 형태가 없어도 무방하다. 그것이 없는데도 거기에는 공간과 공간이 존재한다. 희미하게 보이지 않게. 그러나 형태가 있어 그 희미한 것을 확정한다. 희미한 것을, 보이지 않는 것을 보이는 것으로 일궈낸다. 도깨비감투의 역현상이 일어난다. 역 도깨비감투. 보이는 것을 보이지 않게 만드는 것이 아니라 보이지 않는 것을 보이게 하기. 보이지 않는 것을 일궈내기. 형태의 작용은 공간을 일궈내는 데에 있고 형태의 존재는 공간과 공간 사이의 미세한 사이에 있다. 표현의 의지는 그 미세한 틈에서 이루어지는 가장 미미한 행위이다. 그것은 결코 의도된 절제가 아니다. 차라리 절제하지 않는 표현의 한 방식에 가깝다. 바로크적인 반복.

도저한 게으름

백지를 주면 무엇인가를 그리고 있다. 어느새. 표현의 경망스러움은 그 백지의 여백을 가득 메우고 덧칠하여 뭉갠다. 그러지 말고 그 백지를 두고 오랫동안 서성이는 것. 백지를 두고 있다가 마실도 나가서 백지 생각은 깨끗이 잊고 돌아와서 문득 백지 생각하기. 그리곤 또 밥 먹고 씻다가 다시 백지 생각하기. 그 백지를 잊고 다시 생각하기를 거듭하는 와중에 일어나는 생각들. 그 게으름의 미학. 이것은 저 공간과 공간 사이에서 미세한 틈을 비집는 표현의 의지처럼 계획되고 자로 잰 듯이 이루어지는 것이 아니라 와중에 이루어진다.

조선의 성리학적 규범처럼 자신을 모질게 수신하여 이루어내는 그 치밀한 합리적 방식의 절제와 단순이 아니라, 망설이면서 서성대면서 설레면서 깜박깜박 잊었다가 문득문득 거듭 생각하면서, 그 틈에서 이루어지는 단순함과 소박함과 의도하지 않은 절제와 도저한 게으름의 미학, 이것이야말로 한국적 미니멀리즘의 본령이라고 나는 생각한다. 조선을 넘어서, 성리학을 넘어서 그 이전에 존재한 한국건축의 미니멀한 요소는 분명 이 도저한 게으름에서 탄생한 미학이다. 추사의 〈세한도〉가 끝없는 수신에 의해 이루어진 성리학적 절제의 극치라면[12] 게으름의 미학적 단면은 곳곳에 널려 있는 미륵신앙의 국토 어디에든 나타난다. 산봉우리에 얼굴만 새겨진 부처와 구름이 새겨진 계단과 같은 완성되어 보이지 않는 '어정쩡함'은 우리의 전통적 표현의지가 재현에 있지 않고 메타포에 있다는 것을 나타내주는 실례이다.[13] 그 게으름의 절제가 낳는 시간의 자연스러움, 무엇인가를 압박하는 절제가 아니라 당연시되는 자연스러움과 함께 내재하는 그 엄정함. 기능적 해결을 강조하는 합리적 공간이 아닌 최적화에서 벗어난 듯 보이는 불합리함과 게으름을 강

197

12 추사의 〈세한도〉는 조선 성리학의 정신적 지점을 보여준다. 그러나 그 고도의 절제가 강요하는 끔찍할 정도의 치밀함은 보는 사람을 억압한다. 모든 예술은 모든 억압에 저항하는 동시에 모든 것을 억압한다. 억압하지 않는 예술이 가능하다면 나는 그것을 게으름의 권력에서 찾는다. 자세히 보면 게으름도 분명 권력이다.
13 서구의 예술이 초기의 그 주술적 특징을 잃고 재현의 문제에 중점을 두고 발전해왔다면, 우리의 예술은 끊임없이 그 주술적 힘을 잃지 않고 그것을 하나의 은유로 작용하게끔 발전해왔다. 따라서 서구의 미학적 기준이 신이 창조한 의지에 부단히 접근해가는 데 그 주된 시각을 고정시키고 있다면, 한국의 미학은 보다 강한 은유의 전통에서 찾아야 할 것이다. 즉 바위산의 예처럼 부

조하는 공간.

　　20세기 속도 문명이 하나의 소실점을 향해 달려오면서, 모든 불합리한 가치와 불필요한 사고를 배제하며 달렸다면, 그런 모든 것들을 주섬주섬 챙겨서 달리기……. 오늘날의 건축은 서성대면서, 해찰거리면서, 어영부영하면서, 놀면서 간다.

처의 얼굴 하나만을 조각해놓은 것은 부처의 얼굴을 모사한 것이 아니라 부처의 몸을 과감히 생략함으로 해서 그 산 일대가 부처의 몸이요, 곧 용화정토라는 은유의 결과라는 말이다. 이렇듯 한국의 미학적 기준은 메타포에 있다. 과감한 생략과 절제된 상징이 도처에서 발견된다. 따라서 전통에 대한 서구의 논의와 우리의 논의가 일치할 수 없고, 비록 포스트모더니즘을 수용함에 있어서도 일차적으로 무리가 따르기는 했지만, 이제 서서히 저들의 포스트모더니즘 이론으로는 우리의 포스트모더니즘을 재단할 수 없는 한계가 노정되기 시작했다. 이러한 상황에서 "우리에게 과연 극복해야 할 모더니즘이 있었는가?"(김광현, 《창작과 비평》, 1994년 겨울호)라고 묻는 것은 우리를 곤혹스럽게 만든다. 왜 저들의 모더니즘과 같은 모더니티를 우리가 겪어야 하는가? 문화·경제·사회적 변화와 서로 상이한 역사적 발전 과정을 밟아온 상황에서 저들의 모더니즘이 우리에게 어떻게 투영되고 받아들여지고 배척당했는가? 우리의 포스트모더니즘은 일종의 회귀일 수도 있고 형식상의 단절일 수도 있으며 당시의 정신적 연대일 수도 있다. 그것이 무엇이든지 간에 아직도 역사주의적인 시각에 사로잡혀 사회발전의 단계론을 고집하는 것은 곤란하다. 서구에서도 이미 역사발전의 단계론은 심각한 비판을 받고 그 비판론마저도 이제는 시들한 상태이다. 우리는 오랜 비합리주의적 전통을 갖고 있다. 서구의 잣대로 우리의 문화를 재단하고 비판하기보다는 그 비합리주의적 면면을 유심히 통찰해야 할 때이다. 이러한 관점에서 승효상의 〈수졸당〉은 오히려 한국건축에 있어 전통의 수용이라는 측면에서 상당한 역행과 퇴행이 보인다. 〈수졸당〉의 그러한 실패는 한국의 미학적 전통을 너무 가시적으로 옮겨오는 데서 있을 수 있는 그런 정도의 오독과, 현대란 과연 무엇이냐? 하는, 인식의 부족을 드러내고 있다. 이상하게도 〈수졸당〉은 오히려 포스트모던하게 보인다. 사실 전통적 요소의 차용이라는 것은 서구 포스트모더니즘에서나, 서구 열강에 의한 한국문화의 단절이라는 문제에서 그 전통적 요소를 서구의 그것처럼 고스란히 차용할 수 없게 만들었다. 〈수졸당〉은 전통적 요소를 차용하는 그 현대적 감각으로 인해 전통에 기대고 있는 것처럼 보이지만, 왠지 서구 포스트모더니즘의 논리와 더 닮아 있다. 이것은 빈자의 미학 운운하는 승효상으로서는 거의 치명적인 타격인 것처럼 보인다. 성리학적 절제가 주는 치밀함을 놓친 한순간의 긴장 이완이 이러한 어이없는 결과를 낳은 것이다. 그것이 전통이라면 무조건 기와지붕부터 올리고 보는 작태와 무엇이 다른가? 결국 승효상의 빈자의 미학은 전통의 정신이 아닌 형태적 요소에 대한 감각적 차용인가? 그는 어쩌면 성리학의 사대부적인 전통이 보여주는 형태미의 단아함에 빠져 있었던 게 아닌가? 하는 의구심을 〈수졸당〉은 준다. 그러나 〈수졸당〉과 〈수백당〉은 〈병산서원〉과 〈도산서원〉, 〈독락당〉과 〈윤증 고택〉에서 보여지는 전통 공간을 이루는 요소들의 차용과 그 세트화를 통해, 한국건축사에서 최초의 진정한 포스트모더니스트가 등장했다고, 나는 말하고 싶다.

건축,
문학,
자연

건축과 인접 예술

　　과거에 건축은 예술을 담는 그릇이었던 빛나던 한 시절이 있었다. '다빈치는 건축가이자 화가였고 뛰어난 과학자였다.'라는 프로필 속에는 당시의 건축이 차지하고 있었던 예술사적인 의미를 우리에게 시사해주고 있다. 그러나 정반대의 의미에서 그 빛나던 한 시절 동안에 건축은 없었는지도 모른다. 오히려 건축은 이 누추한 한 시절을 통하고 나서야 그 존재를 나타낼 수 있게 되었을 수도 있다.

예술의 분화를 통해 건축예술은 오늘날 우리가 알고 있는 건축 일반의 이해에 도달하게 될 수 있었다. 회화나 문학, 그리고 음악이 꽤 오래전까지 그 주술적 제의와 무관하지 않게 시작되었다면, 건축은 그 제의와 숭배의 대상인 자연과 직접적인 관계를 맺으면서 시작한다. 회화나 음악이 비와 바람과 토템 숭배의 대상인 동물들과의 은유적 관계에서 출발한다면, 건축은 그런 것들과 좀더 즉각적인 관계를 이루면서 출발한다.

이런 신과 인간 사이의 밀월 관계가 끝나고 회화와 조각과 음악이, 그리고 문학이 각자 인간과 그 존재에 대해 회의하기 시작하면서부터 건축 역시 자체의 관계망들로 이루어지는 독자적인 노선을 걷기에 이른다. 그때부터 건축은 더 이상 신과 자연으로부터의 피난처도 아니고, 예술을 담는 그릇도 아니었다. 20세기에 들어서면서부터 건축은 독자적인 자기 논리를 가지고 문학과 예술의 시장에 등장하기 시작한다.[1]

그렇다면 건축이란 무엇인가? 한마디로 건축은 공간과 공간의 생산방식에 대한 문제이다. 어떤 예술의 생산방식에 대한 문제가 바로 그 이유가 되는 장르는 건축이 유일하다. 현대미술과 문학

201

1 코르넬리스 반 데벤(Cornelis Van de Ven)은 르네상스 이래 건축가가 자신이 속한 사회로 눈을 돌리거나, 그들 자신의 형이상학을 확립하도록 강요했던 몇 가지 원인을 다음과 같이 설명한다. 첫째 원인은 종교의 쇠퇴일 것이다. 그런 의미에서 중부 유럽에 열병처럼 번졌던 로코코 건물은 건축의 최후였다. 두 번째는 이전 건축업 조합의 마스터 빌더가 건축가라는 독립된 지위를 얻는 사회적 지위의 변화였다. 폐쇄적이었던 길드나 건축업 조합의 점차적인 분해는 프랑스 혁명을 계기로 드디어 완성되었다. 세 번째는 건축의 후원자들의 변화였다. 전 시대의 교양 있고 품위 있었던 패트론들은 그들 주위에 과학자, 시인, 음악가, 화가들을 모을 수 있었으나, 바뀐 패트론들은 19세기의 신흥 재산가들이었다. 네 번째는 산업혁명이다. 코르넬리스는 종교의 쇠퇴를 가장

역시 생산방식의 문제를 떠나서 생각할 수 없게끔 되어 있지만, 생산방식이 문학과 미술의 본질을 구성하고 있지는 않다는 점에서, 그 의미는 사실상 건축에 비해 훨씬 축소되는 편이다. 건축은 자신의 생산방식의 문제를 떠나서는 존립할 수 없다. 그리고 또 그것은, 건축은 무엇으로 이루어지는가? 라는 물음과도 떼어낼 수 없는 밀접한 문제다.

공간이라는 문제. 그렇다. 건축은 공간으로 이루어진다. 문학이 언어라는 질료를 통해 무언가를 이룬다면, 건축은 공간이라는 질료를 통해 무언가를 이룬다. 이 점에서, 쇼펜하우어Arthur Schopenhauer의 건축에 대한 정의는 오류이다. "건축은 응고된 음악이다."라는 그의 말 속에는 건축의 질료를 공간이 아닌 건축을 이루는 부가적인 요소들, 즉 벽체, 가구, 지붕, 바닥과 같은 것들로 착각했던 잘못이 드러나 있다. 그리고 이것이야말로 많은 일반인들이 오해하고 있는 건축의 모습인 것 또한 사실이다.

그러나 건축은 벽체 없이도 존재할 수 있고, 바닥 없이도 존재할 수 있다. 우리가 언어를 떠나서 살 수 없듯이 우리는 공간을 떠나서 살 수 없다. 만약 공간을 떠나서 인간의 행위가 이루어진다면 그 역시 건축의 대상이다. (한 번 더 수사적인 오류를 감행해본다.) 언어가 없이 문학이 이루어질 수 있다면…… 그 역시 문학인 것처럼.

중요한 원인으로 꼽았지만, 내 입장은 네 번째 산업혁명에 더 큰 비중을 두고 있다. 결국 앞의 세 가지 원인들은 모두 산업혁명의 결과였지 않았을까? 결국 건축은 생산방식의 문제와 떨어질 수가 없다.

건축의 꿈

건축은 '빈' 것을 만들고자 한다. 따라서 공간의 생산방식이 중요하게 되고, 공간의 생산방식이 중요하게 되는 것은 어떤 지배적인 이데올로기에 강력하게 전염될 수 있다는 말과도 같다. 생산주체의 이데올로기는 생산방식에 영향을 미치고 공간에 영향을 미친다. 건축이 자본의 시녀가 될 수도 있고, 정치권력의 하수인이 될 수도 있다는 것은 그래서이다. 그리고 우리는 실제로 그런 생산주체의 이데올로기와 생산방식의 오염을 매일매일 목도하고 있다. 광화문에서, 용산에서, 여의도에서, 종로에서.

건축이 예술이냐 아니냐, 하는 문제는 이 부분을 확대해봄으로써 보다 분명해질 수 있을 것이다. 결론은 이렇다. 건축이 예술이 아니라면, 모든 예술은 예술이 아니다. 반면 건축이 예술이라면, 존재하는 모든 것은 예술이라고 불러도 좋다. 사실 다른 장르와 달리 건축에는 타자로부터의 많은 제약이 형성되어 있다. 건축주의 요구를 수용해야 하며, 법규에 따라야 하고, 물리적 제약에서 자유로울 수 없다는 것 등이 그런 것이다.

한국에서의 건축적 전통은 곧 삶의 문제와 다르지 않다.[2] 조선 사대부의 사회적 역할은 정치·학문적 영역을 넘어서 건축의 영역으로까지 확대되었다. 주자가례에 따라 집과 사당의 배치를 결

건축·문학·자연

2 이 문장에서 쓰이고 있는 건축의 의미는 3차원적인 어떤 구현물이나 방, 거실과 같이 당연히 삶과 연계되어 있는 그런 건축의 개념과는 다르다. 그것은 예술 일반의 문제이고, 앞에서 코르넬리스가 구분한 건축의 분리/분리된 건축과 같은 개념이다.

정하였고, 주역의 상징을 차용해 집을 장식할 줄 알았다. 단지 장식에 차원에만 머무는 것이 아니라 성리학적 이상을 자신의 집에 담을 줄 알았다는 것은 건축과 철학과 삶의 문제가 하나였다는 것을 말해준다. 양사언의 〈소쇄원〉은 그 대표적인 예이다. 그는 직접 터를 잡고 물을 끌어들이고 정자를 지어 바람과 물과 함께 벗하는 유유자적한 도가적 이상과 성리학적인 담백함을 현실에 구현했다. 그럴 때의 건축은 단순한 구축적 수단이나 물리적 유용의 차원이 아니다. 땅에 대한 치밀한 논리와 그 땅의 특성을 자신의 철학적 경지로 승화시키는 놀라운 전환이 거기에는 있다. 자연에 대한 이해 없이는 전혀 불가능한 일인 것이다.

건축은 당대의 정치권력을 반영하기도 하고 자본의 논리를 충실히 투사하기도 하지만, 무엇보다도 당대의 정신을 반영한다. 마찬가지로 주거는 그 집에 사는 사람의 정신을 드러내준다. 우리가 건축을 말하면서 문학을 얘기하고, 인접 장르에 대해서 끝없이 곁눈질해야 하는 이유가 여기에 있다. 인간의 몸은 하나의 소우주라고 한다. 집은 그 소우주를 담고 있는 또 다른 우주이다. 집을 우주로 파악하는 것은 단순한 연역이 아닌 신이 이루어놓은, 이 '보시기에 좋았던' 자연이라는 건축에 한 발 더 다가서기 위한 노력이고, 신의 마음을 이해하기 위한 첫걸음이기 때문이다.

지금 우리가 맞이하고 있는 전 지구적 차원의 환경 위기는

토마스 한,〈소쇄원〉, 1996 〈소쇄원〉의 전통적 공간을 해체하여 현대적으로 재구성한 모델.

이러한 자연 이해가 결여된 기계적 기능주의의 소산임은 말할 것도 없다. 건축은 벽체나 바닥의 구성재를 이해하는 데서부터 시작되는 게 아니라 이러한 자연의 이해에서부터 출발한다. 사실 건축의 역사는 자연에서부터 멀어지는 인류의 역사와 그 궤를 같이한다.

건축은 노자의 말을 빌면, 비어 있는 것의 쓰임새를 탐구하고 비어 있는 것의 쓰임새를 위하여 구축되어 실재하게 된다. 문학이 불가능한 것에 대한 꿈을 이야기하면서 불가능한 이상과 현실의 괴리를 끝없이 추구한다면 건축은 불가능한 이상을 가능한 방법으로 현실에 구축한다. 문학이 그 괴리를 끝없이 추구한다면 건축은 그 괴리를 아프게 펼쳐놓는다. 지금 우리가 보고 있는 저 거리의 풍경들, 건물들과 공원의 숲들은 모두 그런 괴리의 흔적들이다.

오늘날 우리가 새삼 건축을 이야기해야 한다면 그것은 이것이다. 20세기 동안이나 우리가 꿈꿔왔던 모든 이상과 그 이상이 어떻게 일그러져왔는지, 그 실패에 대해 건축은 어떤 예술보다 통렬히 반성하고 있으며, 무엇보다 건축은 그 가능성에 대해 아직 포기하고 있지 않다는 것이다. 문학이 실패한 꿈을 건축은 보여준다.

자연에는 예(禮)가 없다

지금, 우리가, 어떻게 자연으로 돌아갈 수 있을까? 싱그러운 풀잎의 내음과 우거진 나무들의 축제로, 풀벌레들과 산새들의 노래가 귀를 울리는 그곳으로, 우리는 다시 돌아갈 수 있을까? 과연 다시 돌아갈 수 있기는 한 것일까? 저녁 짓는 연기가 마을마다 매캐하게 돌아다니고, 그 해거름으로 우리의 아버지는 다시 지게를 비딱하게 메고 소를 몰며 그 논두렁을 걸어오실 수 있을까? 과연 우리는 그곳으로 돌아갈 수 있을까?

지금 우리의 자리를 둘러보면, 그 대답은 그 희망만큼의 절망이 자리하고 있다는 걸 알 수 있을 것이다. 다시 스스로에게 질문해야 한다. 과연 우리에게 돌아가야 할 그 자리라는 것이 있기는 있었는가? 과연 우리에게 자연은 싱그러운 풀 내음과 나무와 풀벌레들이 어우러지는 행복하기만 한 곳이었는가? 그 외에 자연의 폭력성과 무자비함은 다 어디로 갔는가? 우리는 그 기억을 왜, 애써 지워버렸는가? 하는, 바로 이 질문들 속에 '어떻게 자연으로 돌아갈 수 있는가?'라는 물음에 대한 답이 들어 있다.

자연으로 돌아갈 수 있을지도 모른다는 막연한 기대와 꿈은 자연이 가지고 있는 두 가지 얼굴 중 어느 하나를 우리가 애써, 그야말로 애써 잊었다는 말과도 같다. 그리고 그것을 잊었다는 것은 우리의 문명이 자연의 두 가지 얼굴 중의 하나인 이 자연의 폭력성을 상쇄하며 이루어졌다는 것을 반증한다.

우리는 반쪽짜리 자연의 기억밖에 가지고 있지 않다. 그 반쪽짜리 자연의 기억을 가지고 우리는 여기까지 온 것이다. 우리가 완전히, 온전한 자연으로, 그리고 날것인 자연으로 돌아가기 위해서는 다시 자연의 폭력 앞에 우리를 노출시켜야 한다. 인간이 그것을 견딜 수 있겠는가? 만약 그것을 견딜 수 있다면 인간은 지금의 이런 모습이 아니었을 것이다. 구태여 도구라는 것을 필요로 하지 않았을 것이다.

건축은 자연의 두 가지 얼굴 중에서 폭력성에 대한 탐구를 통해 발달해왔다. 집이라는 것의 애초의 개념이 자연에 대한 피난처shelter였다는 것도 인간과 자연의 관계 맺음을 설명해주는 좋은 단서가 된다. 우리는 무엇을 피해 집을 지었던 것일까? 자연은 우리가 그리워하는 과거처럼 자신의 두 얼굴 중에서 한 얼굴만을 내놓는 선택적 대상이 아니다. 자연은 우리에게 아무것도 약속해주지 않는다. 단지 인간이 자신들의 편리를 위해 어느 한 얼굴을 선택하는 것이다. 건축은 그 선택을 충실히 이행한다. 충실히 이행함으로써 반대급부로 자연의 어느 한 얼굴과는 멀어지게 되는 것이다. 서양 회화에서 천국의 이미지가 울창한 숲으로 둘러쳐진 작은 정원에서, 등장인물들이 소유하는 정원의 이미지로 바뀌는 것도 그러한 이행을 통해서이다.

자연히 자연의 폭력성과 멀어짐으로써 인간은 자신의 폭력성을 자연에 강제하게 된다. 숲을 무너뜨리고(숲은 위험하다. 거기에는 인간을 위협하는 온갖 자연의 날것들이 존재한다), 구릉을 정지하고(구릉은 바퀴의 적이다), 길을 내며(길은 인간과 인간 사이를 연결해준다. 그럼으로써 인간은 더 멀리 자신을 확장시키고 더욱 빨리 그것들을 연결시킨다), 집을 짓는다. 물을 끌어들이고(인간에게 유용한 자연의 따뜻한 얼굴을 자연의 폭력적인 얼굴과 유리시킨다), 바람을 통하게 한다. 이렇게 해서 도시가 만들어진다. 그러나 사람들은 그것을 인공낙원이라고 부른다. 그렇다면 인간이 만든 도시는 자연의 그것과 어떻게 다른가?

자절(自切)할 줄 아는 문명: 하이테크(high-tech)로, 로테크(low-tech)를 지향한다

모든 생물들이 자신의 둥지를 가지고 있고, 군집을 이루는 생물들도 그들 나름대로의 도시를 이루고 사는 것처럼 인간의 도시 역시 그런 자연스러운 현상 중의 하나이다. 단지 그 영역이 확장되면서 자연에 의해 통제되는 것이 아니라 자연을 강제한다는 점

건축, 문학, 자연

209

이 미묘한 구분을 가지게 하지만 그것이 곧 차이가 될 수는 없다. 왜냐하면 어떤 생물이든지 극성기에 가면 자연을 강제하게 되며 그로 인해 쇠퇴하고, 곧 다른 종들에게 그 자리를 내주기 마련이기 때문이다. 오늘날의 우리의 문명 역시 그러한 극성기의 한 모습이고(진정한 문명은 스스로 극성기를 갖지 않는 문명이다), 이 또한 자연스러운 모습일 것이다.

　건축은 이 자연스러운 지점들을 명확히 인식해야만 한다. 그렇지 않다면 건축은 자연스러움을 위해, 끝없이 만들지 않아야 한다는 강박관념에서 자유로울 수가 없게 되기 때문이다. 문학은 '아무것도 구축하지 않는 것이 최고의 건축'이라고 말할 수 있지만 건축의 깨달음은 오히려 다른 데 있다. 그것은 자연의 따뜻한 얼굴을 완전하게 재생해내는 일이다. 그리고 그것은 그리운 과거로 돌아가는 것이 아니라(이런 과거를 가졌다고 믿는 것은 앞서도 말했듯이 착각이다. 우리는 한 번도 그런 과거를 지나온 적이 없다), 그리운 과거를 만들어나가야 하는 것이다. 돌아가야 할 그리운 과거는 오히려 미래의 시간 속에서 가능하다. 바로 하이테크high-tech로, 로테크low-tech를 지향한다는 그것.

　고도의 문명은 스스로의 진보를 억제한다. 진보라는 개념보다는 진화의 개념을 채택한다. '자절自切할 줄 아는 문명.' 진화하는 사고는 앞과 뒤, 우열과 상하가 없는 무방향적인 개념이라고 할 때,

하이테크는 자연스럽게 로테크를 지향하게 된다.

물질문명의 눈부신 발달로 20세기의 건축은 환경을 스스로 창출할 수 있게 되었다. 여름에는 시원하고, 겨울에는 공기를 따뜻하게 덥혀서 실내의 온도를 적당하게 조절한다. 그렇게 조절된 공기를 다시 외기에 빼앗기지 않기 위해 우리는 거의 완벽에 가까운 단열재를 개발해냈다. 그러나 바로 거기서 우리의 몸은 덜컥거리기 시작했다. 완벽한 단열은 외기의 유입이 완벽하게 통제된 상태를 뜻했고, 그로 인해 사람들은 만성 두통과 피부 질환을 앓고 바이러스에 쉽게 노출되었다. 완벽한 차단이 자연과 인간의 소통을 막아버리자 일어난 일들이다. 왜 감기가 불치의 병인지, 자연은 우리에게 늘 찾아오는 병마저, 우리에게 끝없이 소통할 것을 얘기하고 있다.

길은 인간의 영역을 확장시키기는 했지만, 엄밀히 말해서 현대의 길은 인간의 것이 아닌 자동차의 것이다. 산책이야말로 인간과 자연의 소통을 즉자-대자적으로 이뤄낸다. 산책은 곧 길을 자연과 인간의 것으로 만들어놓는다. 이 얼마나 간단한가? 이렇게 간단한 전환을 밀쳐두고 우리는 단순한 이동만을 위해 거리를 걷는다. 도시는 황폐해졌고, 심지어 건축 자체가 인간을 위협한다(건물이 붕괴되고, 마루판재에 쓰인 본드에서 유독한 가스가 나오고, 가스관이 폭발하며, 댐이 바꿔놓은 환경 파괴에 우리는 단지 전전긍긍한다).

그럴 때마다 우리는 분노한다. 우리가 느끼는 이 분노는, 우

건축, 문학, 자연

리도 모르게 우리의 내부에 존재하는 자연의 분노이다. 재해 자체에서 느끼는 분노는 재해 이전의 인공낙원에 대해 느끼는 분노이다. 인공낙원의 폭력성을 목도할 때 우리는 가장 근원적인 공포를 느끼게 된다. 마치 우리가 숲을 버리고 나올 때와 같은.

도시는 얼마나 많은 위험들로 가득 차 있는가? 또 얼마나 가득 찬 활기로 넘치는가? 건축은 자연으로 돌아가지 않는다. 단지 자연으로 나아갈 뿐이다. 도시에는 살인과 강간이 있고, 사랑과 희구가 있다. 그리고 그러한 모든 인간 행위들은 자연의 행위와 같다는 것을 간과해서는 안 된다. 도시는 자연의 부분이다. 생태를 이루고 있는 도시의 녹지와 공원을 위해 우리는 도마뱀처럼 스스로 자신의 꼬리를 자를 줄 알아야 한다. 저 날것의 자연을 위해, 도시는 더욱 도시답게 하나의 자연임을 당당히 선언해야 하는 것이다.

> 모든 도시는 미쳤다. 그러나 그 광기는 당당하다.
> 모든 도시는 아름답다. 그러나 그 아름다움은 냉혹하다.
> ─크리스토퍼 몰리Christopher Morley

이 아름다움과 냉혹함. 그것이 자연의 얼굴이다.

인간을 위한 건축은
망했다

가설hypothesis 공간 속에서의 건축

어떻게 인간은 자신의 둥지를 경멸하는 유일한 피조물이 되었을까?

　인류가 오래전부터 꿈꾸어왔던 이상향에 대한 동경은 당대의 도시에 대한 환멸을 역설적으로 드러내준다. 도시라는 것이 단순히 가로와 집들의 조합물이 아니라 그곳에서 이루어지는 모든 문화·정치·경제 등을 포괄하고 있는 개념이라고 말할 때, 그러한 당대인들의 환멸은 더욱 분명히 드러난다. 특히 20세기에 들어서면서부터 급격하게 이루어진 산업화의 속도는 곧 도시화의 속도였고, 그 이후로 이상향은 정말 말 그대로 실낙원이 되어버렸다.[1] 이제 현대의 도시인들은 더 이상 이상향을 그리워하지 않는다. 이제 무릉도원의 기억들은 그 자체로 낡은 것이 되어버렸다. 현대인들은 그 이상향에 대한 도시적 원형을 과학의 힘에서 찾으려 하거나 그러한 세계가 있다는 믿음을 기억조차 하지 않으려 든 지 이미 오래되었다.

그럼에도 불구하고 인간들은 꾸준히 도시로 몰려든다. 자연히 숲이 사라지고 인공의 구축물이 그 자리를 메워나간다. 모든 사라진 숲들은 그러한 도시화의 과정에서 정원의 형식으로 축소되어 하나의 상징으로 과거의 숲을 일깨워주고 있다.[2] 도심의 한가운데에서 우리가 만나는 조경의 나무와 풀들, 이를테면 건축법상의 조경 면적을 이루는 교목과 관목들은 이미 자연이라는 본래적 상징의 원형을 잃어버린 하나의 기호로 존재한다. 이제 그것은 아무런 자연의 감흥도 불러일으키지 못하는 단순한 위안에 불과하며, 자연이 아닌 의사擬似 자연이다. 습관적이라고 말할 수 있을 정도의 막연한 기대기가 도시건축의 조경에는 존재한다. 자연은 기호로 전락하고 말았다. 그 인공숲은 숲이 가지고 있는 생태계의 자연적 변동과 활력을 잃은 자연의 기호이다. 어차피 인류의 문명이 숲을 버리고 사

1 적어도 동양의 도시는 동양의 모든 고전이 꿈꾸었던 이상향의 그것과는, 이제 돌이킬 수 없을 정도로 너무 멀리 와버렸다. 산업화에 따른 도시적 가치는 모든 서구적 이상들이 그것을 대변하게 되어버렸다. 과연 우리 건축에 한국적 가치는 존재하는가? 만약 존재한다면 그것은 이 당대의 현실과 어떻게 조화되며, 과연 조화될 수 있는가? 란 문제가 여전히 남는다.
2 건축이라는 오래된 인류의 습관이 의식적으로 행해지기 시작하면서부터 건축과 자연의 행복한 조우는 유사 이래로 모든 건축가들의 공통된 고민이었다. 아마 조금 다른 점은 기계문명이 발달하기 이전에는 어떻게 하면 저 자연의 폭압에 효과적으로 대응할 수 있을까? 였다면, 오늘날의 기계문명 시대에는 어떻게 하면 저 아름다운 자연과 같이 잘 살 수 있을까? 하는 정도일 것이

바나를 찾아 이룩되었던 것처럼 숲을 잃은 현대인들의 엇갈린 정서는 어쩌면 당연한 것이다.

　　도시에서의 사람들은 자신의 개체적 생존을 위해 숲을 잠식하고, 종의 보존을 위해 숲의 사라짐을 우려한다. 인간들은 이미 개체적 생존과 종의 운명이 불일치하는 모순의 지경에까지 나아가 있다. 당연히 종의 운명보다는 개체의 운명이 그 파급력과 설득력을 우세하게 가지고 있다.[3] 인류는 자신을 비롯한 전 지구적인 생태계의 위협을 느끼고 있지만, 보다 앞서는 것은 항상 개체의 논리이다. 인류라는 종의 운명은 반드시 인류라는 개체의 논리에 의해 멸종의 길을 택해 소멸해갈 것이다. 이러한 지경에서 사실 건축적 대안을 이야기하는 것 자체가 우스운 것이기는 하다. 그러나 인간의 구축물도 하나의 자연이고 번성

다. 건축가가 생각하는 자연에 대한 인식은 오랜 시간이 흘러 '폭압'에서 '아름다운' 것으로 변했다. 사실 이제 비와 바람과 추위와 더위쯤은 모든 기계장치로 해결할 수 있게 되었고, 오늘날에 와서의 자연은 단지 '아름다운' 풍경을 제공해주는 것으로 건축가의 머릿속에 자리하게 되었다. 그러나 과연 자연은 아름다운 것일까? 자연은 어떻게 인간을 겸허하게 할까? 자연의 의미는 무엇일까? 거기에 대한 나의 생각은 이렇다. 자연은 가혹한 풍경이고, 자연은 그 무지막지한 폭력으로 우리를 겸허하게 만들고(자연에 대해 우리가 느끼는 아름다움도 사실 이 폭력의 전도된 가치이다), 자연의 의미는 인간과 자연의 이 말도 안 되는 대자적 관계에서 즉자적 관계로 인식할 것을 요구하는 데에 있다. 바로 우리가 자연이며, 우리가 그 폭력 자체이고, 우리의 의미가 자연의 의미인 것이다. 자연에는 예가 없으므로 가혹하다.

3　모든 생물학적인 보편은 개체의 운명보다는 종의 운명을 지향한다. 사회생물학에서는 생물의 이타 행위도 종의 운명을 보전하기 위한 이기로 본다. 이기와 이타가 행복하게 일치하는 사회야말로 우리의 이상향이 아닐까?

했다 멸하는 것이 저 숲의 위대한 순리라고 볼 때, 건축의 대안은 하나의 중요한 종의 생존전략이 될 수도 있을 것이다. 그러나 분명한 것은, 그것은 하나의 전략에 불과한 것이지 반드시 종의 소멸을 저지하는 전략은 되지 못할 것이라는 것을 나는 확신한다. 단지 그것은 지연을 위한 전략일 것이라고 말할 수 있을 뿐이다.

인간을 위한 건축은 망했다

인간을 위한 건축은 망했다. 아울러 휴먼 스케일의 위대한 신화는 산업사회화된 도시의 도구적 스케일에 의해 그 의미를 상실해버렸다. 이제 모든 건축적 스케일에는 자동차의 모듈이 적용되게 되었다. 도시의 길은 자동차의 속도에 점령당하고 인간은 그 한 귀퉁이에서 생존의 위협에 시달리고 있다.

다행스럽게도 우리는 모던건축이 붕괴되었던 시기를 분까지 정확히 알 수 있다. 뇌파의 죽음이냐 맥박의 죽음이냐의 복잡한 문제가 되고 있는 인간의 합법적 죽음과는 달리 모던건축은 커다란 굉음과 함께 사라져버렸다. 누구도 알아차리지 못했고 아무도 슬퍼하는 것처럼 보이지 않았다 해도, 그 갑작스런 사멸은 분명한 사실이었

1972년 〈프루이트 아이고〉 주택단지의 폭파 장면

으며, 아직도 많은 디자이너들이 생명의 입김을 불어넣고 있지만,
그렇다고 다시 기적적으로 소생되었음을 의미하지는 않는다. 그렇
다. 모던건축은 얀 야코브와 같은 비평가에 의해 10년 동안이나 철
저하게 비난받아 점점 관심을 잃어가다가, 1972년에 결국에는 완
전히 끝나버렸다─그래서 소위 모던건축가라는 많은 사람들이 아
직도 마치 모던건축이 살아 있는 양 거래하고 있다는 사실은 우리
시대의 가장 기이한 현상 중의 하나이다(영국 군주정치가 The Royal
Company of Archers나 The Extra woman of the Bedchamber를 계속

존속시키고 있는 것 같은 기이한 일).

모던건축은 그 유명한 프루이트 아이고$^{Pruitt-Igoe}$ 계획의 몇 개의 슬래브 블록이 다이너마이트에 의해 최후의 일격을 받았던 1972년 7월 15일 오후 3시 32분 경, 미주리 주의 세인트루이스에서 죽어버렸다.[4]

　　찰스 젠크스$^{Charles\ Jencks}$가 흥분하여 그 위대한 죽음의 목격담을 장황하게 늘어놓고 있는 모던건축의 그 장려한 죽음처럼 휴먼 스케일의 죽음은, 그렇게 화려하지도 않게 소리 소문도 없이 위대한 세기를 이끌었던 그 위대함과는 아무래도 어울리지 않게 싱겁게 죽어버렸다. 아무도 모던건축의 기일을 기억하지 못하는 것처럼 휴먼 스케일의 기일을 기억하고 있는 사람은 없다. 아니, 오히려 사람들은 그것이 어디에서 살아 있다고 믿고 있다. 살아 있다고 믿는 정도가 아니라 그것이 자신의 굳건한 논리를 지배하고 있는 유일한 지주라고 생각하고 있는 정도이다. 그렇다면 그것은 과연 언제 어디서 어떻게 죽어갔는가?

　　나는 지금 하나의 죽음 앞에서 그 죽음의 사인^{死因}에 대해서 추적해나가고자 한다. 그 죽음은 이미 오래전에 생명이 끊겨 악취를 풍기고 있다. 그렇다. 어쩌면 우리는 이 시체의 신원에 대해서 잘못 파악하고 있는지도 모른다. 어쩌면 우리는 유령의 죽음과 마주

슈퍼매너리즘의 시대

4　찰스 젠크스, 『현대 포스트모던 건축의 언어』, 대림문화사, 1991.

토네이도 자연의 스케일에 예측 가능한 사건은 없다. 곡선의 길이가 단위를 적게 할수록 커진다면 인체를 덮는 피부의 넓이나 500미터 길이의 운동장, 뇌의 신경망 등은 프랙털(fractal) 곡선이 된다. 정확한 일기예측이 불가능한 것은 컴퓨터를 포함한 주변기기가 불확실하기 때문이 아니라 날씨/자연 자체가 혼돈스러운 프랙털 구조이기 때문이다.

하고 있는지도 모르는 일인 것이다. 혹시 이 죽음은 아예 태생이 없는 것이 아닌가? 그동안 우리는 없는 실체와 친해왔던 것이 아닌가?

우리는 혹시 자연의 스케일이란 실체를 인간적 스케일이란 이름으로 잘못 부르고 있었던 것이 아닐까? 그래서 그 이름에 갇혀 인본주의적 오류를 저질러왔던 것이 아닐까? 언어가 존재를 규정하듯이 우리의 이름이 인간적 스케일이란 유령을 만들어냈던 것은 아닐까? 허깨비, 허깨비, 결국 그 허깨비가 그 '인간적'이란 어의의 인간들마저 지배하게 된 것이다. '인간적'이란 탈을 쓰고 모든 것을 '인간적'이란 말로 합리화하며 비인간적 횡행을 일삼는 오류가 저질러져왔다. 자연은 파괴되었고, 인간은 기계문명의 위협에 시달리며, 문명의 속도는 도저히 인간적인 속도로는 근접조차 할 수 없는 이미 비인간적 속도로 치닫게 되었다. 어쩌면 그것은 비문명적 속도였는지도 몰랐다. 이 야만의 속도 앞에서 우리는 문명이라는 잘못된 이름으로 그것을 비판해왔다. 적어도 산업화 이전까지 휴먼 스케일은 내추럴 스케일과 아주 우연히 운 좋게 조우해왔다. 그러나 산업화 이후부터 유령의 정체는 표면화되기 시작했다. 증기기관의 발명에서부터 시작하여 수많은 공장과 대량생산을 위한 모든 이기들이 진정한 의미에서의 휴먼 스케일/내추럴 스케일의 급격한 쇠락을 야기하게 했다. 그 이후 휴먼 스케일은 툴 스케일로 그 진면목을 드러내게 된 것이다.[5] 인간적이란 말은 인류라는 종의 개념으로 보자면 참으로 이기적인 발상이었다. 다른 종들의 생존과는 무관하다는 뜻에 다름 아니었으니까. 인간도 생태계의 위대한 사슬 속의 일부라는 사실을 망각해왔던 것이다.

5 인간이 도구에 대해, 정확히 산업사회를 이루기 위한 바탕이 되어왔던 기계의 등장을 얼마나 두려워했는지는, 17세기 초 터빈의 가장 기본적인 원리로 물건을 이동시키는 수단을 발명했던 도카우라는 인물이 결국 한 성직자의 고발로 광인 수용소에 수용되었다는 사실만으로도 그 공포를 짐작케 한다.

휴먼 스케일이라는, 건축사가 시작된 이래로의 가장 위대한 경구는 이렇게 죽어가기 시작한 것이다. 그것은 필연적으로 모던건축의 붕괴와도 그 맥을 같이하고 있다. 왜냐하면 모던건축이야말로 서구 이성의 인본주의적인 오류가 만들어낸 가장 비이성적인 총아였기 때문이다. 휴먼 스케일의 죽음은 서구 이성주의의 파탄을 뜻하고, 서구 이성주의의 파탄은 모던건축의 붕괴를 야기했기 때문이었다. 전 세계의 모든 도량형이 센티나 미터로 통일되면서, 그리고 모든 주거방식이 생활이 통합된 근린주거로 변모되는 것이 바람직하다고 믿어지면서, 증가하는 인구에 따른 한정된 토지이용의 효율을 들춰내면서, 인간적인 스케일은 거대한 도시화의 새로운 구획의 가장 기초적인 잣대로 주어져 그 역량을 과시하기에 부족함이 없었다. 집합주거의 가장 기본적인 단위로 쓰이는 그리드의 단위는 인간의 원활한 생태적 치수와는 상관없이 건설회사의 시공의 편리를 위하여 쓰였고, 편리한 생활을 위한 근린시설들은 규모의 경제 하에 놓여 있는 거대한 상업 자본의 논리를 위해 복무되었다. 주지하다시피 모든 길들은 이미 사람의 것이 아니게 되었다. 길은 이제 더이상 우리에게 사색의 기나긴 여로로 제공되지 못하고 있다. 길은 ON/OFF의 신호로 가득 차 있고 그 단순한 신호체계는 도시 관리 책임자들의 보다 원활한 관리를 위해 이용되어진다. 신호의 고장은 곧 도시의 마비를 뜻한다. 점멸 회로의 미세한 고장에도 도시의 어

인간을 위한 건축은 망했다

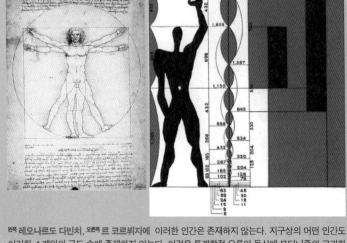

왼쪽 **레오나르도 다빈치**, 오른쪽 **르 코르뷔지에**에 이러한 인간은 존재하지 않는다. 지구상의 어떤 인간도 이러한 스케일의 구도 속에 존재하지 않는다. 이것은 통계학적 오류인 동시에 모더니즘의 고귀한 착각이다.

느 한 부분은 심한 동맥경화를 일으키는 것이다.

우리가 휴먼 스케일을 부르짖었던 것만큼 우리는 이미 툴 스케일의 시대에 살고 있었다. 사실 휴먼 스케일만큼 비합리적인 스케일이 어디에 있겠는가? 그것은 스케일이 되지 못한다. 모든 인간에게 공통적으로 적용되는 스케일이란 그 자체로 모순이다. 모던건축은 그래서 망했고 모든 합리를 통계에서 찾으려는 수학적 오해의 결과에서 현대건축의 비인간성이 자리한다. 따라서 자연과 유리된 휴먼 스케일은 이미 비인간적인 스케일이다. 다양한 인간의 감성을 어느 누가 확정된 통계의 수치로 표현할 수 있겠는가?

느슨한 스케일(scale)을 찾아서

자연은 엽기 그 자체이다. 사마귀 암컷은 교미가 끝난 후 수컷을 먹어치운다. 염낭거미는 스스로를 둘러싸고 있는 주머니에서 새끼들에게 먹혀 죽는다. 이 복잡한 자연계의 현상에는 확정적인 규준이란 존재하지 않는다. 만약 그런 게 있다면 생물의 진화는 없었을 것이다. '느슨한 slack'이라는 말은 게으른, 침체된, 태만한, 부주의한, 꾸물대는, 맥이 빠진, 힘이 없는 등의 산만한 태도를 가리키는 말이며, 음성학에서는 이완음[6], 개구음을 지칭하는 말로 사용되는, 그야말로 산업사회의 온갖 부정적인 태도들을 지칭하는 말이다. 따라서 느슨한 스케일은 지극히 개인적이다. 모든 보편성의 환상을 버리고 가장 특수한 스케일로 자신의 잣대를 정하는 것이다. 언어의 기표작용에 현혹되지 않는다면, 자연의 스케일이라고 해서 그것이 곧 자연에 순응해야 한다는 절대명제는 결코 아니다. 자연과 인공을 대척점에서 보는 이분법적인 구분은 이 논의에서 별 도움이

6 이완음(弛緩音, lax vowel): 모음을 조음할 때 조음기관의 근육이 이완되어 발음되는 음. 대체로 입을 벌린 상태의 개구음이 되며 긴장음과 반대되는 말이다.

되지 못한다.

멧새는 자연의 일부이다. 멧새의 집도 자연의 일부라고 우리는 생각한다. 마찬가지로 인간은 이미 그 종의 진화과정에 있어서 자연과는 많은 구별이 되게끔 진화해왔지만, 역시 자연의 일부이며 멧새가 조류에 속하듯 인간은 그 생물학적인 구분에 있어 호랑이, 여우와 함께 포유류에 속하는 것이다. 물론 이런 생물학적인 잣대는 이런 논의의 유효한 근거는 아니지만, 본원적으로 인간은 그 종이 앞으로 어떤 진화적 업적을 이루어나가든 별 수 없는 자연의 한 줄기임을 부정하지는 못할 것이다. 그런 의미에서 도시는 얼마나 위대한 자연의 일부인가? 지구상의 어떤 종들도 인간의 도시만큼 이렇게 거대한 자연을 창조하지는 못했다.[7]

그러나 인간이 창조한 자연은 너무나 빠르게 이루어진 반면, 인간의 마음은 인간이 이룩한 문명의 진화 속도의 발끝에도 못 미치는 더딘 속도를 답보했다. 결국 인간은 육체와 문명의 놀라운 진화를 이룩했지만 마음의 진화를 이루지 못했으므로 현대 도시는 자연으로 칭송받지 못했다. 버려진 낙원, 구박받는 천덕꾸러기가 된 것이다. 따라서 도시는 그 건설자들 스스로가 자신의 창조물을 회색빛이라는 부정적인 색조의 의미로 자조하게끔 되었고, 회색은 20세기가 시작된 이래 가장 부정적인 색깔이 되었다.[8] 20세기 초에 열광적인 인간승리의 한 표현처럼 칭송받던 유리와 철근콘크리트와 철은

7   이것이 인간의 문제이다. 정도의 차이가 있겠지만 모든 생물계는 자연을 파
    괴한다. 개미도 자연을 파괴하며, 나무들도 자신의 생존을 위해 다른 식물들
    을 독살한다. 그러나 그들은 인간과 달리 자신의 수를 스스로 제한할 줄 안
    다. 그러나 자연계의 생물 중에서 유독 인간만이 이러한 자기 제어능력이 결
    여되어 있다. 우리들은 끝없이 우리를 증식시키며 그 증식에 맞춰 자연을 좀
    먹는다.

8   사각의 건물에 불이 켜진다 8차선 도로에
    자동차가 줄 잇는다
    창 밖에는 사람들이 바쁘게 간다 온다
    또 간다 그 앞에서 나는
    과민성 대장을 채우고 있다 바쁘게
    걸어가는 황혼색의 외투, 전광판의 시시한 뉴스도
    바쁘다

    치료요법처럼 나는 당신과 마주앉아 있다
    불란서풍의 레스토랑에서 알약을 먹듯
    빵을 먹는다
    자기 자신을 웨이터라 착각한 웨이터가
    테이블을 치워주고 애인이라 착각한 당신은
    커피를 주문한다 사람에게는 세계 자체가

    쇼크야,
    ─김소연,「즐거운 정신병원」부분

동시대의 시인이 바라보고 있는 "사각의 건물"은 곧 모더니즘 건축이 표방하
고 있는 근대건축의 5원칙 중의 하나인 '자유로운 평면'이다. 위의 시는 이것
을 가능하게 하기 위한 입면의 방법을 보고 있는 대중의 인식을 드러내준다.
인용된 시구에서 보여주듯이 도시적 삶의 분위기란, 숲이 주고 있는 바람직
한 주거환경이라는 우리의 일반적 인식과도 무관하다. 그러나 지금의 이런
부정적인 인식은 초기의 열광에 비하면 오늘날의 우리로서는 적이 당황스럽
지 않을 수 없다. 아래에 인용한 욘 비체만(John Betjeman)의 시는 오늘날
의 시인들의 시각과는 사뭇 다르다.

    친구여, 나는 미래에 대한 꿈을 갖고 있네
    콩밭에 서 있는 노동자의 아파트를
    수십 개씩 무리를 지어 은색 연필처럼 솟아 있고
    동요하는 수백 만의 인파는 구내매점의 확성기에서
    도전의 날이 다가오는 것을 듣는다
    "옳은 것도 나쁜 것도 없다! 모든 것은 더할 나위 없이 완벽하다."

처음의 '은색 연필처럼 솟아' 있었던 새로운 세계에 대한 열광은 이제 '황혼
색의 외투'처럼 시들해 있다. 오히려 세계는 인간의 열광은 사라지고, '불란
서풍'처럼 어떤 '풍', 스타일에 의해 표피적으로 조직된다. 거기에서 건축은
더욱 표피에 함몰해간다.

그 한 세기가 채 못 되어 가장 널리 사용되는 건축 재료의 위치에 서는 동시에 가장 악명 높은 도시의 부정적 이미지로 자리 잡게 되었다. 이것은 재료가 가지고 있는 단점을 가리키는 지적이 아니라, 그것으로써 이루어진 현대 도시에 대한 야유이다. 대중들은 자신이 살고 영유하고 있는 도시의 이율배반적인 모습을 이렇게 표현하고 있는 것이다. 그것은 휴먼 스케일로 무장한 이래의 모든 건축사에 대한 대중들의 불신이다. 그리고 결국 인간은 이제 자연의 일부에서 독립된 존재로 떨어져 나왔다. 이제야 인류는, 에덴에서, 에덴으로 회귀할 수 있다는 헛된 희망에서, 떨어져 나오게 된 것이다. 진정한 추방이 완성된 것이다. (그래서 이제 인간은 자연의 일부가 아닐지도 모른다.)

느슨한 스케일은 이러한 20세기 건축사의 실험에 대한 분석이고, 또 다른 실험이다. 이는 통일성에 대한 회의이고, 자연계의 비선형적인 질서, 혼돈의 질서에 대한 수용이다. 단순하고도 보다 정확히 말한다면 우리는 대상에 대해 무지하다는 새삼스러운 자각이기도 하다. 따라서 느슨한 스케일의 잣대는 없다. 단지 거기에는 적응과 반응, 알 수 없는 작용만이 존재할 뿐이다.

17세기 후반 자연의 운동현상을 미분방정식으로 표현하여 해석한 뉴턴역학의 정량과학이 분석한 선형적 해석법은 1963년 MIT 기상학 교수인 에드워드 로렌츠Edward Lorenz가 고안한 '대류 모

렌조 피아노, 〈간사이 국제공항〉, 1988~1994 허구의 복원으로서의 현실. 새로운 인공섬. 지도는 다양한 요구를 수용하며, 정확하게, 더 정확하게, 오차를 무릅쓰고 현실에 그려진다. 복원된 현실로서의 허구는 우리에게 과거를 조작해내도록 요구한다. 거기에서 모독받는 것은 과거인가? 현실인가? 이젠 더 이상 모독받고, 모독하는 자들은 없다. 가치가 사라지며, 대상들이 모호해진다. 모든 것이 괜찮다.

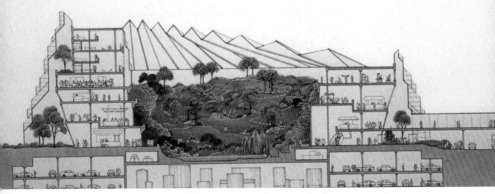

에밀리오 암바즈, 〈니키 오비히로 백화점〉 단면도 건축은 자연에 포함되는 게 아니라 건축 안에 자연이 들어온다. 그렇게 들어온 자연은 지구 생태계와 고리를 잃은 채 박제화되고 전시된다.

델 방정식(로렌츠 방정식)'에 의해 심각하게 도전받았다. 로렌츠 방정식을 매개 변수를 변화시켜가면서 풀면 특정한 어느 값에서부터 결코 주기적이 아닌 복잡한 운동을 볼 수 있다. 이들 운동은 무질서하게 보이지만 파악하기에 따라서는 일정한 규칙에 따라 일어나고 있음을 볼 수 있다(로렌츠 끌개). 이와 같은 운동을 '기이한 끌개strange attractor'라고 부르는 과학자들의 사고방식도 재미있다. 이전의 과학에서는 '기이한'이라는 말은 과학이 아니었다. 그러나 현대과학은 기이할뿐더러 신비하기까지 하다. 이 기이와 신비를 수용함으로써 현대과학은 자연의 비밀에 한 발짝 더 앞으로 다가섰다고 말할 수 있다.[9] 이 기이한 인식에 대한 수용이야말로 느슨한 스케일의 유일한 척도이고, 건축이 자연에 대해 질문하는 하나의 방법이고, 태도이다.

언어의 도시

그렇다면 자연의/느슨한 스케일이란 무엇인가? 그것들은 건축에 어떻게 적용이 되는가? 사실 그런 것은 없다. 휴먼 스케일이란 것 자체가 존재하지 않는 허구였던 것처럼 자연의/느슨한 스케일 또한 그러하다. 단지 우리는 이 '없다'라는 인식에서 다시 출발해야 한다. 그렇다면 있는 것은 무엇인가? 모든 도시는 언어로 이루어져 '있다'.

실제로(나는 지금은 편의상 '실제'라는 말을 쓰고 있지만 이 글이 점차 진행되어나갈수록 이 실제가 바탕하고 있는 존립의 기반을 하나씩 하나씩 허물어나갈 것이다) 도시는 철근과 콘크리트로 이루어져 있지만 기실 철근과 콘크리트는 다른 무엇을 이룩하기 위한 하나의 도구에 불과한 것이다. 그 다른 무엇이야말로 우리가 끊임없이 도시를 부정하면서도 끈질기게 도시를 찾는 이유가 될 것이다. 그렇게 우리

9 그러나 어쩌면 이 진술은 틀릴 수도 있다. 왜냐하면 현대과학은 이제 자연의 비밀을 밝히는 데서 전혀 새로운 자연을 창조하고 있는 쪽으로 나아가고 있는지도 모른다. 영국의 해안선을 재는 방법에 따라 달라지는 길이의 다양성은 세계의 다양성을 말해준다. 건축은 어디에 구축되고 있는가? 대지에? 그렇다면 그 대지는 확정적인가? 느슨한 스케일은 이 질문에 대해 숙고한다.

로 하여금 꾸역꾸역 도시를 찾게 만드는 가장 근본적인 이유는 무엇인가? 그것은 아이러니하게도 보다 쾌적한 삶을 찾아서이다. 쾌적한 주거환경을 위해서 인간은 도시를 찾는다. 이것은 인간의 특수한 행동 특성을 잘 설명해주고 있는 하나의 단서이다. 보다 단적으로 말하자면 숲은 인간에게 우리가 생각하고 있는 일반처럼 좋은 주거환경이 못 된다는 말이다. 앞서도 이야기한 바 있지만, 인간은 숲을 버리면서 비로소 침팬지들의 생활방식과 구분되는, 인간만의 독특한 문명을 구가하기 시작했다. 이것은 인간이란 존재의 비자연적 존재의 정체성을 보다 극명하게 드러내주는 예이다. 생각해보면, 저 너도밤나무와 굴참나무 그리고 상수리나무 사이를 뛰어다니는 다람쥐와 오소리들의 숲만큼 더 좋은 주거환경이 어디에 있겠는가? 그러나 인간은 전원을 버리고 지금도 꾸준히 도시를 찾아 이동하고 있다. 왜냐하면 그들에게는 이미 오래전 숲을 버리야 했던 인간의 본능이 계속 자리하고 있기 때문이다.

그들은 숲을 버리고 아황산가스와 폐수로 가득 찬 도시에서 다른 인간들과의 문화적 교류를 꿈꾸고 하루 종일의 공장노동으로 피로해진 육신을 보상받기 위해 규격화된 메뉴와 즉석에서 제공되는 패스트푸드점의 모던한 음식을 먹으며 도시적인 삶의 즐거움을 만끽한다. 도시는 그들이 농촌에서는 느낄 수 없었던 '모던한' 즐거움을 준다. 도시를 이루는 철과 유리와 콘크리트는 바로 이러한 이

장 미셸 오토니엘, 〈커다란 두 개의 라캉의 매듭〉, 2009 유리구슬을 이용해 라캉의 주요 개념인 실재계, 상징계, 상상계의 상호 의존성을 아슬아슬하게 표현하고 있다.

상을 위해서 복무한다. 이러한 도시적 이상을 이루는 보다 근원적인 재료가 바로 언어이다. 언어를 사용한다는 것은 실재하는 것보다는 환상을 더 선호하고, 실재의 방식보다는 상상의 방식으로 사고한다는 것을 뜻한다. 숲은 신의 상상이다. 그러나 도시는 인간의 상상이다. 도시에 대한 인간의 상상은 완성되지 않았고, 인간은 그 상상의 힘으로 아직 미완성인 도시의 지금을 본다. 도시의 지금을 이루는 것은 인간의 상상력이다. 바로 이것이 최초의 원숭이가 사바나를 바라보며 흥분했던 그것이다. 언어가 주는 자유로운 구축의 방식이 바로 건축의 표현이다.[10] 거기에는 모든 언어로 이루어지는 수사학의 모든 실재가 자리한다. '인간적인 주거양식'이라든지 '인간을 위한'이라든지 심지어는 '휴먼 스케일'조차도 그러한 언어의 구축적 실재를 나타내고 있다. 그런 의미에서 휴먼 스케일은 언어의 스케일이다. 르 코르뷔지에는 그의 '빛나는 도시'에서 현대 도시의 전경을 말할 때 토지의 합리적인 이용을 위한 초고층 주거의 개념을 설명하며, "주위는 숲이나 들판 등의 보호지대로 포위되어 있다."라고 흥분에 차서 이야기하고 있다. 그러나 인간들은 숲이나 들판 따위를 좋아하지 않았다. 실제로 그것은 어떻게 되었는가? 숲이나 들판의 자리에는 주차장으로 빼곡히 들어차 있다. 지하에 주차장이 없는 것은 아니지만, 주차장은 넘치고 넘쳐 '빛나는 도시'의 숲을 침해하고 이룩되었다.[11] 따라서 언어가 기의와 기표의 부작용을

10 해체주의(Deconstruction)의 진정한 해법이 이것이다. 인간의 언어가 불러일으키는 보다 자유로운 구축적 방법에 대한 고민, 보다 더 언어에 가까운 건축적 표현이 진정한 해체적 방법인 것이다. 그러면 이제 건축은 현상과 정황과 무관하다. 건축은 오직 자유로운 상상 속에서만 가능해진다. 하나의 가설의 공간이 창안되고 건축은 그 창안자인 동시에 거주자다.

11 '빛나는 도시'는 하나의 계획안이다. 여기에서 내가 그 계획안이 실재인 것처럼 이야기하고 있는 것은 하나의 트릭이다. 나는 이 트릭으로 모든 계획은 언어의 사고이며 그 언어의 사고는 어떤 형식으로든 실재하고자 하려는 속성이 있다는 것을 드러내고자 한다.

연출하듯이 건축적 표현 역시 계획과 실재의 괴리를 드러낸다. 르 코르뷔지에의 '빛나는 도시'는 그 기의작용만 남아 언어적 한계로 남아 있기는 하지만, 그 언어적 사고에 영향받은 많은 도시들이 오늘날의 건축적 방법에 대한 실재를 대변해주고 있다.

더 나아가서 이러한 도시에 대한 방법론들이 뻔한 것이 되어버렸을 때 건축적 표현(실제에 있어서의 구축의 방법)은 더 절실한 방법으로서의 언어적 사고를 드러낸다. 그 한 예로서 일산 및 분당 등의 신도시는 아주 재미있는 현상을 드러내주고 있다. 이를테면 일산 신도시는 과거 여러 개로 흩어져 있는 마을들을 통합하여 몇 개의 아파트 지역과 몇 개의 단독주택 지역으로 나뉘어 계획되었는데, 이들에게 붙인 각 주거단위의 명칭은 과거 그 지역의 이름들이다. 그러나 그 이름들은 과거의 추억과는 상관없이 불리는 새로운 이름들이고, 과거의 이름에서 차용되어진 의미작용이 사라진 기표들이다. 분명 이 신도시의 건설자는 그 도시의 과거를 재현하며 신도시가 주는 생경한 풍경들을 쇄신시키려 했을 것이다. 그러나 그러한 추억에 입주한 신도시의 새로운 주민들은 하나의 단순한(그들에게는 여전히 생경한) 기호로서 무덤덤하게 작용할 뿐이다.

신도시를 이루는 실제적인 주요 재료들은 분명 철과 유리와 콘크리트이지만, 사람들은 과거의 기억과는 무관하게 과거의 이름 속에서 살아간다.[12] 그것은 단순한 기억의 복원에 대한 문제가 아니

---

12 여러 도시에서 나타나는 옛 지명에 대한 복원은 한국에서는 단절된 역사와의 맥 잇기와 동떨어지지 않는다는 점에서 더욱 특이하다. 그것은 단순한 기억에 대한 복원의 문제가 아닌, 새로 시작하는 자의 불안감을 드러내준다. 냉전 이데올로기의 붕괴 이후 러시아의 복원된 지명은 구소련에 대한 반감이지만, 한국의 그것은 일본 강점기의 반감보다는 더 뿌리 깊은 박탈감을 나타낸다. 구소련의 시기는 분명 러시아의 역사이지만 한국의 일제 강점기는 역사이길 거부하는 시간의 빈 구멍을 보인다.

라 새로 시작하는 자의 불안감이다. 언어의 기의작용은 언어의 기표가 지시하는 대상과 왕왕 단절된다. 현대건축은 이러한 단절 위에서 시작한다.

실재하지 않는 건축의 공간

언어는 그 지시대상과 반드시 일치하지 않는다. 지시언어와 지시대상 사이의 불일치는 언어가 그 대상계의 존재 여부에 상관없이 독립적으로 존재할 수 있다는 것을 뜻한다. '배가 고프다'라는 말은 단순한 굶주림의 상태를 뜻하는 것이 아니라, 복잡한 마음의 상태를 드러내주는 말일 수도 있다. 즉, '배가 고프다'라는 말은 그 언어의 지시대상과는 상관없는 어떤 다른 것을 의미하고 있다는 말이다. 언어에는 한계가 없다. 마찬가지로 건축이 구축하고 있는 실재도 실제의 현상계가 아니다. 비록 그것이 특정한 지시대상으로서의 대지 위에 작용하는 실제적인 작업이긴 하지만, 건축가가 구축하는 보다 실제적인 작업은 가상의 공간에서이다. 그것은 건축가의 도면 상에서 이루어지는 작업과 실제의 대지 위에서 이루어지는 작업 간의 불일치를 뜻한다. 어쩌면 건축은 실재하지 않는 가상공간에서의 작업을 의미하고 있는지도 모른다.[13]

슈퍼매너리즘의 시대

13 현실은 언제나 허구를 닮아간다. 사실 픽션은 실재를 모사해나가는 것이 아니라 현실을 조작해나간다. 그리고 그 허구에 의해 조작된 현실은 그 허구를 닮으려 애쓴다. 소설 같은 사랑을 원하고 소설 같은, 혹은 영화 같은 범죄를 꿈꾼다. 왜냐하면 거기에는 윤리와 가치가 존재하지 않기 때문이다. 이제 예술은 더 이상 현실을 재현하지 않는다. 그것은 허구로 존재하는 또 다른 현실이다. 건축예술이 이루어지는 일련의 과정들은 그러한 허구를 모사해내고 있는 현실의 정황들을 도식적이게 느껴지리만큼 극명하게 보여준다. 건축가에게 제일 먼저 주어지는 것은 하나의 현실로서의 대지이다. 그러나 현실적인 대지는 언제나 건축가가 직접 그 땅 위에 금을 긋고, 자로 재고, 다시 지우고 하기에는 너무나 크다. 언제나 허구의 규모는 현실의 규모보다 훨씬 더 방대하지만 그

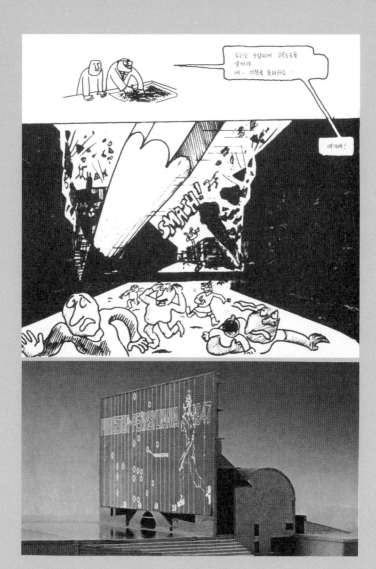

위 루이스 헬만, 『재미있는 건축 이야기』 중에서, 1991 그림에서 보이듯이 헬만의 풍자는 단순한 풍자 이상의 건축에 대한 근본적인 다른 사색을 요구하게 한다. 건축의 공간은 하나의 허구의 공간이다. 현실에 지어지는 건축물은 순수하게 건축가의 의도에서 왜곡되어 있는 공간이다. 도면의 이상을 완벽하게 실현하고 있는 현실은 존재하지 않는다. 만약 그러한 현실이 존재한다면 그 현실이야말로 허구일 것이다.

아래 벤츄리 · 로치 · 스콧 브라운의 〈내셔널 칼리지 미식축구 광고판〉 광고판은 기호의 전달을 목적으로 한다. 현대건축은 상업 이미지와 아무 거부감 없이 결탁한다. 광고의 기표를 건드리지 않고 기의만을 건드림으로써, 그 결과 포스트모더니즘으로서의 세트는 광고 안에서도 건축적 의미를 획득했다.

우리의 도시는 그러한 허구의 공간에 지어진 비실재하는 현실이다. 우리는 분명 귀가 어긋나 있는 모형의 세계 속에서 살고 있다. 보드리야르는 그 모형의 세계에 대해서, 그 시뮬라크르의 세 가지 질서에 대해서 다음과 같이 이야기하고 있다.

> 이미지, 모방, 위조 위에 세워지고, 조화로우며 낙관주의자적이고,
> 신의 이미지에 따라 자연의 이상적인 회복과 그 이상적인 제도를
> 목표로 하는 자연적이고, 자연주의자들의 시뮬라크르들, 에너지와
> 힘 위에, 기계에 의한 물질화 위에, 그리고 모든 생산 시스템 속에
> 세워진 생산적이고 생산자들의 시뮬라크르들─끝없는 에너지의
> 해방과, 세계화 그리고 지속적인 팽창의 프로메테우스적인 목표(욕
> 망은 이러한 질서의 시뮬라크르들에 상관적인 유토피아들 중의 일부이다).
> 정보, 모델, 정보통신학적 게임 위에 세워진 시뮬라시옹의 시뮬라
> 크들.[14]

보드리야르의 지적처럼 현대 도시야말로 이러한 온갖 허위 속에서 구축된다. 현대건축은 신의 이상을 추구하던 고딕의 빛나는 공간에서 이제는 하나의 독자적이고, 자체로 존재하는 이미지를 구축하며, 또 그 이미지는 일정한 모방과 영향력 아래에 놓여 있다. 그것은 때로는 기계의 이미지를 모방하며, 또 때로는 극단적인 기하

체감의 규모는 현실이 더 크다. 그래서 건축가는 그 견딜 수 없는 현실의 규모 앞에서 다시 허구의 도면으로 돌아간다. 그 작업 역시 토목 기술자들에 의해 도면화된 지적도에 따르게 된다. 지적도는 보통 현실을 체감할 수 있게끔 600~1,200분의 1로 축소하고 있다. 모든 축적은 그 자체 허구이다. 보통 한 토목 기술자가 사용하는 0.5밀리의 샤프펜슬은 1,000분의 1 도면에서 50센티의 두꺼운 선이 된다. 이 스케일의 허구는 극복되어지지 않는다. 그 허구 위에서 건축가는 자신의 허구를 구축하고 가상 실재인 모형을 제작한다. 모형은 엄밀히 말하자면 실재에 대한 모형이 아니다. 모형은 허구에 대한 허구이다. 따라서 건축가는 사실상 허구의 완벽성을 위해 작업하는 것이지, 실재의 완벽을 위해 작업하지 않는다.

학적 이미지 위에 놓여 있다. 현대 도시는 하나의 이미지이다.

우리는 지금 기로에 서 있다. 새로운 건축의 방법과 새로운 공간의 전혀 낯선 창조의 문턱에 와 있다. 모더니즘의 빛나는 이성의 한 시대가 역병처럼 지나갔으며 포스트모더니즘은 한 시대의 당대적 신념이 아니라, 일종의 과도기라는 것이 뒤늦게 밝혀졌다. 우리시대의 건축을 우리가 무엇이라고 부르든, 현대는 분명 새로운 사고와 마음의 진화를 바탕으로 이루어져야 할 새로운 구축의 시점에 와 있다. 이 새로운 구축의 모양은 분명 우리의 앞 세대들이 누렸던 영광과는 비교될 수 없는 새로운 것이라고 나는 확신한다. 그것은 더 영광될 것이라거나 더 초라할 것이라는 비교를 용납하지 않는 근본적인 새로움을 말한다. 이전까지의 모든 가치체계가 흔들리고 그 요동의 질서 속에서 그 요동이 천천히 (제자리를 잡아가고 있는 것이 아니라) 수용되어가는 새로운 모습, 새로운 우리들의 건축은 그런 것이고 우리가 이루어나갈 삶의 터전으로서의 도시 역시 그럴 것이다. 마침내 하늘 아래 새로운 것은 이루어진다.

14 장 보드리야르, 『시뮬라시옹』, 하태환 옮김, 민음사, 2001.

한국건축은 왜

전통을

버렸는가?

전통에 대한 문제는 현대 한국건축사를 통틀어 최대의 이슈였고, 장기간에 걸쳐 토론이 이어져왔다. 1960년대부터 1990년대 중반까지 한국건축은 부단히 전통에 대한 문제로 씨름을 해왔다. 이것은 실로 30년에 걸친 고민이었고, 부단한 모색이었다.

건축은 땅의 문제를 떠나서 존재할 수 없다. 땅을 비롯해서 건축을 감싸고 있는 빛과 바람 같은 자연적 토대와 경제·사회·문화의 인문적 토대(나는 이 두 가지를 '건축의 조건들'이라고 명명한다) 위에서 건축은 이루어진다. 그래서 건축은 땅이라고 통칭하는 '조건들'에서 자유롭지 못하다. 그것은 우주라는 새로운 공간에서도 마찬가지이고, 다른 어떤 공간에서도 조건들만 바뀔 뿐 전제는 같아진다.[1] 현대 한국건축이 전통에 대한 문제로 장시간 고민하고 또 지금 계속해서 고민을 거듭하고 있는 것도 건축은 건축을 이루는 '조건들'을 떠나서는 성립할 수가 없기 때문이다.

모더니즘, 그리고 포스트모더니즘의 반성

20세기 전까지 전 세계의 건축은 각 지역마다 개별적으로 이루어져왔다. 같은 고딕양식이라 하더라도 영국의 고딕이 다르고 프랑스의 고딕이 달랐고, 개인 주택들도 저마다의 개성을 가지고 건축의 '조건들'에 고유하게 접근해갔다. 그러나 20세기 초 모더니즘 건축은 이러한 고유성을 완전히 일거에 소멸시키며 전 세계적으로 그 영향력을 확대해나갔다.

사실 모더니즘 건축은 자본주의의 소산이 아니라 사회주의의 소산이다. 왜 초현실주의자들이 그렇게 기계미학에 열광했겠는

239

1 '조건들'이 달라진다는 것은 그 접근방식이 달라진다는 것을 의미한다. 같은 표현의 대상을 두고 음악과 회화는 그 표현의 방식이 소리와 색으로, 혹은 형상으로 각각 나뉘면서 장르가 분화하지만 건축에서는 그 모든 방식들이 하나의 방법으로 통합된다. 다른 무엇으로 표현될 수 있는 가능성을 건축은 하나의 '조건들'로 파악한다. 그래서 음악도 건축 속으로 들어오고(오라토리움), 회화와 조각도 건축 속으로 들어올 수 있으며(미술관), 심지어 거대한 대지에 펼쳐지는 설치작업도 '건축적'이라고 부를 수 있게 된다. 건축은 어떤 장르를 가능하게 하는 구분을 모두 '조건들' 속에 넣고 통합적으로 인식하는 거대한 도가니이며, 예술에 있어서 모든 기관을 포섭하는 거대한 자루다. 시는? 모든 기관을 만들어내는 줄기세포의 특성을 가진다.

가? 기계는 대량생산을 가능하게 하고 대량생산된 제품들은 누구나에게 평등한 이상을 가져다주리라고 믿었기 때문이다. 그리고 보다 근본적으로 기계는 인간을 노동으로부터 해방시킬 것이라고 믿었다. 그러나 현실은 순진한 초현실주의자들의 생각처럼 그렇게 순수한 이상 쪽으로 나아가지 못했다. 오히려 자본의 확대 재생산에 기계가 복무하면서 현실은 찰리 채플린Charlie Chaplin의 〈모던 타임즈〉에서 보이듯이 인간성의 소외를 가져왔다. "만국의 노동자여, 단결하라."는 구호는 정치적으로는 실패했지만 건축에서는 오히려 자본주의의 생산구조와 결합하여 막대한 성공을 가져왔다. 오늘날 당신이 살고 있는(당신이 뉴욕에 살고 있든, 평양에 살고 있든, 아니면 멕시코에 살고 있든지 간에) 주변에 한번 눈을 돌려보라. 거기가 어디든지 저 모더니즘 건축의 입방체들이 즐비하게 도열하고 있을 것이다. 하이데거Martin Heidegger가 '영혼이 없는 컨테이너'라고 불렀던 모더니즘 건축은 사회주의의 이상을 잃고 자본의 도구로 전락한 채 당신들의 시선을 점령하고 있다. 모더니즘 건축의 전위였던 르 코르뷔지에가 '건축은 살기 위한 기계'라고 정의한 지 한 세기 만에 전 세계는 모더니즘 건축의 영향력에 잠식되었다. 일국 사회주의는 실패했지만 모더니즘 건축은 이제 전 세계의 모습이 되었다. 어디든지 똑같은 박스형의 건물에 격자창들이 즐비하게 나 있는 이것은 도대체 무엇이란 말인가?

모더니즘 건축은 사회주의의 이상을 잃어버리자마자 급격하게 영혼이 없는 컨테이너로 전락해버리고 말았다. 서구의 근대는 한마디로 세계를 예측 가능한 것으로 만들려는 시도였다. 근대는 제품처럼 기획되었으며 그 기획은 반드시 표준화 시스템에 절대적으로 의지하고 있다. 우리가 놀라

산업 혁명기의 런던의 빈민가 모더니즘의 유토피아 뒤에 숨어 있는 디스토피아.

는 저 서구의 막대한 데이터들은 근대를 기획하고 만들어간 치밀한 과정을 보여준다. 마찬가지로 모더니즘 건축 역시 그런 표준화 시스템에 의존하고 있다. 자동차의 대량생산 시스템에 큰 감명을 받은 르 코르뷔지에는 건축도 그렇게 대량생산되어 주거의 질을 높일 수 있다고 생각했다.[2] 그러나 빗물을 효과적으로 흐르게 하던 경사지붕 대신 평슬래브로 대체된 모더니즘 건축은 사실은 콘크리트라는 재료의 특성을 자신의 디자인에 십분 활용하기 위한 방편이었다는 혐의를 지울 수가 없다.

그리고 모더니즘 건축의 뒤를 이은 포스트모더니스트들은 모더니즘 건축의 단일성 대신에 복합성을, 통일성 대신에 모순과

241

---

2 르 코르뷔지에는 근대건축의 5원칙이라는 자신의 건축적 방법론을 꾸준히, 설득력 있게 제시했다. 첫째, 필로티(pilotis)의 사용. 둘째, 옥상 정원. 셋째, 가로로 긴 창. 넷째, 자유로운 평면. 다섯째, 자유로운 입면이 그것이다. 여기에서 필로티라는 것은 1층에 기둥을 세워 공중에 집을 올리고 그 밑을 공동의 공간으로 이용하자는 것이고, 옥상 정원은 그렇게 올려진 집 지붕을 평평하게 하여 거기에 다시 정원을 조성하자는 것이다. 그리고 나머지 원칙들은 콘크리트라는 재료의 구조적 특징과 연결되어 있는 내용들이다. 과거의 건축은 주로 벽체가 힘을 받았다. 그래서 집의 전체적인 모양이라든가 평면의 디자인이 자유롭지 못했다. 그러나 철근콘크리트 구조는 슬래브와 기둥만으로 충분히 구조적인 문제가 해결된다. 즉, 벽은 이제 구조와 완전히 분리되어 자유롭게 디자인될 수 있게 된 것이다.

갈등을 반영할 것을 주장했다. 그리고 거기에서 풍토성^{vernacular}을
모더니즘의 대체원칙으로 삼았다.

한국의 포스트모더니즘 건축과 전통

분명 포스트모더니즘은 모더니즘에 대한 반성을 일컫는 말
이다. 그러나 건축에서는 꼭 그렇지만은 않다. 비유클리드 기하학파
가 유클리드 기하학의 권위를 보여주고 있듯이 포스트모더니즘은
모더니즘의 막강한 뿌리를 더욱 극명하게 드러내준다. 근대건축의
실패는 이미 오래전에 말해졌지만 적어도 근대건축은 포스트모더
니즘을 숙주로 계속해서 유령으로 횡행하고 있었다. 포스트모더니
즘은 모더니즘 이론의 근간을 흔들었지만 모더니즘 건축의 생산방
식을 흔들어놓기에는 역부족이었다. 아니, 포스트모더니즘은 현실
을 진단하는 데는 성공했지만 현실을 바꾸는 방법론이 부재했다.[3]
그 결과 포스트모더니즘은 모더니즘을 부정하자마자 모더니즘에
흡수되어버렸다.

그래서 적어도 한국의 포스트모더니즘 건축은 포스트모던
클래시시즘이라고 불러야 옳다. 한국의 포스트모더니즘 건축은 단
일성에 대응하는 복합성이나 통일성에 대응하는 모순과 갈등을 반

---

3 모더니즘 건축의 시기는 예술가의 이상과 현실적인 필요(사회·경제적인 생산방식의 구조)가 정확
히 맞아떨어진 행복한 시대였다. 모더니즘은 모더니즘 이전처럼 그리고 모더니즘 이후처럼, 예
술가의 이상이 현실을 이끌지 않고, 현실의 조건들을 정확히 파악하여 예술가의 이상이 아니라,
당대를 사는 공동의 이상을 자신의 예술적 이상으로 제시했다. 그렇게 행복한 시대는 예술사에
서 그 이전에도 없었고, 그 이후에도 없었다.

영하는 데에는 눈길을 주지 않았다. 수입된 사조의 폐해가 늘 그렇듯이 한국의 건축가들은, 서구 건축가들이 모순과 통합의 상징으로 자신의 역사에서 그것을 차용하여 현실을 모호하게 만든 것을 그대로 답습했다. 그 결과 한국의 포스트모더니즘은 서구의 그것보다 더 포스트모던하게 보였다. 맥락 없이 로마의 주범柱範이 콘크리트의 옷을 입고 나타나고, 그리스의 양식이 몬드리안의 구성주의적 색채로 표현되며, 역사뿐만이 아니라 장소의 문제도 혼돈하며 한국의 포스트모더니즘 건축은 1990년대 초반을 풍미했다.

　　한국에서나 서구에서나 포스트모더니즘 건축은 없다. 그것이 나타나는 것은 새로운 세기에나 가서야, 그것도 부분적으로 나타날 뿐이다. 정확히 포스트모더니즘 건축은 포스트모던 클래시시즘이라 말해야 한다. 포스트모던 클래시시즘 건축은 서구에서는 역사적 양식의 차용으로 실재를 모호한 것으로 만들면서 모든 것이 단지 기호로 읽히게 된다. 그리고 한국에서는 1990년대 초반 '4·3그룹'이라는 건축의 새로운 세대가 등장하면서 수입된 포스트모던 클래시시즘의 허상이 벗겨졌으며, 비로소 우리의 전통에서 현재를 바라볼 수 있게 되었다. 4·3그룹의 구성원들은 대부분 김중업과 김수근이라는 걸출한 거장의 직계, 혹은 방계 제자들로 구성되어 있었다. 이들은 스승들 간에 벌어졌던 전통 논쟁에서부터, 그들의 실질적인 작업에 영향을 받았던 세대들이다.

위 강봉진, 〈국립민속박물관〉, 1966 한국의 포스트모더니즘. 건물의 전면은 불국사의 〈청운교〉, 〈백운교〉의 형태를. 난간은 경복궁의 〈근정전〉 석조 난간을. 가운데 보이는 5층탑 건물은 법주사 〈팔상전〉을. 동편 3층 건물은 금산사 〈미륵전〉을. 서편 2층 건물은 화엄사 〈각황전〉의 형태를 차용하고 있다.

아래 김수근, 〈국립부여박물관〉, 1967 왜색논쟁을 불러일으켰던 문제의 건물이다. 〈삼일빌딩〉, 〈프랑스 대사관〉의 설계자인 김중업은 이 작품에 대해 "일본 건축(특히 일본 전통건축의 현대화에 앞장선 단게 겐조의 작품)과 같은 처리 방법 등. 선과 선 또는 면과 면이 관통 교환되는 디테일로 취급되고 있어 지독히 강렬한 일본 냄새를 풍기고 있다."고 비난했다.

승효상, 〈수졸당〉, 1993 〈국립민속박물관〉 이
후 한국의 포스트모더니즘은 그 전통을 사대부
의 주거공간에서 찾았다. 내외벽, 마당, 대청마
루 등 다양한 양식들이 혼재되어 있다.

한국건축에서의 전통 논의는 정통성을 상실한 군사정권과 그 맥을 같이한다. 무솔리니가 로마의 화려한 영광에서 자신의 정통성을 확보하려 한 것처럼, 그리고 히틀러가 무솔리니를 벤치마킹해 독일 국민의 지지를 얻었던 것처럼 군사정권은 계속해서 우리 전통 속에서 자신의 정통성을 얻으려고 했다. 그 대표적인 예가 강봉진의 〈국립민속박물관〉이다. 법주사와 불국사의 형상을 콘크리트로 그대로 옮겨온 이 건축은, 과연 저것이 우리가 이어가고 현대에 맞게 발전시켜야 하는 전통이란 건가? 하는 의구심을 일으켰다.[4] 그 후 〈국립부여박물관〉은 또 한 번 한국건축의 전통 문제를 자극하며 〈국립민속박물관〉과 다른 차원에서 건축계의 논쟁이 되었다. 김수근의 초기작에 해당하는 이 건물은 김중업에 의해 왜색이라는 이의가 제기되며 김수근 본인에게도 한국의 전통이라는 문제에 깊이 천착하게 만드는 계기가 되었고, 그로 인해 건축계 전반에 전통 논의를 활발하게 진행시켰다. 그러나 김수근은 전통 공간을 자신의 건축논리를 합리화하는 데 그쳤고, 김중업은 전통건축의 형태를 콘크리트라는 현대적인 재료로 재해석하고는 더 이상 진전이 없었다.[5]

4·3그룹은 그런 선배들의 전통 논의를 한층 진일보시키며 전통건축의 요소를 현대적으로 차용하기 시작했다. 그러나 포스트모더니즘이 모더니즘의 생산방식을 극복하지 못하고 하나의 절충주의가 되어갔던 것처럼, 4·3그룹의 전통에 대한 천착은 다분히 감

---

4 이 건물은 공공건물에서 전통의 표현이 정책 담당자들에게 의해 강요된 대표적인 사례다. 설계 경기 때부터 문화재의 외형을 모방, 조합하라는 조항이 지침에 버젓이 기재되어 있었다.

5 김중업이 〈프랑스 대사관〉에서 보여준 전통미의 현대적 해석은 가히 절창이었지만, 그랬기 때문에 어느 누구도 다시는 그 영향력 아래 있지 못했다. 왜냐하면 〈프랑스 대사관〉은 다른 해석의 여지를 남겨두고 있지 않기 때문에 누가 그것을 다시 시도하든(그것이 김중업 자신이라 하더라도) 아류로 떨어지기 때문이다.

승효상, 〈웰컴시티 사옥〉, 2004 내후성 강판의 우울한 외관과 한국의 청명한 일기는 강렬한 대비라기보다는 난센스다.

성적인 측면으로 접근해간 탓에 그 현실적 대응력이 취약할 수밖에 없었다. 그들은 전통건축의 요체를 조선 사대부들의 성리학에서 찾아내는 데는 성공했지만 성리학에 대한 깊이 있는 이해에 실패했고, 당연히 성리학과 전통 공간의 연결 고리를 찾는 데도 실패했다. 민현식은 전통 공간에 있어서의 '마당'의 의미를 끝내 이해하지 못했고, 승효상의 성리학적 공간은 건축이 아니라 인테리어에 불과했으며, 곽재환의 '고요한 비례'는 건축적 옷을 입지 못한 채 관념적으로 빠지고 말았다. 그런가 하면 이일훈의 '채나눔'은 건축적 방법으로서는 성공했지만 건축철학으로 한 세대를 이끌어가기에는 역부족이었다.[6] 길에 대한 집착으로, 그 별명도 백문'길'로 불렸던 백문기의 '길' 역시 내부공간에서 설득력을 얻기에는 너무 피상적이었다.

그리고 이들은 한 문명이 사라지듯이 갑자기 전통 공간의 논의에서 사라져버렸다. 새로운 밀레니엄을 앞두고 전부는 아니지만 이들 대부분은 마치 새로운 무엇이라도 만나러 가듯 서둘러 옷을 바꿔 입기 시작했다.

이상한 침묵, 수상한 인정

1980년대 포스트모더니즘 논의가 한창이고, 해체주의 건축이 건축가들의 마음을 움직일 때도 한국건축의 소위 주류라고 하던 건축가들은 흔들리지 않고 꾸준히 전통 공간에 대해서 탐구했다. 그러나 21세기를 앞두고 이들은 초조했던 것일까? 한국건축은 전에 없는 전환을 보인다. 1995년 즈음에 〈명동성당〉 설계경기를 계기로, (수입된 이론들이 아니라) 현장에서 직접 이론을 실습하고 돌아온 일단의 유학파들에 의해 한국건축의 전통 논의는 일시에 침묵해버렸다. 그전에는 그저 이론들을 수입했던 것이라면, 이번에는 그

6 이일훈의 '채나눔'의 바탕이 되고 있는 '불편하게 살기'가 공동체의 가치로 정착하기에는 아직 너무 일렀다.

이론들을 현장에서 직접 배우고, 몸으로 받아들인 건축가들이 한국에서 일을 시작했던 것이다. 조병수, 김종규, 김준성, 김병윤, 서혜림 등의 유학파들은 모두 해외에서 학교를 다니고 일정한 실무경력을 갖고 귀국해서는 활발한 작품 활동을 선보였다. 이들의 작업은 한국건축계에 신선한 충격을 던졌다. 더군다나 이들은 외국의 연고를 이용해 외국 건축가들을 직접 자신의 프로젝트에 참여시키면서 설계에서부터 재료와 시공의 질까지 비약적으로(물론 시공비의 단가까지도) 상승시켰다. 고작 콘크리트와 벽돌, 알루미늄 클래딩(흔히 빌딩의 외부 마감재로 많이 쓰이는 메탈 패널)이 전부였던 국내시장에 내후성 강판(일정 정도 녹이 슬면 더 이상 녹이 진행되지 않는 철판), 단열성이 있는 폴리카보네이트(플라스틱 판), 강화목재, 외국에서 수입된 벽돌 등이 들어와 다양하게 쓰였다.

　　이들의 작업을 지켜본 선배 건축가들은 이전까지의 고루한 전통 공간에 대한 탐구를 접고 재빠르게 이들과 공동 작업으로 프로젝트를 진행해나갔다. 전통은 이제 진정 고루한 것이 되어버렸고, 장소 특정성site specificity이라든가, '폴딩folding' 같은 새로운 설계이론들이 이전의 자리를 차지했다. 이런 이론들은 어떻게 보면 전통 공간의 논의들을 훨씬 더 과학적으로 만들어줄 수 있는 가능성이 있었다. 더 이상 건축에 있어서의 형태를 주장하지 않는 '랜드스케이프 이론'이라든가, 지질학에서 빌려온 '폴딩 이론' 같은 것은 우리의 전통적인 설계 방법들과 상당히 유사하기 때문이다. 그런데 왜 건축가들은 이런 이론들로 자신의 논지를 더 강화하지 않고 오히려 전통 공간에 대한 담론을 폐기 처분해버렸을까?

이 이상한 침묵에는 수상한 인정이 숨어 있다. 그것은 30년 동안 이어져온 한국건축계의 전통 공간에 대한 논리의 질적 취약성에 근거한다. 한국건축계는 전통 공간의 이론화 작업을 해온 것이 아니라 방법적 차용, 혹은 실질적 변형에만 급급해왔다. 말하자면 자신의 설계 방법으로 전통 공간을 끌어들인 것인데, 이는 제 논에 물대기식으로 분분한 논쟁은 낳았지만 적확한 논리로 귀착시키지 못했던 가장 큰 이유이다. 이런 논리적 취약성 때문에 해외의 신진 이론들을 몸에 익힌 젊은 건축가군들이 대거 귀국하자 순순히 투항해버린 것이다. 돌도끼를 들고 어떻게 청동칼에 대항하겠는가?

그러나 문제는 더 심각한 데 있다. 이러한 새로운 이론들이 과연 우리의 땅에 어떻게 적용될 것인가 하는 것이다. 건축은 '조건들'을 떠나서는 성립할 수가 없다. 이 '조건들'을 읽어내는 해석의 방법이 바로 이론이다. 혹은 이론으로 '조건들'을 해석해내는 것이다. 따라서 이론은 항상 새로운 조건 앞에서 새롭게 수정되고 보완되어야 한다. 그러나 지금 우리의 한국건축은 말 그대로 새로운 해외 이론들의 실험장이 되어가고 있다. 거기에 외국 건축가들이 가세하면서 한국건축은 지금 새로운 전환기를 있다. 렘 쿨하스^{Rem Kool-}

렘 쿨하스·마리오 보타·장 누벨, 〈리움 미술관〉, 2004 세계적인 스타 건축가들이 한 작업이지만 당시에도 이미 우리에게 익숙한 이미지들이었다.

haas, 장 누벨Jean Nouvel, 마리오 보타Mario Botta 같은 세계 유명 건축가들이 프로젝트를 찾아 한국뿐 아니라 아시아 전역을 중요한 시장으로 파악하고, 실제로 왕성하게 프로젝트를 진행시키고 있다. 이미 유럽이나 미국에서는 국가사업의 대형 프로젝트를 제외하고는 일이 없는 실정인 것을 감안하면, 한국을 비롯한 아시아는 그야말로 군침 도는 시장이 아닐 수 없다.

문제는 우리다. 우리는 과연 어떤 논리를 가지고 저들과 경쟁

할 수 있을까? 외국 건축가들이 그들만의 독특한 이론들로 우리의 '조건들'을 해석할 때 우리는 어떻게 우리의 '조건들'을 해석할 것인가? 전통에 대한 탐구는 단순히 옛것에 대한 인정이 아니다. 그것은 우리의 '조건들'에 대한 철저한 분석이며, 과학적인 결론이어야 한다. 그렇지 않을 때 우리는 결국 또다시 '조건들'과 따로 도는 '영혼이 없는 컨테이너'만을 계속해서 생산해내고 말 것이다. 이제 한국 건축은 이 수상한 인정을 폐기하고 다시 한 번 우리의 질문으로 돌아가야 한다.

슈퍼매너리즘의
시대

대중은 테크놀로지에 의해 창조된다. 건축이 신을 위한 건축에서 인간을 위한 건축으로 넘어온 이래 건축은 계속해서 대중을 위해 봉사해왔다. 고딕이 신에게로 좀더 가까이 가기 위한 인간의 희구를 상징한다면, 현대의 마천루는 인간의지의 새로운 표상으로서의 새로운 바벨탑이다. 이제 신은 더 이상 이 구조역학적으로 '안정'된 욕망의 탑을 파괴하지 못한다.

그리스도를 살해한 로마인들은 테크놀로지에 의해 창조된 대중의 건축을 건설한 최초의 인류였다. 건축적 데코레이션이 진정한 의미에서의 데코레이션이 된 것은 인간이 신을 부정하면서부터이다.[1] 장식에서 상징성이 제거되기 시작했던 것이다. 고대건축의 데코레이션은 신을 위한 하나의 제물일 뿐이었고, 이제 모든 건축적 장식은 대중을 위해 복무한다.

그러나 오늘날도 그렇고 더 완강했던 어느 한 시절에도 건축은 신을 위해 그랬던 것처럼 자본을 위해 봉사해왔고, 더 열렬하게 정치적 이데올로기에 봉사해왔다. 건축사에서 나타나는 모든 거대주의 건축은 그런 정치적 이데올로기의 적극적 반영에 다름 아니다. 근대건축은 그런 기형적인 정치적 이데올로기를 통해 자신의 입지를 확고하게 다져나갔다. 이탈리아의 '파시스트 역사'나 흑성산 기슭에 우울한 화강석 빛을 발하며 서 있는 〈독립기념관〉은 20세기 초 근대건축의 열광과 그 무력감을 동시에 대변해주고 있다.

오늘날의 모든 건축은 언뜻, 대중과의 행복한 합일점에서 출발하고 있는 듯이 보인다. 매스 커뮤니케이션의 놀라운 진보는 아직 시기상조이지만, 모든 예술에 있어 대중성이라는 환상을 더욱 극대화시켜나갔다. 대중 감성, 대중을 위한 이중부호, 대중적 해결이라는 건축계획의 프로세스에서 나타나는 잡다한 의도들은 그런

---

1 그러나 이슬람 건축에서 보이는 장식성은 신에게 봉사하는 '행위'를 나타내는 것이지 신을 상징하지는 않는다. 이슬람의 교리 자체가 신과 신의 창조물을 모사하는 것을 금지하고 있기 때문이다. 그런 점에서 이슬람은 장식의 문제에서, 즉 바로크적인 미니멀을 일찍이 구사하고 있었다고 말해도 좋다.

김기웅, 〈독립기념관〉 겨레의 집, 1987 수덕사 〈대웅전〉
맛배지붕의 단순함에서 오는 힘을 그 원형적 모티브로 지어
졌다. 그러나 기둥과 서까래의 과장된 스케일로 허망하리
만치 커다란 광장과 더불어 내용 없는 구호처럼 공허하다.

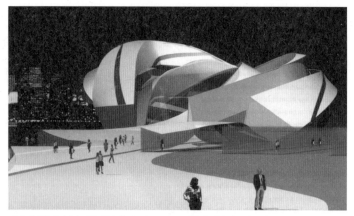

피터 아이젠만, 〈예술과학 연구소〉, 1997~2001 예술의 감수성보다는 스타디움의 규모로 더 빨리 다가온다. 해체주의는 후기로 갈수록 3D프로그램에 더 많은 영향을 받게 되고, 그 결과 인간의 논리와 기계의 논리를 혼동하면서 몰락한다.

환상의 영향력을 말해준다. 그러나 사실 대중은 기회만 있으면 건축을 왜곡하려 하고, 모욕하며, 건축가의 의도를 비참하게 무화시킨다. 그러나 아니러니하게도 대중에 의한 그러한 왜곡은 건축을 완성하는 마지막 손길이다. 건축의 모든 기호는 그 마지막 손길을 의식하며 이루어지고, 그 손길을 최소화하거나 최대화하는 데 주력한다. 그런 의미에서 건축은 의사예술이고 포스트모더니즘 건축은 대중의 기호보다 먼저 한 발 앞으로 다가간 빗나간 짝사랑이었다.

반면 해체건축은 의사예술에서 예술로, 대중들의 행위를 예측하기보다는 충격적으로 방어하며 어떠한 의도에 의해서도 감염받지 않는 순수건축을 지향하고 있다. 어쩔 수 없이 오늘날의 건축은 자본과 대중의 논리에 보다 철저하지 않으면 건축이라는 예술 자체를 성립시킬 수 없게 되어 있다는 점에서, 사실 해체건축의 논지도 모호한 것이 아닐 수 없다. 모더니스트들은 자본과 대중성이라는 위험스러운 재료를 의식적으로 그들의 건축 속으로 끌어들인 열정의 세대들이었다. 그러나 그들은 여전히 낭만주의의 후계자들이었으며 그들의 선민의식은 너무나도 자의적인 해석 하에 얼토당토않은 순수한 도시를 꿈꾸었다. 그것은 고귀한 꿈이었을 뿐이었고, 어디에도 없는 Ou topos 유토피아 No place였다.

근대건축과 파시즘

바로크는 17세기 프랑스가 거대한 규모의 기념비로 가장 강력한 영향력을 행사할 때 16세기 매너리즘의 혼재를 극복하며 등장한 프랑스 전제정권이 낳은 양식이었다. 마찬가지로 근대건축은 산업혁명이 가져다준 기계미학에 대한 경탄과 전체주의적 이데올로기의 흔들리지 않는 정직성이 낳은 산물이었다. 그들은 정말 순수한 혁명에 대한 정열로 가득 찬 두려움 없는 세대였다.[2] 그들은 진정

257

---

2 초기 모더니즘에 나타나는 장식에 대한 거부는 단지 미학적이고 경제적인 문제로 그치는 것이 아니라 도덕적 태도에 깊은 뿌리를 내리고 있었다. 보자르적인 우아함을 철두철미하게 경멸했던 그런 태도는 화려한 카페를 조소에 찬 어조로 비난했던 보들레르의 「가난한 자의 눈」(1864)에서 잘 설명되고 있다.

신출내기가 흩뿌리고 다니는 향기와 함께 가스등은 작렬한다 …… 눈부신 흰색의 벽 위에서, 반짝반짝 윤을 낸 대형거울 위에서, 금박을 입힌 처마 장식 위에서 …… 머리에 빵과 과일과 고기로 가득 찬 바구니를 받고 있는 요정과 여신들의 자태 위에서 …… 역사와 신화는 탐욕을 위해 찌그러져 있고.(로버트 휴즈, 『새로움의 충격』, 최기득 옮김, 미진사, 1995.)

한 대중의 양식을 위해 모든 장식을 버렸고, 청교도적인 결벽증으로 모든 건축적 장식을 죄악시했다. "형태는 기능에 따라"야 했으며 "집은 살기 위한 기계"일 뿐이었다. 가장 기능적인 것만이 가장 합리적인 것이었고, 지고의 선이 되었다. 그런 의미에서 근대건축은 분명 히브리즘적인 이상을 구현하고 있다. "보시기에 좋았"던 도시를 만들기 위해 근대건축의 거장들은 자신들의 천재로 고딕의 상향성을 끄집어내려 건축 공간에 있어 인간의 행위를 규제해나갔다. 유토피아를 위한 재기에 찬 계획들이 속속 쏟아져 나왔고, 르 코르뷔지에 같은 이는 건축물의 대량생산을 위해 틀에서 찍혀 나오는 자동차처럼 건축의 대량생산을 계획하기도 했다. 그들은 마치 자신들이 야훼의 전능함을 대리하고 있는 듯했다. 순수와 결벽의 상징처럼 세계 도처에는 백색의 집들이 아무 이유 없이 낯선 얼굴로 군림하게 됐고, '구조체의 솔직한 표현'이 건물 외관의 유일한 장식이 되었다. 공간의 효율성에 있어 가장 경제적인 박스형의 집들이 그 위세를 떨쳤다. 정말 세계는 다시 낙원이 되어가고 있는 것처럼 보였다. 그러나 실낙원에서의 낙원은 깨진 유리 조각을 통해 보이는 사물들처럼 늘 굴절되어 있기 마련이었다. 철과 유리야말로 그런 일그러진 낙원의 상징이었다. 대중들은 근대건축의 거장들의 천재를 믿어 의심치 않았다.

17세기 여성의 복식과 캘빈 클라인의 봄 컬렉션 바로크와 모더니즘은 어디에서 만날까? 사이버네틱은 이 둘을 혼재시키며 자신의 장르를 무분별하게 차별화해가고 있다.

에펠타워 파리 구시가에 우뚝 선 이 철구조물은 두 다리를 벌리고 파리를 굽어보는 거인의 모습을 형상화했고, 그것은 곧 보다 강력한 힘에 대한 동경이었다.

에펠탑

하늘의 기타

　무선전신은

단어를 긁어모은다

마치 장미꽃 정원이 벌들을 유혹하듯이

밤의 세느강은

더 이상 흐르지 않고

　원경 또는 나팔

　에펠탑

그리고 단어의 벌집

　　　　　— 뱅상트 위도브로 Vincente Huidobro, 「에펠탑」(1917)

　철은 흔들리지 않는 혁명에 대한 신념을 나타냈고, 유리의 빛나는 광채는 새로운 세계에 대한 눈부신 이상을 상징했다. 미스 반 데 로에 Ludwig Mies van der Rohe는 그 빛나는 신세계의 상징을 아메리카라는 꿈과 자유의 프로테스탄트의 땅에서 실험해 보였다. 로에에게 중요했던 것은 기능주의의 이론이 아니라 순수한 빛으로 반사되는 프리즘의 결정이었다. 그의 건축은 수정처럼 반짝였지만 화려한 모습은 배제되고 있었다. 그가 도시에 대해서는 별반 관심을 드러내지 않았다는 것은 공간에 그의 탐구가 얼마나 집요했는가를 말해준다. 그의 유리 건물들은 하나의 순수한 이미지로서 모서리와 유리의 매스가 순수한 벽의 단순한 구획들로 공간 자체를 강조하고 있었다. 그것으로 그는 가장 강력한 영향력을 이후의 건축에 행사했다.

르 코르뷔지에는 보다 조각적인 특성의 콘크리트와 화이트로 자신의 선언을 유럽과, 이제 막 검은 황금으로 벼락부자가 된 중동에서 펼쳐 보였고, 그리고 프랭크 로이드 라이트 Frank Lloyd Wright 는 아메리카의 드넓은 대지 위에서 수평적 체계를 강조하며 인디언들의 땅에서 백인들의 신세계를 꿈꾸었다. 산업화 사회는 이제까지의 인류의 모습을 완전히 뒤바꿔버렸고, 이 새로운 사회의 새로운 건축적 모럴에 대해 건축가들은 무지한 대중을 계몽해야 한다는 사명감으로 가득 차 있었다. 대중들은 길 잃은 어린양이었으며, 그들은 마치 선지자들처럼 미래의 도시를 예견했다.[3] 그들의 사이트는 전 세계에 걸쳐 있었고, 그들의 눈은 어마어마한 작업량으로 충혈되어 있었다.

결국 근대건축의 엘리트주의는 파시즘을 낳은 근대 이성주의의 대마녀 광란과 같은 문맥 위에 서 있었다. 독일의 위대한 게르만 민족의 순수성으로의 회귀는 구조체의 솔직한 표현과 장식을 죄

3 실제로 박해받는 신도들을 미국의 동부에서 서부로 이끌고 솔트레이크 시티를 건설한 모르몬교 창시자인 브리검 영(Brigham Young)은 건축가였다.

MIES VAN DER ROHE - BARCELONA 1929

미스 반 데 로에, 〈바르셀로나 파빌리온〉, 1929 53m x 17m의 석재 기단 위에 세워진 이 건물은 8개의 크롬합금 기둥에 의해 지지되고, 스크린 월(screen wall)이라고 불리는 벽체들이 자유롭게 공간을 분할하고 있다. 지금 보아도 매우 혁신적인 아이디어는 재밌게도 시공간을 뛰어넘어 〈다산초당〉의 현대적 변형인 것처럼도 느껴진다.

다카사키 마사하루, 〈기호쿠 천문 박물관〉 멘델존은 바흐의 선율을 들으면서 황홀경에 잠기며 영감이 떠오르곤 하였다고 한다. 디오니소스적인 황홀경에 취하는 것은 마사하루의 경우도 마찬가지인것 같다. 계단은 어디서나 출입이 가능함을 설득하고 있고, 돌출된 벽체와 기둥의 역할은 서로 분절되어 있다.

악시한 근대건축의 모토들과 분명 닮아 있다. 이탈리아가 로마제국의 영광을 부르짖었듯이 근대건축의 몇몇 중요한 모티브는 그리스 로마 건축의 균제미와 정형성에 기계미학의 단순성을 복합시킨 결과였다. 기능주의와 대량생산에 대한 기대는 윌리엄 모리스William Morris가 말한 '민중을 위한 집'이라는 처음의 의도에서 벗어나 하나의 부속품으로서의 인간, 전체 속에서의 부분으로 귀착되었다.

한 건축물은 그 건축물의 생성 당시의 사회적 상황에 급진적인 영향을 받는다. 건축 공간의 구조와 사회적 신분계급의 주·종속적 관계는 분명 은밀한 역학적 상관관계를 가진다. 극단적인 경우한 시대의 건축물은 그 시대의 온갖 갈등구조를 기록하고 있고, 특히 당대의 지배 이데올로기를 직설적으로 보여준다.

마찬가지로 오늘날의 공간구조는 자유스러운 공기를 충분하게 유입해주는 대신 서슬 퍼런 자본주의의 광기에 그대로 노출되어 있다.

1937년 파리 만국박람회의 〈독일관〉은 엄정한 시메트리 symmetry로 강철 같은 차가운 이성과 억압적인 강권을 맹신할 것을 종용한다(제3공화국 때의 남산터널 입구에 서 있는 독수리 모양의 상징 조형물은 이 독일관의 전체적인 이미지를 차용하고 있다. 마찬가지로 일제 강점기의 〈조선총독부〉 건물은 당시 유럽에 풍미했던 국가 사회주의 양식의 영향이다). 그리고 그런 이성주의의 타락은 제1차 세계대전 후의

프랭크 로이드 라이트, 브로드에이커 시티 계획, 1934 브로드에이커 시티는 극단적인 저밀 도시이다. 라이트는 이 이상도시에서 3.2㎞×3.2㎞의 면적에 1,400가구를 거주시키는 것으로 기본모델을 삼았다. 한 가구당 평균 5인으로 계산하면 한 사람 당 1.4㎢가 주어지는 넉넉한 도시가 된다. 다른 이상도시 계획과 달리 브로드에이커 시티에는 중심가가 없고, 학교와, 화랑, 공연장, 강연장, 공원 등이 있는 학교 주변의 건물들이 커뮤니티 센터 역할을 하게 된다.

불안과 가치체계의 혼돈에서 기인하듯이 멘델존의 〈아인슈타인 타워〉는 확고한 질서를 상실한 대중들의 방황을 표현하고 있다. 그것은 예술의 디오니소스적인 것과 플라톤적인 것 사이에서 끊임없이 망설이고 있다.

그러나 사실상 대중들이 원했던 것은 가부장적인 질서였고 때마침 나타난 야만적이고 충동적인 보탄Wotan 원형과 정반대의 건전함과 확고함을 추구하는 질서 원형을 교묘하게 결합시킨 나치 운동은 불안한 대중들의 심리를 안정시키는 데 성공했다. 나치즘은 그리스도적인 세계관과 폭풍의 신이며 엽인신獵人神인 게르만 민족의 토속신과의 결합이었고, 플라톤적인 것에 가려져 있던 디오니소스적인 것, 악마적인 인간 원형에 기대어 있는 동시에 남성적인 지배력에 대한 성공적인 호소였다.

지오바니 구에르니, 〈이탈리아 문명의 궁전〉, 1938~1943 "건물이 권위주의적으로 보이기 위해서는 건물 내부에서 무슨 일이 일어나는지 추측할 수 없는 구조와 함께 분명하고 규칙적인 외관을 가져야 하는 것이다. 또한 그것은 무표정하고 확고부동한 인상을 줄 수 있어야 한다"(로버트 휴즈, 최기득 옮김, 『새로움의 충격』, 미진사, 1995). 건물의 상부에는 "시인과 예술가들, 영웅들과 성인들, 사색가와 과학자들, 항해자들과 여행자들의 국가"라고 쓰여 있다.

근대건축의 주재료이고, 오늘날까지도 애용되고 있는 철과 유리와 콘크리트는 사회심리학적인 측면에서 남성적인 것과 여성적인 것과의 행복한 결합이었고, 무엇보다도 그들은 이성적인 것 뒤에 가려져 있는 야만의 얼굴을 인정하려 하지 않았다. 근대건축가들은 진정으로 유토피아를 믿었던 마지막 세대들이었다.

듬성듬성 들어선 초고층 건물들 사이에 녹지를 마련하고자 했던 르 코르뷔지에의 '빛나는 도시'와 모든 세대가 1에이커의 땅과 독립된 주택을 가지는 프랭크 로이드 라이트의 '브로드에이커 시티 Broadacre City'는 근대건축의 건전한 이상을 상징하며 하나의 거대한 기계 이미지를 드러낸다. 결국 '브로드에이커 시티'와 '빛나는 도시'는 자동차 문명에 대한 환상일 뿐이었다. 그리고 언제나 환상은 무조건적인 열광을 가져오듯 파시즘을 통하여 자본주의의 위기를 피해가려는 많은 요구에 발맞춰 다수의 건축물들이 모더니즘이라는 정치적 선전의 도구로 건설되었다. 〈베를린 올림픽 메인 스타디움〉은 나치의 안전함을 홍보한다. 건축사가들마다 약간의 의견 차이는 있겠지만 사실 나치의 하이마트 운동이나 이탈리아 파시즘의 노베첸토 운동은 모더니즘 건축과 분리해서 생각할 수 없다.

결국 국가 사회주의 양식은 파시즘의 몰락과 함께 사라져버렸지만 그 모태가 되는 모더니즘 건축의 속성 속에서 끈질기게 살아남았다. 그래서 후기 모더니즘 공간은 정치적 이데올로기의 광기가 사라진 무미건조한 격자 그리드의 허무를 보여준다.

한국의 현대건축의 공간과 포스트모더니즘, 혹은 슈퍼매너리즘

엄밀한 의미에서 한국의 현대건축은 김중업과 김수근 두 거장에 의해서 출발한다. 그러나 또 한국의 현대건축은 5·16 군사 쿠데타를 성공시킨 제3공화국의 경제개발 정책과 함께 출발했다. 서구 모더니즘의 가장 활발했던 시기를 일제 강점기에 놓이는 공백기를 딛고 현대건축을 실험하기 시작할 때 미국에서 수입된 포스트모더니즘의 폭풍은 한국의 건축 현실을 하나의 도가니로 만들어놓았다. 모더니즘과 모더니즘의 반성이, 모더니즘의 계승이 들끓고 있었다. 우리가 반성해야 할 모더니즘이란 것이 과연 우리에게 있기는 한가? 라는, 포스트모더니즘에 대한 회의와 스스로 '즐거운 아류'임을 자처하는 레이트 모더니즘과 탈모더니즘의 유행이 공존하고 있는 상황이었다. 서구의 모더니즘이 미래사회에 대한 낙관에서 출발했다면 한국의 모더니즘은 일제 강점기의 공백을 메우려는 시도, 즉 전통성의 논의에서부터 출발했다는 것에서 이미 우리의 모더니즘은 앞으로 수입될 포스트모더니즘과의 관계에 있어 논쟁의 여지

김중업, 〈프랑스 대사관〉, 1961 한국건축의 형태미를 〈프랑스 대사관〉처럼 우아하게 표현한 현대
건축은 없다. 김중업의 대표작이자 한국 현대건축의 백미다.

를 품고 있었다. 더욱 그 논지를 혼란스럽게 만든 것은 초기의 모더니즘 건축이 그 전통성의 문제를 쿠데타로 집권한 군부의 비합법성을 위장해주는 데 복무시켰다는 점이다. 군부는 자신들의 정통성을 '전통문화의 계승'을 내세워 대중들에게 자신의 합법성을 호도하려 했다. 건축은 정치 이데올로기의 시녀로 전락했다.

군부는 꾸준히 자신들의 치적을 위해 건축이 정치적 이데올로기에 봉사해줄 것을 요구하고 있었고, 천민자본주의 하에서 모더니즘 건축을 실험하기 위한 최대의 스폰서는 정권 담당 세력이 될 수밖에 없었다.

건축은 분명 예술이지만 예술을 위하여 행위되지는 않는다. 건축은 좁게는 건물 소유주, 넓게는 계층을 위해서 봉사할 뿐, 결코 계급적 당파성에 복무하지는 않기 때문이다. 그런 맥락에서 대중성이라는 개념과 지배 이데올로기의 자기 합리화 과정에서, 그리고 근대건축의 유산인 기능주의와 한국건축의 정체성이라는 측면에서, 전통성의 문제는 초기 모더니즘 건축의 최대 이슈가 되었다. 최대의 건축주인 정권 담당 세력들은 전통에서 자신의 합법성을 얻어내려 했고 건축가들은 그것으로써 자신의 작업을 인정받으려 했다. 모더니즘의 일의적 형태 개념은 밀리터리 멘털리티의 직선적 구도와 파행적으로 맞아떨어졌다.

경복궁 내 〈국립민속박물관〉과 경주 보문단지는 박제된 전

통의 환멸을 보여주며, 오늘날에는 건축 외적인 사회사에서 당대
를 고발하고 있다. 그러나 한편에서 "나는 나의 피를 믿는다."[4]는 말
로 저질 논쟁을 펴고 있던 당시의 전통 논의에 찬물을 끼얹었으며 르
코르뷔지에의 문하에서 돌아온 김중업은 한국 오피스 건물의 한 획
을 그은 〈삼일빌딩〉을 완성하며 한국건축의 다양한 테크놀로지의
가능성을 제시하였다. 특히 〈프랑스 대사관〉은 체제의 억압이 모든
문화 예술계를 억누르고 있을 때 던져준 자유의 숨통이었다. 한국
적이라는 명제를 내세우고 조상들이 남긴 낱말을 주어 모아봤자 오

4 김중업의 '피'는 결국 생물학에서 말해지는 엔그램(engram: 지각 이미지의 물리적 흔적)을 의미
  하고 있는 것이다. 그전 세대에서 새롭게 저장된 이미지는 유전정보 내에서 그다음 세대로 전수
  된다.

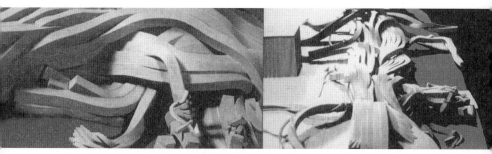

그레그 린, 〈Stranded Sears Tower〉 모형, 1992 말 그대로 끈이 꼬여 있듯 건물인지 아닌지 구분이 안 되는(매스라고 말할 수 없다. 그 구축물은 자체로) 이미지들이 잎사귀 위의 누에처럼 불규칙한 원형상(대지)를 타고 기어간다.

히려 우리의 전통을 욕보인다는 김중업의 방법과는 달리, 김수근은 전통에 대한 의식적인 천착으로 김중업의 형태 개념상의 접근방법에서 탈피, 주로 공간적인 접근을 행해나간다. 그러나 전통주거를 파괴하고 마을길도 부순 새마을운동은 군부의 전통문화가 어떤 것이었는지 단적으로 말해준다. 공공 건축에서 보여준 전통성의 강조는 우리 농촌 공동체의 건강한 일면들을 파괴했고, 이후의 포스트모던 건축은 정치 이데올로기의 선전문구 같은 전통성의 문제를 진정한 대중의 양식으로 변화시키는 데 기여했다.

사실 포스트모던 클래시시즘[5]은 일종의 절충주의라는 혐의에서 완전히 자유로울 수 없다. 그러나 신고전주의나 절충주의와 근본적으로 구별되는 이유는, 그것이 하나의 뚜렷한 양식에 기인한다기보다는 오히려 1900년대의 프리스타일 클래시시즘freestyle classicism에 더 가까울 뿐만 아니라 그 모든 양식들을 혼재한 상태를 보여주는 혼성양식hybrid style이기 때문이다. 그렇게 보면 1980년대 중반부터 활기를 띠기 시작한 그레그 린Greg Lynn이나, 제프리 키프니스Jeffrey Kipnis, 프레데릭 스턴펠트Frederic Stemfeld의 유체역학적 적용과 피터 아이젠만Peter Eisenman의 작업, 그리고 자하 하디드Zaha Hadid나 렘 쿨하스의 작업들은 이미 포스트모던 클래시시즘에서 벗어 나오고 있다. 그러나 그들의 작업 역시 (뒤에 다시 거론하겠지만) 역사주의적 맥락에서의 혼돈에서 카오스적인 변수를 중요시하고 있다는 점에서 하디드처럼 아직 표현주의적인 경우도 있겠지만, 그 외에는 모두 순수 이론적 접근을 꾀하고 있다는 점에서 이들의 건축 역시 그런 혼재를 보이고 있다. 여기서 주의해야 할 것은 하이브리드hybrid라는 말이 '혼란스러움'을 뜻하는 형용사가 아니라 '혼재'를 나타내는 명사형으로 쓰이고 있다는 점이다. 명사형으로 쓰이고 있다는 의미는 혼재를 '극복한다'는 관례적 용법과 구분된다는 뜻이다. 혼재된 상태 자체가 탐구의 대상이 된다. 그 요동의 질서를 탐구하기 위해 건축은 점점 더 과학을 닮아가고, 자연의 원리가 아닌 자연

5 나는 포스트모더니즘을 이런 식으로 고쳐서 말한다. 어쩌면 '포스트모더니즘'이란 단어가 주는 영역의 광범위함이라든지, 애매함에서 오는 오독, 그리고 전 시대에 분명한 근거를 두고 있는 역사적 맥락 하에서의 모든 부당한 장점을 쇄신하고, 그에 상응하는 단점 또한 극복할 수 있는 적절한 단어라고 생각한다. 그리고 무엇보다도 내가 '포스트모더니즘'을 '포스트모던 클래시시즘'으로 부르는 것은 포스트모던 건축을 하나의 과도적 포스트모더니티로 치환하려는 욕망에서임을 숨길 수 없다.

마이클 그레이브스, 〈포틀랜드 빌딩〉 모형 전면에 커다랗게 부각된 이집트 주범의 그래픽적인 차용
과 키치적인 조각들이 단조로운 격자창과 함께 시각적인, 시간적인 공황을 준다.

의 현상계를 건축에 이식한다.

　　포스트모더니즘이란 용어는 모더니즘 이후에 오는 모든 건축적 현상들을 가리키는 개념이라고 전제할 때, 이런 역사주의적 혼재와 현상적 혼재, 이론적 혼재의 영역 모두를 이 글에서는 '슈퍼매너리즘'이라고 지칭해보는 것이다. 그리고 그렇게 불러보았을 때 슈퍼매너리즘의 안에는 다시 위에서 거론한 인물들의 이름마다 각각 독자적인 경향들이 내포될 수도 있지만, 대략 크게 나누면 포스트모던 클래시시즘과 사회적 맥락주의(렘 쿨하스의 경우), 현상적이고 비결정론적 경향(프랭크 게리의 경우), 인식론적 체계를 지향(피터 아이젠만의 경우)하는 몇 가지로 일별해볼 수 있을 것이다.

　　따라서 슈퍼매너리즘이란 용어는 고정된 양식이기보다는 공간 탐구의 한 방법적 양상을 보여주는 공간 구성적 고찰로서 건축의 대중성과 전통이라는 문제에서, 모더니즘의 바탕이 되어주었던 사회학적·과학적 기반에서 반성되어진, 새로운 사회·경제·문화적 토대를 건축적으로 치환하려는 방법론상의 전환이라고 여겨져야 한다. 포스트모던 클래시시즘의 이중 코드는 엘리트한 코드와 대중적인 코드를 이항대립적인 것으로 보지 않고 복합적이고 혼성적인 것으로 파악한다. 이 두 가지 코드를 대립적이 아닌 복합적인 것으로 파악하고자 하는 노력은 단적으로 근대건축의 연장선상에서 슈퍼매너리즘이 파악되어야 할 것임을 말해준다. 즉 근대건축의 계몽주의적 전위는 이제 대중 속에서 전위를 모색하고자 하는 새로운 국면으로 접어들었다. 다시 말하자면 건축은 대중 속으로, 그 오해와 왜곡의 가능성 속으로 과감히 밀어 넣겠다는 의지를 표명한 (사실 그것을 원하는 건축가는 하나도 없지만) 근대건축의 자기 한계에서 나온 돌파구였다는 것이다. 따라서 슈퍼매너리즘은 흔히 대중에게 지극히 낯익은 요소에서부터 출발하게 되었고, 역설적으로 그로 인해 점점 더 대중의 고정관념과는 멀어지고 있으며, 그 방법상에 있어서의 혼재와 혼성과 혼돈 ─ 하이브리드^{hybrid} ─ 은 필연적인 것이었다.

　　　　1980년에 지어진 마이클 그레이브스의 〈포틀랜드 빌딩〉은 주초, 주신, 주두의 이미지를 이집트 건축의 주범 양식에서 사용한 것이었다. 전체적인 건축의 구법상의 문제에 있어서는 세련되고 정제된 이미지를 따르고 있지만, 대중들에게 어필하는 그 주요한 디자인 요소에 있어서는 서구 건축의 전형으로 이미 대중에게 낯익은 이집트 주범의 이미지를 차용하여 자칫 단조로운 박스형 건물의 이미지(모더니즘의 유산인)를 탈피해보려는 의도가 강하게 드러나 있다. 그러나 대중성과 전통성을 등식 하에 놓고 성립한 슈퍼매너리즘 (중의 포스트모던 클래시시즘이라고 불리는) 건축의 오류는 한낱 대중을 향한 짝사랑에 불과하였다. 뒤샹^{Marcel Duchamp}의 〈샘〉이 대중들의 강력한 반발을 사고 이해 불가능한 것으로 오해받았을 때와 마찬가지로 슈퍼매너리즘의 대중성과 전통성은(엄밀히 말해서 전통의 차용은) 대중들로부터 기괴한 건물이라는 반감을 일으켰다. 슈퍼매너리즘은 모더니즘의 자유로운 피부(벽)를 더 극단으로 밀고 나가 중력으로부터 자유로운 공간을 만들었다. 프랭크 게리^{Frank Gehry}의 접히고 뒤틀린 건물을 보는 대중들의 흥미는 바꿔 말하면 조각처럼 구축된 집에서 살아야 할지도 모른다는 불안과 다르지 않다. 다시 한 번 배신을 당한 셈인데, 그도 그럴 것이 바닥은 어떤 공장 생산형 가구도 허용하지 않는다는 듯이 꺾어지고 들려 있으며, 천장은 동굴에서 불어오는 서늘한 바람의 길처럼 빨아들이듯이 비틀어진 이상스러운 건물이 나타났던 것이다. 대중들은 수군거렸고 다행스럽게도 건축가들은 동요하지 않고 그 혼재와 혼성과 혼돈을 더 확고하게 종이 위에서 단단한 대지 위로, 자신들의 방법으로 양식화시켰다. 바야흐로 모더니즘의 실패를 포함한 슈퍼매너리즘의 시대가 개막된 것이다.

파노플리(panoplie)의 건축

오늘날의 슈퍼매너리즘은 기괴하고 낯선 충격으로부터 모순이 없는 세계로 대중들을 초대하며, 반인반수의 신화적인 구조를 들어 대중들을 설득한다. 이미 대중적인 코드로서의 고전주의적 전형은 그 대립성에서 복잡성으로 혼재의 양식을 띠며 의사소통의 혼돈과 혼성 속에서 그리고 다시 이중 코드의 단순성에서 다중 코드의 복잡성으로 이행해간다. 그 다중적인 회로 내에서 슈퍼매너리즘은 베끼기의 대상이 되는 전범들의 차용에다 하이테크한 현재성을 가미하여 급격한 파노플리로 선회한다. 그리고 그것은 포스트모던 클래시시즘이 후기 산업사회의 소비문화에서 배워온 혼성모방의 다음 단계를 보여준다.

자본주의 사회에서의 소비양식은 단순한 경제적인 의미에서의 수요 공급 곡선에서 벗어나 있다. 저 유명한 베블렌Thorstein Bunde Veblen의 경구대로 이제 소비는 "흥청망청 비싼 물건 사들이기"나 "자랑삼아 돈을 쓰기"에 의해서 계급적인 신분의 차이가 사라진 계층적 욕구의 차별화를 위해 소비되고 있다. 이러한 '차별화를 위한' 소비는 선진 자본주의 하에서 나타나는 가장 단순화한 소비의 단계이며, 다소 무질서한 소비의 패턴을 보여준다. 그러나 좀더 성숙한 자본주의 단계의 소비 패턴은 아메리카 인디언들의 '포트래취'와 흡사한 무절제한 소비 패턴에서 상품 간의 유사성과 이질적인 면면들을 재조직하여 상호 보완하는 사물들의 시리즈를 소비하는 파노플리의 단계로 차별화해간다.

이 파노플리의 소비 패턴은 포스트모던 클래시시즘 건축이 어떻게 슈퍼매너리즘으로 이행하는가를 설명한다. 근대건축이 자유스러운 평면과 입면을 주장했다면 포스트모던 클래시즘 건축은 자유스러운 역사에서 출발했다. 결국 포스트모던 클래시즘 건축의 이중부호라는 것은 근대적인 것과 풍토적인 것, 상업적인 것, 은유적인 것, 사투리 같은 것, 보다 모호한 것과의 대립성과 복합성을 뜻한다. 그와 같은 맥락에서 포스트모던 클래시즘은 사실 모던 건축의 보충설명에 지나지 않는다. 『건축의 복합성과 대립성』이라는 중요한 저서를 남긴 로버트 벤츄리Robert Venturi의 작품들도 결국엔 르 코르뷔지에와 애드윈 루비얀의 부분들로 이루어져 있고, 루이스 칸과 매너리스트들의 부분 사용일 뿐이었다. 그러나 차용의 부분들이 점차로 복잡한 양상을 띠며 나타나고 전범들의 대상이 확대됨에 따라 절충주의적으로 보이던 디자인 요소들은 각각의 확고한 연관에 따라 조직되는 파노플리의 방법에 의해 기괴한 이미지로부터 일정한 주제를 가질 수 있게 되었고, 특히 건축 기술의 놀라운 발달과 신공법의 개발로 인한 하이테크한 이미지까지 가세해서 그야말로 현대건축은 다양한 양식들의 혼재 속에서 미래로 나아갈 수 있게 되었다.

파노플리의 건축은 고전적인 양식들과 현대적인 기술들을 망라해서 서로서로의 연관 속에 각자의 이미지를 세트화시켜 표현하는 단일화된 복잡성을 구현한다. 찰스 무어Charles Moore 등이 뉴올

찰스 무어, 〈이탈리아 광장〉, 1975~1980 온갖 고전의 쓰레기들을 다 모아서 화려한 네온으로 장식해 키치의 생경함을 보여준다. 신고전주의가 과거의 화려한 영광을 되새긴다면 포스트모던 클래시시즘은 역사의 가벼움을 보여준다.

리언즈에 계획한 〈이탈리아 광장〉은 그런 고전적인 양식들과 현대적인 테크놀로지를 세트화시켜 고전의 무거움을 아주 경쾌하고 유쾌한 것으로 만들어놓고 있다. 이 건물에는 이탈리아식의 다섯 가지 기둥, 파리의 빅토리아풍 같은 바로크 도시 형태의 원형 광장, 코린토스Korinthos식 주범柱範, 스테인리스 같은 현대적인 재료를 사용하여 마감한 홍예虹霓, 펑크 스타일의 가벼운 색감들이 전체적인 조화 속에서 파노플리화되어 마치 시간이 정지한 공간 속으로 들어온 것 같은 착각을 일으키게 한다. 그런가 하면 무사비Farshid Moussavi와 자에라 폴로Zaera Polo의 〈요코하마 국제항만터미널〉은 마치 공기의 흐름 속에 인간의 흐름을 묶어놓는다. 공기의 유속에 따라 군데군데 뚫려 있는 구멍들은 검은 홀처럼 다른 이동을 암시하며, 건축적이기보다는 유체역학적 모델을 보고 있는 것 같다. 그것은 인간을 위한 것이 아닌 공기 입자들을 위한 무대처럼 보인다. 실제로 슈퍼매너리즘의 공간은 의식적으로 공간을 무대세트처럼 보이게 만든다. 시간은 현실과 가상 속에서 머물러 있다. 이제야 비로소 포스트모던 클래시시즘은 전범들의 차용에서 파노플리를 통해 슈퍼매너리즘의 양식으로 넘어온다.

펑크와 포스트모던 건축

우리에겐 르 코르뷔지에라는 이름으로 더 잘 알려진 샤를 잔느레Charles Jeanneret는 모더니즘을 완성하고 레이트 모더니즘의 길을 연 장본인이다. 그 길은 포스트모던 건축에까지 길게 닿아 있다. 레이트 모더니스트들은 특히 그의 백색 이미지에 크게 고무되었던 세대들이었다. 그러나 르 코르뷔지에의 백색이 건축가의 사회적 발언에 있어 절대 지도력과 그 순수한 열정을 상징한다면, 레이트 모더니스트들의 백색은 자폐적인 순수와 결벽증을, 이미 대중적인 열광을 상실한 엘리트주의의 창백함을 상징한다.

포스트모더니스트들은 혁명의 열정에 자신의 순수를 바쳤던 세대들이나, 발산하지 못한 퇴색한 열정에 우울하게 갇혀 있었던 세대들이 백색에 부과하고자 했던 맹신에서 명백하게 자유롭다. 어쩌면 그것은 진지하며 무겁고 고뇌에 차 있으며, 영원한 것들에 대한 심각한 회의이자 한없이 가벼운 반증이었을지도 모른다. 슈퍼매너리즘 곳곳에 흩어져 있는 지나간 양식들의 기괴한 파편과 슬릭테크slick-tech[6]적인 구법들은 "더 이상 새로운 것은 없다."는 식의 자조가 아니라 종의 운명을 짐 지고 싶지 않은 개체의 자존을 의미한다.

그래서 포스트모던의 색들은 경쾌하고 원색적이어서 때로는 천박하게 보이기까지 한다. 그것은 또 장난스럽고 아주 시끄럽

---

6 슬릭테크는 모더니즘의 기계미학에 연원을 두는 현대건축의 고도한 기술적 표현이다. 007영화의 무대 세트는 그런 슬릭테크한 이미지를 강조하여 세련된 미래세계의 환상을 보여주는 반면, 팀 버튼 감독의 〈배트맨〉은 포스트모던 클래시즘의 기괴한 차용을 극적으로 대비시킴으로써 다가올 후기 산업사회의 공포를 과장해서 보여준다.

팀 버튼의 〈배트맨〉 펭귄의 옷차림, 들고 있는 우산, 뒷배경의 목재 문에 달린 철물 장식까지 배트맨은 미래의 우울을 고딕적으로 표현한다.

다. 오히려 대중들은 "건물이 왜 이런가?" 하고 반문한다. 파노플리는 소비의 패턴과 달리 대중을 위한 것이 아니라 건축어휘들의 자의적인 위상이었다. 그리고 자유연상에 의한 무례한 제스처, 그리고 불쾌한 풍자라는 점에서 포스트모던 건축은 펑크의 미학에 닿아 있다. 셀즈는 마르셀 뒤샹을 "무미tastelessness와 다다이즘, 그리고 부조리 극장Theater of the Absurd"의 펑크 예술의 시조로 보았지만, 펑크는 팝아트와는 다른 무관심을 나타낸다. 찰스 젠크스의 말처럼 초기의 팝아트는 전통의 유지에도 기여를 했다. 그러나 펑크는 현대인이 만든 환경의 천박함을 받아들여 표현하는 것에서 나아가 능동적으로 그 내용을 바꾸어버렸다는 점에서 팝아트와 구별된다. 그 능동적인 변용의 방법이 슈퍼매너리즘과 펑크 예술을 부분적으로 묶어놓는 파노플리의 방법이라는 것은 자명하다. 펑크 미학과 포스트모던 건축의 연관성은 색채의 배경에 주목할 때 더욱 확실해진다. 피터 아이젠만의 흰색과 붉은색의 대비는 코르뷔지안으로서의 전 세대의 영향력을 드러내준다. 반대로 찰스 무어와 리카르도 보필^{Ricardo Bofill}의 과격한 색상들은 펑크족들의 닭 볏처럼 세운 머리의 염색이나 원시적인 모양의 문신, 그 원색적인 색감 뒤의 반항을 좀더 감동적으로 보여준다. 그들은 반성하지 않으려고 애쓰는 것이 아니라 반성하는 주제를 드러내지 않음으로써 역사의 부채를 벗어버리려고 애쓴다.

결국 포스트모던 건축은 대중성을 향해 출발했고, 궁극적으로는 근대건축의 과도한 부담감에서 해방되고자 했다. 근대건축에 있어 대중은 유토피아를 위한 계몽의 대상이었다. 그러나 탈근대의 건축은 실재하며, 살아 숨 쉬고 움직이는 대중을 쫓고/쫓아내고 있다. 시간과 공간의 복합예술인 건축은 지극히 추상적인 성격에도 불구하고 종종 형태면에 있어서 조각과 같이 평가될 때가 있다. 어떻게 보면 "형태는 기능에 따른다."라고 외쳤던 기능주의자들의 직관은 탁월한 것이었다. 그러나 이제 그 모토는 "형태는 공간에 따른다."는 명제에 따른다. 기호의 외연적 의미보다는 내포된 코드의 의미작용이 더 강조되고, 파노플리는 건축의 의미론적 분열(원래의 문맥에서 기호를 추출하고 새로운 문맥에 다시 삽입함으로써 그것에 부가되는 의미를 왜곡한 것)을 유도하여 내포적 코드의 의미작용을 더욱 진행시킨다. 이제 우리는 공간의 목적 미학에서 벗어나 기하학적 질서의 '차가운 아름다움'에서 비선형적 질서의 도상에 서 있다.

포스트모던 공간은 공간보다는 기호와 상징의 중요성을 역설하고 있다. 철근콘크리트와 철골의 발명 이후 건축의 외연적 기호는 모두 허상을 상징한다. 한 건물의 외부를 마감하고 있는 거의 모든 재료는 그 건물의 구조나 공간의 의미와는 상관없으면서도 마치 그런 의미 내용을 함축이라도 하고 있듯이 장엄함을 위장하고 있다. 그러나 그것의 기호 의미는 비어 있다. 대리석은 건물 외부에서 구조체에 매달려 있기만 할 뿐 과거의 그것처럼 직접적인 내력을 받는다든지 하는 일은 없다. 다만 대리석 건물인 양, 착각하게 만들기 위한 도구에 지나지 않는다. 그런 착각 속에서 파노플리는 비어 있는 기호의 의미를 작용시키며 은유와 상징의 허상을 체계화한다.

오늘날의 건축은 자본에 의해 움직여지고 있는 것만큼 대중의 기호에 의해 지배받고 있다. 건축의 의사불통의 언어는 그런 사회 상황의 변화와 소비사회와 신기술의 진보에 의해 진화한다.

다시 공간으로,

그리고 다시 빛을.

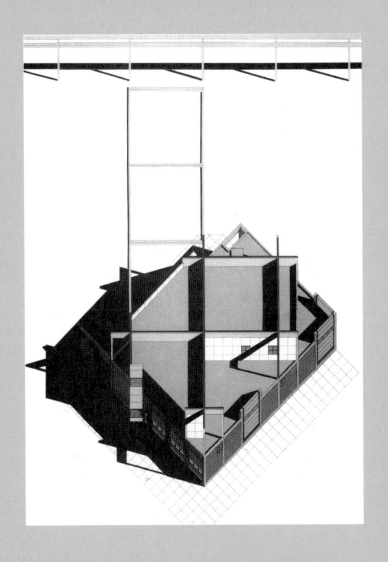

피터 아이젠만의 〈브룩클린 소방서〉

현대건축이 영향받은 과학의 신사조는 대단히 폭넓다. 많은
초기 모더니스트들이 사회주의자였다는 것은 이미 널리 알려진 사
실이고, 산업사회의 가장 민감한 촉수로서의 건축에서 마르크스
와 엥겔스의 사회변혁 이론은 곧 건축의 이론과 철학으로 대체되
었다. 그후 미니멀리즘 건축에서도 이러한 철학의 지배적인 위치는
계속되어왔다고 해도 무방할 것이다. 무엇보다도 가장 강력한 철학
의 영향 아래서 작업을 이끌어온 것은 해체주의자들이었다. 데리
다Jacques Derrida가 해체주의 건축에 끼친 영향력은 너무나 큰 것이었
으며, 그런 논의들은 하이데거에서부터 한스게오르크 가다머Hans-
Georg Gadamer의 반성까지 실로 광범위한 것이었다. 그러나 이런 영향
들이 반드시 건축적인 문제와 긴밀하게 연관되어 있다고 말하기는
어렵다. 왜냐하면 현대철학은 이미 데카르트적 사유를 극복하고 있
지만, 건축의 구현물은 유클리드 기하학과 뉴턴의 물리학에서 자유
롭지 못하기 때문이다. 슈퍼매너리즘의 논리는 이미 뉴턴의 공간을
벗어나 있지만 슈퍼매너리즘의 건축은 아직도 유클리드적인 공간
에 놓여 있다. 여기에 슈퍼매너리즘 건축의 딜레마가 있다. 실제로
프랭크 게리의 작품을 제외하고 대부분의 해체주의자들의 작품이
계획안으로 그쳤다는 것은 이 사실을 증명해준다. 더군다나 '인간

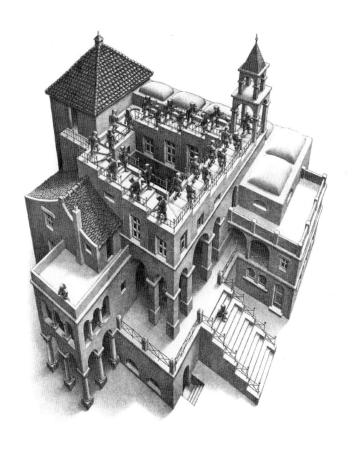

에셔, 〈올라가기와 내려가기〉, 1960 호프스태터는 에셔가 보여주는 '이상한 고리'에 대해서 이렇게 말한다. "고리란 무한한 과정을 유한한 방식으로 재현하기 때문에…… 무한성은 에셔의 많은 그림에서 중요한 역할을 한다. 단일한 주제의 모방들이 종종 서로 조화를 이루어서, 마치 바흐의 카논을 시각적으로 유추한 것 같다."(더글러스 호프스태터, 『괴델, 에셔, 바흐』, 까치글방, 1999.)

을 세계의 중심으로부터 변위시키고, 건축을 불연속적인 단편들로 탈구성하고, 중심 이동시키'는 해체의 전략들은 이미 문학과 철학에서는 다양한 분석이 이루어졌고, 결국 그것이 사유의 방법으로서의 철학을 건축적 조건으로서 파악하기에는 무리가 따랐던 것이다.

　말하자면 에셔M. C. Escher의 판화에서 나타나는 무한공간은 3차원 공간에서는 존재할 수 없는 도상들이다. 우리는 그것을 착시라고 부르고 있지만 n차원의 어느 공간에서는 가능해진다고 할 때, 에셔가 건축가의 길을 버리고 판화가의 길을 걸었던 것처럼 슈퍼매너리즘은 사유의 방법적 틀에서 다시 통계와 확률로, 과학으로 변모하고 있다. 그리고 아직 철학의 한계를 깨닫지 못한 많은 젊은 건축가들도 진화된 컴퓨터 프로그램 기법을 통해 자연스럽게 그 길을 가고 있는 것 또한 주목할 만하다. 토마스 리저, 그레그 린, 피터 아이젠만이 이 대열에 뛰어들었고, 조만간 하디드 같은 경우도 컴퓨터 프로그래밍이 주는 엄청난 자유스러움에 마냥 곁눈질하고 있을 수만은 없게 될 것이다. (결국 그렇게 되자마자 하디드는 자신의 개성을 잃어버렸다. 동대문 운동장 재개발 계획이 그 증거다.) 그리고 렘 쿨하스의 작업이 보여주듯이 이 일단의 경향에는 굳이 화려한 오퍼레이션을 통하지 않더라도 엄밀한 통계와 수리적 관측으로, 그리고 보다 사회학적인 시각으로 건축에 의미를 부여하는 작업들까지도 포함된다. (이들의 대선배격으로 프랭크 로이드 라이트는 다시 평가되어야

프랭크 로이드 라이트, 〈구겐하임 미술관〉, 1959 르 코르뷔지에가 미래를 위해 〈롱상〉을 남겨두었고, 로에가 그 건축적 생의 전부를 미래로 살았듯이 라이트는 구겐하임을 미래로 열어놓았다. 구겐하임은 전층의 바닥이 하나로 이루어진 끈과 같이 이어져 있으며 중앙의 홀은 따리 틀고 있는 끈을 하나의 공간으로 통합하고 있다. 그것은 하나의 슬래브를 가진 단층이면서도 무한히 성장하는 여러 개의 층을 나누어 갖고 있다.

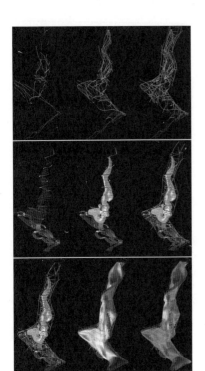

라르스의 〈비치니스〉 해변의 호텔인 이 작업은 얼핏 담배연기같이 보인다. 그런 착각이 당연하듯이 건물은 해변의 벌레들의 군무 같은 비선형계 내에서 구축된다.

한다. 그의 〈구겐하임 미술관〉은 Folding Architecture의 효시와도 같다.) 그리고 실로, 이들이 끌어들이는 인접 학문의 범위는 다양하다. 물리학의 이론들은 말할 것도 없고 생물학, 심리학, 정신분석학, 수학에 이르기까지. 그리고 건축의 생태학적 접근을 꾀하는 케냥, 노먼 포스터Norman Foster의 작업까지 그야말로 20세기 말의 건축은 생물의 종만큼이나 다양하다.

그래서 슈퍼매너리즘은 일정한 스타일이 아니라 건축적 태도를 결정짓는 용어이다. 슈퍼매너리즘의 경향은 모더니즘의 정형적인 기하학적 형태를 흔들어놓고 관계를 재정립하려는 하디드나 게리의 입장과도 다르며, 기능적 구성에 대한 안티테제로서의 기계미학적인 무기능성을 연출하는 모포시스의 입장과 같이 모든 기존의 구성요건들을 파괴해버림으로써 새로운 질서를 막연히 예상하는 그룹들과도 분리되며, 벤츄리로 대표되는 비역사적 맥락의 구성주의와도 구분된다.[7] 슈퍼매너리즘은 철학적으로는 이러한 중심의 해체나 역사주의에 대한 반대급부가 자리하고는 있는 것은 사실이지만 건축적으로는 그런 것들과는 아무런 관계가 없다. 그들은 적어도 윤리의 백지상태, 도덕적 백지상태에 있다. 그들에게 건축은 하나의 순수 탐구 대상이며, 철학적 마티에르를 입힐 대상이 아닌 것이다.

그래서 이전의 건축이 어느 정도 콘셉션Conception과 콘스트럭션Construction의 정신적 육체적 단절을 겪을 수밖에 없었다면, 슈퍼매너리즘은 콘셉션과 콘스트럭션의 단절 없이, 하나로 통일된 과정으로 작업을 수행한다. 종전의 건축 작업에서는 소화 불가능한 복잡한 사회의 거대한 정보들을 분석하여 그것을 시뮬레이션화해내고, 다시 그 정보는 건축가의 작의에 의해 전략적으로 선택된다. 단조로웠던 다이어그램들은 필연적으로 복잡화되어 나타나며 시간과 공간의 정보 흐름에 따라 일정한 층위를 가지게 된다. 대지를 조성하는 작업보다는 기존의 지형을 분석하는 일이 전에 없이 중요해진 것도 큰 변화이다. 다시 말하면, 지형을 이용한다는 개념은 사라지고, 지형 자체가 디자인 요소로 건축 내부에 적극적으로 채택된다는 말이다. 물론 그 결과는 비슷한 것일 수도 있겠지만, 지형과 물의 순환작용, 물방울의 표면장력 같은 자연계의 순환 요소들이 직

슈퍼매너리즘의 시대

---

7 포스트모더니즘을 역사주의의 맥락에서 이해하는 것은 무리가 따른다. 왜냐하면 포스트모더니즘의 장식적 차용은 일견 역사주의적 맥락에서 이루어지는 것처럼 보이지만 사실은 역사의 혼재이고, 더 심하게는 찬양할 것 없는 역사에 대한 무관심, 야유와도 같다. 그런 의미에서 풍토성을 주장하는 일단의 그룹들과 분리해서 포스트모던 클래시시즘이라는 정의가 따로 가능해지는 것이다. 역사를 장식적으로 차용해서 오히려 비역사적이고 무정부적인 분위기마저 자아내고 있는 마이클 그레이브스의 작업에는 그래서 현재라는 것마저 부재한다.

접적으로 탐구된다. 이러한 모든 것들은 과거에는 대지 분석이라고 불리는 데에서 적극적으로 '정보'라는 이름으로 불린다. 그리고 이들이 이용하는 정보는 비단 이러한 자연계의 현상을 가리키는 것이 아니라 경제·사회·문화적인 모든 정보들을 총망라한다. 그리고 이러한 정보들은 건축가의 영감에 의해서 트레이싱지 위에 스케치되는 것이 아니라 소립자 애니메이션이나, 수학용 시뮬레이션 시스템을 이용하기도 한다. 실제로 수학이나 물리학에서 개발된 프로그램들이 건축에 적극적으로 이용되는 것은 하나도 놀라운 일이 아니다. 왜냐하면 오늘날의 건축만큼 현대사회의 복잡한 프로그램을 수용해야 했던 적은 없었기 때문이다.

그리고 그것은 건축이 기대고 있는 순수학문의 경우에도 마찬가지이다. 카타스트로프Catastrophe 이론은 수학뿐만 아니라 사회학에서도 널리 받아들여지고 있으며, 윌슨 교수의 사회생물학은 심리학과 윤리학, 종교학에까지 그 파급의 효과가 미치고 있다. 혹자는 모든 학문은 사회생물학으로 귀결된다고 말할 정도로 사회생물학의 파장은 크다고 볼 수 있다. 물리학은 바야흐로 M이론과 초끈이론으로 대통일장 이론의 근거를 마련하려 하고 있다. 그 과정에서 건축이 활용할 수 있는 유용한 장비들과 프로그램들이 계발되었고, 건축은 복잡다단한 미세한 정보까지 모두 수용할 수 있게 되었다. 그로 인해서 건축은 형태적으로는 점점 더 생물학적이 되어가고 있고, 공간적으로는 점점 더 물리학과 닮아가고 있다. 그리고 그 모든 구축의 변형과 뒤틀어짐, 혼돈의 모습은 아직, 실제로 그런지는 모르겠지만 그렇다고 짐작되는 이 세계의 카오스를 반영하고 있다. 이제는 아무도 모더니즘의 산업화되고, 규격화된 딱딱한 외장을 선호하지 않는다. 현대건축의 외장은 더 부드러우며, 곡선적인, 근육의 탄력을 표방한다. 공간과 구조가, 구조와 외피가, 외피와 공간이 서로 일체화되며 같은 밀도로, 동시에, 통합적으로 구축되는 것이다. 어쩌면 우리는 처음으로, 거대공간을 만들기 위해 재료와 구조를 발견해내지 않아도 좋은, 순수한 건축을 위한 첫 세대가 될지도 모른다.

휘어진 공간,
휘어진 건축

과학에서 이론이란 놀이의 규칙과 같은 것이다. 시대를 앞서 간 천재들에 의해서 발견된 새로운 이론은 항상 그 시대가 도래하게 되면 누구나 알 수 있는 것이 되어버리기 때문이다. 그러나 모두가 그것을 진정으로 이해하지는 못할 것이다. 우리가 놀이의 규칙에 적응하듯이 대부분의 사람들은 새로운 이론에 적응할 뿐이다.

결코 진리는 쉽게 말해지지 않는다. 대부분의 평범한 사람들은 다만 진리에 익숙해질 뿐이다.

1905년 6월 아인슈타인이 상대성 이론을 《물리학 연보》에 우편으로 부친 이후 지금까지, 상대성 이론은 놀이의 규칙이 되지는 못한 것 같다. 그것은 마치 우리가 설날에 윷놀이를 하며 놀지만 윷판의 원리에 대해서는 잘 모르고 있는 것과 비슷하다. 웨스트포인트 생도 시절의 맥아더가 물리 시간에 상대성 이론에 대해 유창하게 발표해놓고 막상 자신이 발표한 내용에 대해 하나도 이해하고 있지 못하다고 고백한 것처럼, 상대성 이론은 난해한 것으로 알려져왔다. 초등학생부터 지긋한 나이의 노인에 이르기까지 한 물리학 이론이 이렇게 많은 사람들의 입에 오르내린 일은 뉴턴 말고는 없었다. 그러나 그 이론에 대해 전혀 이해를 못하면서 이렇게 많은 사람들이 알고 있었던 적은 아인슈타인 이전에도 없었고 이후에도 없을 것이다.

버크민스터 풀러의 지오데식 돔과 아인슈타인

아마도 아인슈타인이 만났던 수많은 사람들 중에서 건축가로는 버크민스터 풀러Buckminster Fuller가 유일하지 않나 싶다. 풀러는 단순한 건축가라기보다는 사실 발명가에 더 가까운 사람이었다. 그는 수많은 아이디어로 세상을 깜짝 놀라게 하길 좋아했고, 또 그 자신이 놀라운 인간이었다. 그는 1935년에 최초의 유선형 자동차를 발명했는데, 이 자동차는 게처럼 옆으로 움직일 수 있었고 자체 길이 내에서 180도 회전이 가능했다. 날개가 없는 오늘날의 비행기 모습을 한 이 자동차 개발을 위해 그는 전 재산을 날렸고, 매일 커피와 도넛만 먹고 산 열정의 인간이었다. 그러나 이 차는 너무 진보적인 디자인 때문에 당시 자동차 업계의 반발을 샀고, 엎친 데 덮친 격으로 인명 사고까지 나자 본격적인 생산이 중지되었다.

버크민스터 풀러는 아인슈타인이 믿었던 것처럼 인간행동의 주된 원동력은 두려움과 갈망이라고 믿었고, "교회는 과학자들을 최대 이단자라고 생각하지만 과학자들이야말로 참된 종교인이다. 왜냐하면 과학자들이야말로 우주의 질서를 믿기 때문이다."라는 아인슈타인의 신념을 그대로 받아들였다.

풀러가 아인슈타인과 만나게 된 계기는 그가 만든 자동차 사고 이후 관심을 저술활동으로 돌리게 되면서부터였다. 풀러는 그의 책에서 아인슈타인이 상대성 원리를 발견하게 된 것은 특허 사무소에서 일한 덕분이라고 주장했다. 정확한 시계를 만들었다는 특허 신청자들의 발명품을 일일이 검토하다 보니 자연스럽게 완벽한 시간의 측정은 불가능하다고 생각했고, 마침내 뉴턴의 '절대성'을 '상대성'으로 뒤집어서 파악했다는 게 풀러의 생각이었다. 그러나 이런 생각은 곧 출판사 직원의 의심을 받게 되었다. 의심의 이유는 간단했다. 당시 아인슈타인은 세상에서 상대성 이론을 이해하는 사람은 오직 12명밖에 없다는 얘기를 한 적이 있었다. 물론 비유였지만 출판사 직원은 곧이곧대로 이 말을 믿었고, 설상가상으로 다른 출판사에서 이 12명의 명단을 공개했다. 이 명단에 풀러의 이름이 없다는 걸 확인한 출판사 직원은 풀러에게 책 발간을 취소하겠다고 통보했다. 황당한 풀러는 출판사 직원에게 그렇다면 아인슈타인에게 직접 원고를 보내 검토해보게 하라고 지나가는 말처럼 제의했고, 출판사 직원은 정말 그렇게 했다. 참 성실하거나 고지식한 직원이다. 그 결과 아인슈타인의 추천으로 책은 출간되었고, 아인슈타인은 풀러를 만나 이렇게 얘기했다.

"젊은이, 자네는 나를 놀라게 했다네. 내가 해낸 일 가운데 조금이라도 실용적으로 응용된 것은 하나도 없는데, 자넨 달라. 사실 내가 그 모든 이론을 전개한 것은, 우주를 크게 생각하려는 사람들, 우주론자와 천체물리학자들에게 실용적으로 이용될 수 있기를 바라서였지."

아인슈타인이 전개한 모든 이론은 드디어 한 건축가의 상상력을 자극했고, 버크민스터 풀러는 거대한 도시를 기둥 없이 통째로 덮을 수 있는 '지오데식 돔 geodesic dome'을 완성했다. 삼각형의 유닛을 계속 반복하면서 돔 형태를 이루는 이 놀라운 발명품은 좀더 넓은 공간의 확보를 위해 끝없이 기둥을 줄여온 20세기 건축구조의 최종 목적지였다. 지오데식 돔은 최대 용적을 최소 피복면적으로 덮어씌운 구면 내접 다면체로 오늘날 열대지방에서 극지에 이르기까지 거품 모양의 이 구조물은 실로 다양하게 쓰이고 있다. 지오데식 돔은 두 개의 가장 간단한 역설에서 출발했다. 그것은 피라미드와 같은 삼각형으로 이루어진 4면체가 지구상의 모든 형태 중 가장 표면적이 크지만 가장 작은 공간을 확보한다는 아이디어에서 출발하여, 가장 작은 표면적으로 가장 큰 공간을 내포하는 구형을 이룬다는 데 있다. 이 두 가지 상반된 입체도형이 만나면서 표면적은 가장 크지만 가장 최소한의 공간을 가지는 4면체는 표면적은 가장 작지만 최대의 공간을 가지는 구형에 집중되는 힘을 분산시키며 지구라는 행성을 덮을 수 있을 정도의 거대 공간을 가능하게 만든다.[1]

사람들은 풀러의 이론을 의심했다. 그러나 1952년 미 공군이 북극에 레이더기지를 만들기 전에 공군은 일단 북미에서 가장 바람이 심한 뉴햄프셔 주의 워싱턴 산꼭대기에 버크민스터 풀러의 지오데식 돔을 지어 시험해보기로 했다. 시공에 참여했던 엔지니어들은 그것이 얼마나 빨리 무너지나 내기를 걸 정도였지만, 2년의 테스트 기간이 지나도 돔은 멀쩡했다. 그것은 튼튼했고, 또 가벼웠으며, 무엇보다도 엄청나게 빨리 시공될 수 있었다. 1957년 호놀룰루

---

1 풀러의 첫 건축설계는 강철 기둥에 연결된 케이블에 매달린 알루미늄과 유리로 만든 원형 건물이었다. 이 건축물은 집이라기보다는 비행접시처럼 보였는데 이곳저곳 장소를 옮기며 거주할 수 있도록 설계되었다. '다이맥션(Dymaxion)'이라는 이름의 이 집은 태양열을 이용하고 텔레비전, 자동 진공 소제 장치, 에어컨 장치, 자동 개폐문을 설치하게끔 되어 있었는데, 당시까지만 해도 어느 것 하나 발명되어 있지 않은 상태였다.

버크민스터 풀러, 〈1967년 몬트리올 엑스포 미국관〉, 1967 정20면체를 응용한 기하학적인 구조로 내부에 기둥이 하나도 없다. 지오데식 돔은 일반적인 건물보다 60퍼센트가량 적은 재료를 사용해서 훨씬 넓은 공간을 확보할 뿐더러 유지, 관리 면에서도 탁월한 경제성을 자랑했다.

에서 급히 강당을 지을 일이 생겼을 때는, 부품이 도착한 지 22시간 후 벌써 돔이 완성되어 청중들은 음악회를 즐기고 있었다.

아인슈타인의 일반상대성 이론이 공간기하학 이론인 것처럼 버크민스터 풀러의 지오데식 돔은 공간기하학을 통해 최초로 건축구조를 해결한 예라고 볼 수 있다. 지오데식 돔 이전까지 건축에 있어서 재료에 미치는 물리적 힘은 재료 자체에서 한 가지 방향성을 가지고 지면까지 유도되었다. 그 한 가지 이외의 힘들은 어떻게 보면 불필요한 것으로까지 여겨왔다. 그러나 지오데식 돔은 그 힘들을 여러 방향으로 분산시키며 불필요하다고 여겨진 힘에 의도적으로 방향성을 부여하며 건축구조의 새로운 장을 열었다.

아인슈타인의 특수상대성 이론은 "관성계 속에서는 진공 중의 빛의 속도는 항상 일정하다."는 소위 '광속도 불변의 원리'를 전제로 한다. 그러나 일반상대성 이론은 이 원리를 극복하여 시간과 거리의 관계를 상대적으로 취급하는 4차원의 세계를 구성했다. 그래서 뉴턴역학의 상식으로는 이해되지 않는 다양한 상상들을 가능하게 했지만 우리가 피부로 느끼는 이 세계에서 그런 현상을 증명하는 것은 불가능하다. 마찬가지로 지오데식 돔 이후 건축은 아직도 공간기하학의 여러 이론들을 현실 가능한 것으로 제시하지 못하고 있다. 그러나 아인슈타인의 이론은 건축가들의 상상을 자유롭게 만들었고, 새로운 세대의 건축가들에게 공간을 보는 시각을 새롭게 할 것을 요구했다.

공간의 인식체계와 과학 패러다임의 변화

르네상스 이후 과학의 패러다임은 인간의 인식체계에 크게 영향을 미쳤다. 중세의 회화에서 보이듯이 당시는 텅 빈 공간이란 존재하지 않았다. 인물과 인물 사이, 그리고 물체와 물체 사이는 실제로 우리가 보는 대로 그려져 있지 않고(지금의 우리가 보기에는) 전혀 맥락이 닿지 않는 풍경이나 정물로 채워져 있고, 심지어는 모호한 배경으로 메꾸어져 있다. 그러다 원근법이 발견되면서 이 모호한 배경은 실제로 우리가 보는 것처럼 텅 빈 공간으로 대체된다. 중세의 회화가 빈 공간을 허락하지 않은 이유는 간단하다. 그것은 신의 의지는 두루 편만해 있어야 하기 때문이다. 텅 빈 공간이 있다는 것은 신의 의지가 존재하지 않는 어떤 곳이 있다는 말과 같았다. 이것은 중세인들이 공간이란 개념을 어떻게 이해하고 있었는가를 잘 나타내준다. 당시를 지배하고 있던 아리스토텔레스의 사상에서 공간이란 부피를 갖고 있지 않으며, 깊이 또한 갖고 있지 않았다. 아리스토텔레스에 의하면 오직 구체적인 사물만이 깊이를 갖고 있었고, 공간은 단지 사물의 표면일 뿐이었다.

그러나 중세의 공간관은 15세기 초 에스파냐의 스콜라 철학자인 크레스카스Chasdai Crescas에 의해 심각한 도전을 받는다. 이미 15세기에 오면 텅 빈 공간의 실재를 확신하는 사람들이 많았지만, 크레

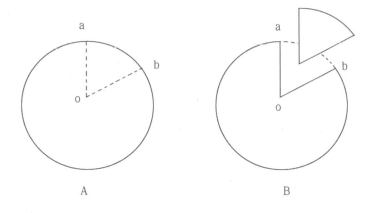

원 A의 공간은 선분 ab를 포함한 1 이다. 이것을 전체로 보았을 때 원 B는 원 A에서 ▽oab를 뺀 부분이다. 따라서 공간의 크기도 당연히 전체보다는 부분이 더 적다. 그러나 아리스토텔레스의 논리에 의하면 원 B의 공간의 크기는 그것을 둘러싼 외곽의 길이 oa, ob를 포함하여 전체인 원 A의 공간의 크기보다 더 커지는 모순이 발생한다.

스카스처럼 실증적으로 그것을 증명한 사람은 없었다. 그는 아리스토텔레스가 정의한 공간의 정의를 통해 그것을 증명했다. 즉, 아리스토텔레스에 따르면 사물의 공간은 그것의 외부 경계선과 동일하다. 그렇다면 둥그런 원을 생각해볼 때 원의 공간은 그것을 둘러싸고 있는 내부의 크기와 동일하다. 그렇다면 여기서 이 원의 어느 한 부분을 원점으로부터 일정한 각도로 떼어냈을 때 원의 경계선은 부분을 떼어내기 전보다 더 커지게 된다. 크레스카스는 이런 모순을 제기하며 아리스토텔레스의 공간을 반박했다. 전체의 공간이 부분의 공간보다 더 커진다는 것은 분명 모순이기 때문이었다. 그리고 그는 물질 공간은 사물을 둘러싼 표면이 아니라, 사물이 차지하고 거주하는 부피라고 주장했다. 더 나아가 그는 무한공간이 우주 전체에 펼쳐 있다고 주장했다.

르네상스 회화의 원근법은 이러한 공간의 개념을 통해 물체와 물체 사이를 새롭게 인식하기 시작하면서 출발했다. 그리고 그 전까지의 신학적 개념에 의해 지배받던 공간 인식은 이후 새로운 과학의 패러다임에 의해 급격하게 변모해간다. 이제 자연과학은 제프리 버튼 러셀Jeffrey Burton Russel의 말처럼 "보다 위대한 신학적, 도덕적, 그리고 종교적 진리의 증거로서 존재하는 열등한 진리"에서 인문학의 위에서 그것들을 이끄는 위태로운 황금 잣대가 되고 있었다. 그리고 데카르트의 기계론적인 세계관이 등장하면서 중세를 이끌었던 영혼 공간은 급격하게 쇠퇴한다. 그러나 데카르트는 우리가 알고 있는 것과 달리 완고한 합리론자가 아니라 오히려 신비주의적 계시에 근거하여 과학에 접근해간 사람이었다. 그는 아리스토텔레스처럼 텅 빈 공간의 존재를 인정하지 않았다. 그러나 우주는 무한하다고 믿었고, 그의 기계론적 세계관은 로마 가톨릭 신앙에 도움이 되었으면 하는 바람으로 연구되었다. 데카르트의 합리론은 중세의 영혼 공간을 위해 만들어졌지만 결과적으로 그의 연구는 중세의 세계관을 무너뜨리는 결정적인 역할을 했다. 이러한 아이러니는 뉴턴의 경우에 있어서도 마찬가지다. 17세기의 사람들은 비록 이 우주가 데카르트가 제시한 것처럼 기계를 닮았다고 할지라도 그 기계가 좀더 기독교적인 기계였으면 하고 바랐다. 뉴턴 역시 그랬다. 그는 기독교의 일원성이 분리될 수 없다고 생각한 기독교 이단인 아리우스파를 지지했고, 무엇보다도 연금술에 푹 빠져 납을 금으로 만들기 위해 대부분의 시간을 바쳤던 엉뚱한 인물이었다. 『프린키피아』는 연금술 실험 와중에 틈을 내어 쓰였다. 그러나 뉴턴은 서구의 공간 개념을 통합해 공간에 다음과 같은 신학적 의미를 부여하는데 성공했다. 즉, "공간은 신의 감각기관"이라는 것이다. 또, 신은 "영원히 존재하며 모든 곳에 있다. 항상 그리고 모든 곳에 존재함으로써 신은 공간을 지속시킨다."는 것이 바로 그것이다. 그러나 이미 그 시대에 공간의 신성이라는 것은 필요 없는 광채였다. 후대의 과학자들은 뉴턴의 이론에서 신성을 벗겨냈고, 기계론적 세계관은 뉴턴의 의도와는 상관없이 유물론자들의 것이 되었다. 그런 시대에 뉴턴의 『프린키피아』는 마치 아직 발견되지 않았던 성서처럼 등장했고, 실제로 아인슈타인이 출현하기 전까지 그것은 신약 이후의 약속이 되었다.

기계미학과 새로운 건축의 공간

가장 오래된 건축의 정의는 '비와 바람, 햇빛으로부터의 피난처'였다. 다시 말하면 자연현상으로부터 인간을 지키기 위한 구조물로, 건축은 자연과 인간의 관계를 원시사회 때부터 탐구해온 가장 오래된 과학일지도 모른다. 흔히들 얘기하듯이 20세기의 사회적 변화를 전체 인류문명사의 변화와 비교해 '가장 짧은 시간에 이루어진 가장 급격한 변화'라면, 건축도 역시 그렇다. 농경사회 이후 건축의 변화는 사실상 19세기 말의 산업혁명과 같이 시작되었다고 해도 과언이 아니다. 그러나 그 이전에 육체에 대한 광적인 탐구를 보였던 르네상스가 있었고, 신에 대한 갈망으로 가득 찼던 중세의 공간이 있었음은 물론이다.

중세시대의 성직자가 신의 대리인이었듯이 중세의 성당은 신의 거처를 현현하고 있었다. 로마에서 기독교가 공인된 이후 초기 그리스도교 양식이 시장 건물의 평면을 변형하면서 교회건축의 공중성을 강조한 이래, 교회건축의 신성이라는 이상은 고딕에 와서 절정을 이루었다. 이 절정을 넘기면서 건축은 인간의 문제로 넘어오게 되는데 이것은 동양에서도 마찬가지다. 그러니까 건축은(이집트의 피라미드나 고구려의 고분에서 보이듯이) 죽음의 공간에서 신성의 공간으로 그리고 인간의 문제로 나아간다. 그리고 현대건축은 인간이 발명한 툴^{tool}의 문제를 해결하기 위해 도시로 확장된다. 이제 건축의 문제는 더 이상 인간의 문제가 아니다. 건축은 도시를 포함하며, 도시는 건축을 포함한다. 결국 건축은 '인간을 보다 더 자유롭게'라는 모토에서 '시스템을 좀더 원활하게'로 변화해나가지만, 여전히 이 두 가지가 일치한다는 변명을 일삼고 있다.

흔히 모더니즘이라고 불리는 20세기 초 제국주의와 함께 전 세계를 휩쓴 건축양식은 일찌감치 이러한 시스템의 문제에 주목하면서 그 이전과는 구별되는 새로운 양식을 낳았다. 산업혁명 이후 도시화가 진행되면서 도시는 이전에는 한 번도 고민해본 적 없는 문제에 맞닥뜨리게 된다. 석탄자원을 비롯한 막대한 물류들이 대도시의 수요를 충당하기 위해서 증기기관차에 실려 밀려들기 시작한 것이다. 도시는 이 막대한 물류를 쌓아둘 전에 없는 공간이 필요했다. 물론 그 이전에도 성당이나 공중욕탕과 같은 거대한 공간이 있었지만, 이번에는 인간이 거주할 필요가 없다는 게 그 이전과는 처음부터 달랐다. 따라서 물류를 집하하는 데 필요한, 전에 없는 무미건조한 창고라는 공간이 생겨났고, 20세기의 건축가들은 여기에서 미래를 보았다.

이렇게 해서 생겨난 모더니즘 건축은 데카르트 이래로 계속된 합리성의 추구와 뉴턴의 기계론적 세계관을 자신의 정신으로 삼았다. 그리고 뻬로 이후 베를라헤^{H. Berlache}를 거쳐 전해져온 기능주

르 코르뷔지에, 〈빌라 사보이〉, 1929 전형적인 박스형 건물에 1층은 공중에 떠 있고 옥상에는 건물이 덮고 있는 대지와 같은 면적의 인공대지가 존재한다. 입면은 구조와 무관한 것처럼 가로로 긴 수평 띠 창이 길게 나 있다.

의의 추구라는 선배들의 절대명제를 과감히 떠안으며, 드디어 르코르뷔지에는 "집은 살기 위한 기계다."라고 선언하기에 이른다. 그는 1923년 『새로운 건축을 향하여』에서 건축은 유추를 통해 다시 시작해야 한다고 말하고, 기선과 비행기, 자동차들이 가장 합리적 기계이므로 그것을 본받아야 한다고 했다. 그것처럼 건축도 '살기 위한 기계'로 되는 것이 가능하고, 당시 대량생산되어 나오는 자동차의 예를 들면서 표준화된 주택이 가능하다고 보았다. 이러한 르코르뷔지에의 기능주의 건축은 17세기에 만들어진 기계론적 우주관이 당대의 기술력과 결합된 산물이며, 대량생산, 표준화 등의 정량적 방법 역시 갈릴레오로부터 파생된 뉴턴식 패러다임의 결과라고 할 수 있다. 모더니즘 건축은 이러한 기계론적 세계관과 기계미학에 대한 열광으로 부르주아 문화의 허위의식에 찬물을 끼얹었으며 새로운 사회주의 미학을 제시하며 이후 세대를 이끌어간다.[2]

휘어진 공간, 휘어진 건축

그러나 모더니즘의 공간은 집을 살기 위한 기계로 만들어버리는 것에 그치지 않고 인간도 하나의 기계부품으로 전락시켰다. 그 부품이라는 의미는 건축가에 의해서 예측되는 부품이었다. 모더

2 그러나 신의 합리성을 증명하기 위한 데카르트의 이론이 우주를 기계로 만든 결과처럼, 공간의 신성을 증명하기 위한 뉴턴의 이론이 무신론을 낳았던 것처럼, 모더니즘 건축도 사회주의의 이상을 위해서보다는 자본주의의 확대 재생산을 위해 복무하게 되는 아이러니를 낳는다.

3 4차원의 도입은 입체파 회화에서부터 시작된다. 그들은 베르그송(H. Bergson)의 시간 개념과 4차원의 개념을 혼합하여 1912년 '동시성의 개념'을 4차원이라고 정의하고 있다. 입체파는 관찰자와 오브제의 상대성을 주장했는데 오브제를 다각적인 각도에서 관찰하고 그것을 한 화면에 표현했다. 그것은 우주는 만들어진 것이 아니라 단순히 있는 것이라는 뉴턴의 견해를 전면적으로 부정하는 데서 이루어졌다. 데스틸의 반 되스부르크(Van Doesburg)도 1919년의 논문에서

니즘은 진정으로 새로운 시대가 왔다고 확신하며 새로운 시대에 걸맞은 새로운 인간을 요구했다. 도시는 정확한 기하학적인 도형에 의해 작도되었고, 건물은 표준화되고 대량생산에 맞게 정확히 상자(창고)의 모습을 하고, 똑같은 형태의 건물들이 전 세계에 기후와 지형에 상관없이 퍼져나갔다. 이 획일화된 세계의 모습을 보며 사람들은 두루 편만한 신의 의지가 아닌 두루 편만한 자본의 의지에 경악했다. 무엇보다 새로운 공간이, 무엇보다도 인간의 자유를 위해 필요했다.

아인슈타인의 공간 개념은 새로운 세대의 건축가들을 흥분시켰다. 1905년 발표한 특수상대성 이론과 1916년에 발표한 일반상대성 이론이 그들에게 건축의 도상으로 받아들이기까지는 얼마간의 시간이 필요했지만 이미 그 생성은 예고되어 있었다.[3] 그러나 상대성 이론이 건축적으로 실용화되는 데는 이론을 적용하는 어려움보다, 우리가 살고 있는 이 공간이 굳이 상대성 이론에 따르지 않아도 아무 지장이 없다는 데 있었다. 그래서 르 코르뷔지에 같은 건축가는 건축에서 4차원은 필요하지 않다고 생각했고, 그 말은 어느 정도 타당했다.

그러나 중력이 별개의 힘이 아니라 공간의 모양 자체가 만들어낸 부산물일 뿐이라는 사실은 건축가들에게 충격적으로 다가왔다. 더구나 물질의 존재가 공간을 휘게 한다는 것은 공간을 일종

공간 개념의 표현이 4차원, 또는 n차원의 종합체로서 구체화되어야 한다고 주장하고, 새로운 건축은 시간과 공간의 통일에 의해 건축의 외관 자체가 중력에 대항하는 4차원의 조형으로 이루어져야 한다고 했다.(칼 가우스는 1860년대에 우리가 우리보다 낮은 차원의 공간에 살고 있는 존재를 상상할 수 있는 것과 마찬가지로 4차원 혹은 보다 높은 차원의 공간에 살고 있는 존재도 상상할 수 있다고 생각했다.) 그러나 무엇보다도 4차원에 가장 많은 관심을 보인 그룹들은 러시아 미래파 화가들이었다. 말레비치는 기하학적 형태를 가지고 실험을 거듭한 결과 쉬프레마티즘(Suprematism)이라는 새로운 양식을 낳았고, 이는 1960년대의 미니멀리즘으로 이어진다.

의 캔버스처럼 생각했던 건축가들에게는 거의 파천황적인 전환이었다. 모더니즘의 공간은, 그 이전의 신성을 잃고 단지 기능에 석절한 용적을 갖는 것으로 여겼기 때문이었다. 그전에 이미 공간에 대해서 느끼는 인간의 심리 연구가 있었지만, 이제는 그것이 공간의 형태(이 얼마나 낯선 말인가)와 함께 생각해볼 수 있는 가능성이 열린 것이다.

그래서 피터 아이젠만이 모더니즘의 연장선에서 모더니즘을 재해석하기 시작했다면 자하 하디드나 다니엘 리베츠키 같은 건축가들은 공간의 정형성을 버리고 꺾어지고 휘어진 건축을 구현하고자 했다. 그러나 무엇보다도 20세기 건축의 충격은 프랭크 게리에 의해서 구현되었다. 프랭크 게리는 스페인의 폐광 지역인 빌바오에 지어진 〈구겐하임 빌바오 박물관〉에서 이제까지 정태적인 공간에 확고부동하게 자리하고 있던 건축을 살아 움직이는 것으로 표현했다. 자유롭게 휘어진 은색의 벽면은 서로 겹쳐지고 포개져 움직이는 햇빛에 따라 살아 움직이는 것처럼 보인다. 그것은 건축이 점유하고 있는 공간을 의도적으로 휘어진 것으로 만들면서 시간의 진행에 따라 다른 모습을 보이고 있다.

이와 같이 건축은 일반상대성 이론의 공간 개념을 생물학적인 것으로 재빨리 인식했다. 그러나 이러한 작업은 디지털 테크놀로지를 이용한 디자인을 주도해온 OCEAN 그룹과 그레그 린의 작

프랭크 게리, 〈구겐하임 빌바오 박물관〉, 1997 빛은 물결치는 듯한 건물의 표면을 타고 누구도(건축가 자신조차도)예상하지 못한 공간의 경험을 이끌어낸다. 건축에 있어서 구체적인 형상은 빛이 거기에 닿으면서 비로소 구체적인 공간의 경험으로 확장된다.

업에서 훨씬 자유롭게 펼쳐지고 있다. 이들은 영화나 비디오를 위해 개발된 소프트웨어들을 건축 디자인에 활용하며 전혀 이질적인 건축실험을 전개해나간다. 이들이 자기 디자인의 초깃값으로 활용하는 것은 일반상대성 이론의 수학적 해석보다는 생물학적이고 지질학적인 물리적 수치들이다. 가령 강변의 오래된 도로 근처를 날아다니는 벌레 떼들의 나선형 군무나, 오랜 세월을 두고 변형되어온 지각의 변동을 접힘이론 Folding Theory을 통해 프로그램화해서 건축을 재해석해내는 것이다. 이러한 디지털 프로그램을 통한 건축 디자인 방법은 일단 건축을 현실의 공간에서 가상의 공간으로 이동시킨다. 이 가상의 공간에서 중력은 더 이상 건축가들에게 있어 운명적이지 않게 된다. 앞서도 말했듯이 중력은 그저 공간의 모양이 만들어낸 부산물일 뿐이며, 사물의 형태에 의해서 결정된다.

　　건축은 모든 과학 중에서 가장 느리게 변한다. 그것은 건축이 가지는 예술성과 그것을 구체화하기 위해 어쩔 수 없이 껴안아야 할 물리적 속성의 이중성에서 기인한다. 건축에 있어서 아인슈타인의 이론은 아인슈타인의 선배들이 겪었던 것과 똑같은 아이러니를 갖고 있다. 즉, 일반상대성 이론은 아직까지는 현실공간을 가장 잘 설명해주는 이론이지만 르 코르뷔지에가 4차원을 거부했던 이유와 마찬가지로 유클리드 기하학보다는 덜 현실적인 것이 사실이다. 왜냐하면 아직도 우리는 거대한 풍선의 한 점에서 살고 있기 때문이다.

그러나 우리는 적어도 아인슈타인이 제시한 충격의 자장 안에 놓여 있는 것만큼은 확실하다. 그 충격이 자연스러운 것이 될 때 아마 우리의 건축은 상상할 수도 없는 새로운 공간에 놓여 있을 것이다.

건축,
그 바벨의 도서관에
대하여

도서관에는 모든 것이 다 있다. 미래세계의 상세한 역사, 천사들의
자서전들, 도서관의 믿을 만한 서지목록, 수백만 개의 가짜 서지목
록, 그 가짜 서지목록의 허구성을 증명한 책, 진짜 서지목록의 허구
성을 증명한 책, 바실리데스의 그노시스적 복음, 이 복음의 주해서,
그 주해서의 주해서, 당신의 죽음에 대한 진정한 해명서, 각각의 책

에 대한 모든 번역본들, 모든 책들의 증보판들.[1]

그렇다. 도서관에는 모든 것이 다 있다. 그리고 건축은 그 모든 것을 다 있게 한다. 그것은 단순히 책을 열람하고, 보관하는 집의 기능으로서의 도서관뿐만은 아니다. 책이 인간의 삶을 문자의 형식으로 저장하듯이, 건축은 인간이 영위하는 삶의 저장 장소이자 삶이 새로 쓰이는 장소이다. 새로 쓰이는 책은 항상 책 밖에 있다. 그러나 새로 쓰이는 삶은 그것이 도시이든 자연이든 건축 안에서 이루어진다. 말하자면 이 세계 자체가 '보시기에 좋았'던 신의 건축물이 아니던가? 영국의 낭만주의 시인 윌리엄 블레이크William Blake가 『유럽—예언자』라는 시집의 표지에 빛의 컴퍼스로 세계를 창조하는 절대자의 모습을 그려 넣었듯이, 건축은 세계라는 건축 속에 그 모습 그대로 고스란히 존재하는 메타 건축이다. 우리가 만드는 건축물은 이미 그것의 바깥에 존재하고 있다. 물론 책에서 저자의 이야기 역시 책 바깥에 존재한다. 그것은 다른 책일 수도 있고(메타 소설), 타자의 이야기일 수도 있다. 끝없는 미로, 끝없이 두 갈래로 갈라지는 정원, 무한재귀의 문제, 보르헤스가 말하고 있듯이 건축은 그 끝을 알 수 없는 책일는지도 모른다. 무한재귀라는 말이 뜻하듯이 함수가 자기 자신을 호출하고 호출된 함수가 또 자기 자신을 부르는 이 무한한 반복 속에서 책의 운명과 건축의 운명은 끝없이 스

---

1 호르헤 루이스 보르헤스, 『바벨의 도서관』, 김춘진 옮김, 도서출판 글, 1992.

스로를 베끼며 생성되는 것이다.

건축가의 죽음

그래서 문학은 이미 저자의 죽음을 바라보고 있다. 발자크 Honoré de Balzac의 『사라진느』라는 중편소설에는 여자로 가장한 거세된 남자의 이야기가 나온다. "그/그녀의 갑작스런 두려움, 그/그녀의 이유 없는 변덕, 그/그녀의 본능적인 불안, 그/그녀의 까닭 모를 대담함, 그/그녀의 허세, 그/그녀의 섬세하고도 부드러운 감수성, 그/그것은 분명 여자였다." 이 문장의 원문에서는 수식어들이 전부 여성명사들이다. 따라서 그것을 한정하는 소유형용사 또한 여성이다. 그래서 우리말로 번역하면 '그것의' 혹은 '그녀'가 되어야겠지만 소설 주인공의 정체성 혼란을 표현해내기 위해, 그리고 롤랑 바르트의 지적을 연결하기 위해 나는 '그/그녀'로 번역했다. 아무튼 바르트는 이 인용문 뒤에서 이렇게 말하고 있다. "누가 이렇게 말하는가? 그것은 여자 아래 감추어진 그 거세된 자를 모르는 척하고자 하는 소설의 주인공인가? 아니면 자신의 개인적 체험에 의해 여성에 대한 한 철학을 가지게 된 개인 발자크인가? 또는 여성성에 대해 문학적 관념을 언명하는 저자 발자크인가? 보편적 지혜인가? 낭만적

심리학인가? 그것을 안다는 것은 영원히 불가능하다. 왜냐하면 글쓰기란 모든 목소리, 모든 기원의 파괴이기 때문이다. 글쓰기는 우리의 주체가 도주해버린 그 중성, 그 복합체, 그 간접적인 것, 즉 글을 쓰는 육체의 정체성에서 출발하여 모든 정체성이 상실되는 음화 negative이다." 즉 사진에서처럼 모든 주체는 그 명암이 뒤바뀌게 되는 것이다. 저자의 죽음을 통해 텍스트가 이루어지는 것이다.

그렇다면 건축가는 어떻게 되는 것인가? 건축은 처음부터 텍스트 자체가 건축가의 목소리를 한정하고 있다. 문학의 저자가 텍스트와 동일시되면서 반대급부로 저자의 목소리를 의심하게 되었다면, 거꾸로 건축은 저자의 목소리를 강화하는 쪽으로 이루어진다. 모더니즘 건축은 그 대표적인 경우이다. 건축은 창조주처럼 말만으로는 이루지 못하기 때문에 너무나 많은 목소리를 갖고 있어야 한다. 건축의 저자는 한마디로 자기의 텍스트를 완성하기 위해 너무나 많은 숙주에 기생해야 한다. 자기의 텍스트를 이루기 위해 건축가는 남의 돈으로, 그것도 남의 손을 빌려야 한다. 자발적 창조활동이 이루어지지 않기 때문에 건축에 있어 저자의 목소리는 문학과 달리 저음으로 깔리게 된다. 말하자면 건축가는 발자크의 소설의 주인공처럼 거세된 남자이면서 완전한 여성인 중성적이며 복합적인 성격—'그'이면서 '그녀'인—을 갖고 있는 것이다. 모더니즘 건축이 유리와 I형 빔을 통해 결정주의와 일원주의, 단순성의 기계미학을 표현하면서 저자의 존재를 드러내고자 애썼다면 근 10년 사이에 부각되고 있는 건축에 있어서의 콤플렉시니 이론이나 카오스 이론들은 다시 저자의 목소리를 죽이고 건축의 바깥에서 목소리를 찾고 있다. 우리가 다시 풍수지리를 돌아봐야 하는 것도 그런 이유에서이다. 아직 모더니즘의 실험이 채 끝나지 않았지만, 건축 자체에서 건축의 의미를 찾기보다 건축의 바깥에서 건축을 이루는 우리 전통건축의 방법은 역설적이게도 보다 꼼꼼하게 오늘을 말해주고 있다.

건축의 최소주의

그리고 21세기 초 서양의 건축은 드디어 형태를 버렸다. 미니멀리즘이 나타나기 전까지 서양의 예술은 자연의 모방에 관심을 기울였다. 그러나 1960년대에 미니멀리즘은 이러한 서양 예술의 근간을 흔들며 등장했다. 도널드 저드, 프랭크 스텔라, 만 레이 등의 미니멀 작가들은 서양예술이 의심 없이 탐구해온 예술의 재현repre-sentation의 문제를 존재presentation의 문제로 바꾸어버렸다. 이제 예술은 무엇을 재현하는 것이 아니라 존재하게 하는 것이고, 예술가는 비로소 '창조하는 자'의 위치에 서게 되었다. 미니멀리스트들은 무

철과 유리의 이상향 20세기 중반에 들어 철과 유리는 문명의 상징처럼 도시의 가로를 장식했다. 그 것은 철근콘크리트의 소조적인 속성이 기대고 있는 전근대적인 대리석의 이미지와는 전적으로 구별되었다. 거기에는 '거주'의 문제를 벗어나 있는 미래에 대한 강한 긍정과, 순수한 영혼으로서의 거리낄 것 없는 투명한 인간 정신, 그리고 위태로움이 있었다. 모든 쾌락은 곧 허무한 나락으로 떨어질 거라는 슬픔.

알베르토 캄포 바에자, 〈가스파 하우스〉, 1992 벽은 마치 허공을 반죽해서 만든 것처럼 존재가 없다. 건물을 관통하고 있는 빈 공간이 오히려 투명한 유리박스처럼 (허공에) 놓여 있다.

미건조한 사각의 박스를 나열하거나, 화면 전체를 동일한 톤으로 채우거나 하는 방법으로 자신들이 무엇을 재현하지 않고, 존재하게 한다는 것을 보여주었다. 미니멀리즘 전까지 그것은 신의 몫이었다. 예술가는 신의 창조물을 보며 거기에서 영감을 얻었다. 그러나 이제 예술가는 신의 창조물과 상관없이 작품을 존재하게 한다.

　　1960년대 미술계를 흔들며 등장했던 미니멀리즘은 이후 설치미술 쪽으로 그 개념이 이동하고 1980년대에는 미디어 아트에게 그 자리를 넘겨주게 되면서 서양의 미술계는 혼돈 속으로 빠져든다. 그러나 건축에서는 모더니즘의 영향이 줄곧 20세기를 지배했다. 사실 미술에서의 미니멀리즘은 어느 측면에서는 건축에서의 모더니즘과 상당히 밀접한 영향을 주고받았다고 말할 수 있다. 모더니즘 건축의 제일 모토인 "형태는 기능을 따른다."는 미니멀리즘에서 말하는 "재현하지 않고 존재하게 한다."라는 명제와 일맥을 나누고 있다. 그러다 1980년대에 포스트모더니즘이 모더니즘의 영향 아래서 모더니즘을 반성하기 시작하면서 건축은 좀더 자유로운 행보를 걷게 된다. 보다 형태를 강조하는 프랭크 게리류의 방법들, 그리고 형태를 무시하는 렘 쿨하스의 건축들이 선보이면서 최근에는 〈뉴욕현대미술관MOMA〉을 설계한 다니구치 요시오谷口吉生에 의해 아무것도 주장하지 않는 건축이 새로운 주목을 받게 되었다.

나에게 돈을 많이 주면 더 훌륭한 건축물을 만들 수 있지만 돈을 아
주 많이 주면 건물을 사라지게 할 것이다.

라는 다니구치 요시오의 말은 21세기 건축이 어떤 방향으로 나가
게 될지 짐작하게 한다. 1960년대 미술의 미니멀리즘이 작품을 존
재하게 만들었다면 21세기 건축은 건축의 존재를 없애려고 준비
하고 있다. 이러한 예 역시 〈MOMA〉가 받는 평가들에서 잘 나타나
고 있다. '숭고함', '텅 빈 여백', '침묵', '고요함'으로 얘기되는 다니
구치 요시오의 〈MOMA〉는 21세기 건축의 화두를 제시하고 있다.
그러나 이런 평가들을 가만히 들여다보면 그것이 그리 새로운 화두
는 아니라는 것을 금방 알게 된다. 같은 얘기들이 이미 1980년 말에
서 1990년 중반까지 우리 건축계의 중심에서 충분히 토론되었다.
그것은 어쩌면 아주 오래된 담론이었다. 르 코르뷔지에는 모더니즘
건축의 거장에서부터 시작해 1980년대 일본 건축가 안도 다다오
의 작품이 소개되면서 본격적으로 거론되었고, 1990년대 중반까지
4·3그룹을 중심으로 '고요한 공간'은 끊임없이 실험되었다. 그리
고 거기에는 안도 다다오의 영향이 지대했다. '구조의 솔직한 표현'
이라는 르 코르뷔지에의 명제가 노출 콘크리트를 통해 표현된 것은
20세기 초의 일이다. 모더니즘 운동이 주장했던 장식 없는 담백한
표현은 초기 사회주의자들이 타락한 부르주아 계급을 향해 던지는

다니구치 요시오, 〈토요타 미술관〉, 1995

새로운 예술 운동이었다. 그것을 산업사회의 대량생산 시스템에 맞춰 전 세계적으로 박스형 건물을 주도한 것이 르 코르뷔지에였고, 노출 콘크리트로 일본적인 공간의 이미지를 표현하는 데 성공한 건축가가 안도 다다오였다. 한국건축은 안도 다다오에 의해서 비로소 노출 콘크리트가 가지는 미학적 가능성에 눈을 떴다고 해도 과언이 아니다. 한국 건축가들에게 노출 콘크리트를 이용해 펼쳐 보이는 안도 다다오의 지극히 정제된 공간은 거의 경이에 가까웠다. 당시 한국 건축가들은 안도 다다오의 공간에서 우리가 끊임없이 추구해온 한국 전통건축의 실마리를 보았던 것도 사실이다. 그러나 당시의 경제상황으로는 값비싼 노출 콘크리트를 제대로 만들 수 있는 여건이 이루어지지 않았다. 그럼에도 불구하고 노출 콘크리트라는 재료가 구현하는 담백하고 절제된 이미지는 계속해서 건축가들의 상상력을 자극했고, 드디어 1990년대 거품경제에 이르러 다양하게 실험될 수 있었다.

　　그러나 1960년대 미니멀리즘이 삶의 태도와 연결되지 못하고 후퇴한 것처럼, 한국건축의 모더니즘(미니멀리즘을 포함하여) 역시 삶의 태도와 유리된 채 단순한 트렌드로 전락하면서 실험의 고삐를 놓치고 말았다. 20세기 초의 모더니즘 운동이 영원한 생명력을 가질 수 있었던 것은 산업사회라는 당대의 현상과 그로 인한 삶의 변화를 건축이 적극적으로 반영했기 때문이었다. 현대건축은 아직도 이러한 모더니즘의 이상을 버리지 않고 있다. 로드아일랜드 스쿨의 로저 맨들^{Roger Mandle} 총장이 〈MOMA〉를 평하면서 '조용한 건축'은 앞으로의 건축의 추세라고 말한 것은 일종의 프로파간다로 서의 새로움이지 그 내면을 뒤집어보면 모더니즘 이래로 절제와 세련을 연결하는 서구 사회의 이상이 계속해서 존재한다. 그러나 한국의 건축은 아직도 새로움 콤플렉스에서 자유롭지 못하다. 한국의 건축은 당대가 가지고 있는 절실한 요구를 파악하는 데 너무 둔하다. 그러다 보니까 적합한 대안을 찾지 못하고 계속 새로운 어떤 것에 갈증을 느끼고, 건축을 삶의 태도와 연결하는 것이 아니라 단순한 트렌드로 만들어버린다.

일본에서는 십수 년 전 거품경제가 끝나자 소위 젠^{ZEN, 禪} 스타일이 유행했다. 젠 스타일이 한국에 수입된 것은 일본 경제가 다시 제자리를 찾으면서 젠 스타일에 자본이 투입되기 시작했을 때이다. 한국의 인테리어는 거품경제 동안 잠깐 젠 스타일을 즐겼다. 어떤 스타일이 생명력을 가지려면 항상 당대의 가치와 연결되어야 한다. 형태보다는 보다 심리적인 안정을 주는 공간, 자기를 주장하지 않는 형태는 현대건축의 새로운 과제임에 틀림없다. 그러기 위해서는 삶의 최소주의와 건축의 최소주의를 일치시켜야 한다.

Never ending story

도서관에서 으레
낙원을 연상했던 내가,
천천히 나의 그림자에 싸여, 더듬거리는 지팡이로
텅 빈 어스름을 탐문하네.
우연이라는 말로는 형용할 수 없는
무엇인가가 필시 이를 지배하리니.
어떤 이가 또 다른 희뿌연 오후에
이미 수많은 책과 어둠을 얻었지
―호르헤 루이스 보르헤스, 「축복의 시―마리아 에스테르 바스케
스에게」 중에서

건축은 끝나지 않는 이야기이다. 천 일 동안의 이야기로 자신을 지킨 세헤라자데의 이야기처럼, 이야기가 자기 자신의 이야기를 호출하고 호출된 이야기가 또 자기 자신의 이야기를 부르는 무한재귀의 이야기이다. 무한재귀는 단순한 반복이 아니다. 무한재귀의 수학적 개념을 공간적으로 형상화한 네덜란드의 판화가 에셔가 실제로 1936년 스페인 여행 중에 알람브라 궁전을 방문하면서 이

상한 나라의 앨리스 같은 그의 공간 모험이 시작되었다는 것은, 이 야기와 공간의 무한재귀가 어떻게 연결되는가에 있어 시사적이다. 그는 소위 이러한 테셀레이션tessellation(평면의 규칙적 분할 방법. 일정한 형태의 타일을 사용해서 겹치지도 않고 틈을 남기지도 않으면서 바닥을 완전하게 덮는 배열 방식)을 통해 하나의 풍경을 찾아냈다. "평면의 규칙적 분할은 수학계에서 계속 다루어져온 이론적 주제이다. 그렇다면 이것이 전적으로 수학적 주제라는 말인가? 내 생각으로는 그렇지 않다. 수학자들은 그 미지의 영역으로 나갈 수 있는 문을 열어놓았다. 그러나 그들은 그 문 안으로 들어가지는 않았다. 수학자들은 그 본성상 그 문을 여는 방식에 더 흥미가 있으며 문 뒤에 있는 그 풍경에는 별로 관심이 없다."고 에셔가 말하고 있듯이 에셔는 수학적 현상계의 풍경에 주목했다. 그의 판화에 나타나는 새, 건축물, 파충류 같은 대상들은 의미가 없다. 오직 에셔는 그 대상들로 이루어지는 하나로 규정할 수 없는 공간의 풍경에 관심을 쏟는다.

에셔의 후기 작품에서 가장 자주 등장하는 주제인 자연의 이원성을 다루고 있는 〈원 한계 IV〉는 천사와 악마가 계속 같은 모양으로 서로 전경과 배경을 이루고 있지만 원의 중심에서 바깥쪽으로 갈수록 점점 작아진다. 천사는 자신의 윤곽을 통해 악마를 만들고 악마 역시 자신의 윤곽을 통해 천사를 만든다. 선과 악의 이러한 상보성을 통해 에셔는 대상 바깥의 무한재귀의 개념을 형상화했다.

에셔, 〈성장 I 〉, 1937

피터 아이젠만이 건축에 적용하는 콤플렉시티 이론은 이러한 바깥의 무한재귀 혹은 자기 준거성과 무관하지 않다. 에셔의 또 다른 작품 〈사각 한계〉를 분석한 이인식의 말을 빌리면 자기 준거성은 자연계에서 다음과 같이 나타난다.

에셔는 무한의 문제를 사각형 안에서 해결하는 방법을 궁리해냈다. 파충류를 닮은 동물이 바깥쪽으로 움직이면서 그 크기가 규칙적으로 절반씩 줄어들지만 무한정으로 새로 만들어지는 동물들은 그 모양이 유사하다. 이와 같이 가장 큰 규모에서 가장 작은 규모에 이르기까지 모양이 서로 닮은 성질을 자기 유사성이라 한다. 다시 말해서 자기 유사성은 물체를 다른 크기의 규모로 들여다보면 동일한 기본 요소가 반복적으로 나타나서 규모에 무관하게 스스로 닮은 성질을 뜻한다. 자연에는 자기 유사성을 보여주는 사례가 많다. 나무의 잔가지나 신체의 혈관이 좋은 보기이다. 이들은 모두 규모가 점 진적으로 작아지면서 상세한 모양을 되풀이해서 나타내고 있다.[2]

알다시피 이것은 프랙털^{fractal}의 기본 특성이다. 물론 에서는 베노이트 만델브로트^{Benoit Mandelbrot}가 프랙털 이론을 발표하기 전에 죽었다. 책이 기억의 저장소라면 책은 이러한 끝없는 이야기를 가능하게 한다. 텍스트는 마치 전염병처럼 다른 텍스트에게로 옮겨가며 자신을 반영하게 한다. 문학의 텍스트가 그 폐쇄성으로 자기만을 인식하면서 외부와 결합한다면 건축은 그 개방성으로 외부와 결합한다. 그것은 마치 인간의 면역체계가 자기를 인식하는 데서가 아니라 비자기를 인식하는 데서 출발하는 것과도 일치하며, 에서가 한평생 고민했던 그 완고한 폐쇄성이 만들어내는 개방성의 패러독스와도 일치한다.

폐쇄성에 의해 성립하는 개방성

예를 들어 조각그림 맞추기^{jisaw puzzle} 상자 안에는 상보적^{相補的}인, 즉 딱 들어맞는 모든 조각들이 들어 있다. 즉 일체가 완비되어 있는 것이다. 그들 조각의 가장자리는 전부 다 다르다. 그러나 다른 조각그

2 이인식, 『미술과 수학이 만나는 M.C. 에서의 작품세계』, 지성과 패기, 1997.

림 맞추기의 조각이 섞여들어도 부분적으로는 얼마든지 연결될 수 있다. 그것은 분명히 이물이지만, 다른 세트 안에 들어가도 연결이 되는 것이다. 단 그럼으로써 도형은 변해버리지만 자기 완결적인 그림 맞추기는 외부의 이물에 대해서도 열려 있게 된다. '폐쇄성'에 의해 성립하는 '개방성'이다.[3]

덴마크의 생물학자 예르네Niels K(ai) Jerne에 따르면 모든 '비자기'는 '자기'에게 이미 새로운 것이 아니다. '비자기'는 '내부 이미지'로 자기가 다 알고 있는 것들이라는 것이다. 모든 새로운 말은 원래 자신의 사전 안에 다 쓰였던 말이라는 이 충격적인 전언 앞에서 우리는 비로소 텍스트를 읽고 이해한다는 말이 무슨 의미인지 알 수 있게 된다. 내가 텍스트에서 발견한 새로운 말이 나를 감염시킬 때 그것은 이미 어떤 형태로든 내 안에 있었던 말이 된다. 그것은 내가, 내 안이, 바깥을 구성할 때만 가능해진다. 내 안에 있는 사고와 인식은 바깥이며, 나는 바깥에 있다. 건축은 이러한 명제를 이미 생래적으로 갖고 태어난다. 건축의 텍스트는 바깥에 있고, 건축의 프로그램 역시 건축가(저자)가 아닌 건축가(저자)의 바깥에서 온다.

텍스트를 읽는다는 것은 내 안에 있는(텍스트를 읽기 전에 이미 존재하는 풍경이었지만 한 번도 가보지 못한) 텍스트를 경험한다는 것이고 건축물을 계획한다는 것은 그 외부를 자기로 인식하는 작업

3 타다 토미오, 『면역의 의미론』, 황상익 옮김, 한울, 2010.

이라고 할 수 있다. 보르헤스가 노래한 "우연이라는 말로는 형용할 수 없는/무엇인가가 필시 이를 지배하리니."라고 할 때 그 지배의 주체는 바깥에 있는 것이다. 우리가 대지를 분석하고 바람과 햇빛을 살필 때, 우리는 이미 바벨의 도서관 어디에서 우리의 내부에 있는 사전을 뒤적거리고 있는 것이다. 이미 존재하는 풍경 속에서 하나의 건축물이 만들어지듯이 이미 존재하는 텍스트 안에서 우리는 새롭게 그것을 경험하는 것이다. 하긴 우리의 전통건축은 그것을 단순한 오브제로만 보았을 때 얼마나 획일적인가? 그러나 그것이 자리하고 있는 외부의 조건들을 보라. 그것은 마치 살아 있는 생명체처럼 빛나고, 희뿌염해지며, 꿈틀댄다. 건축은 마치 바깥을 구성하는 고차방정식에 주어지는 초깃값과 같다. 도서관에는 모든 것이

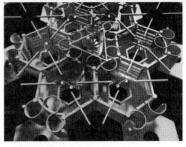

위에서, **도마뱀 퍼즐**
아래 **알렉산더 바렌의 〈바벨의 도서관〉**
육각형의 방들은 X, Y, Z축으로 무한대로 펼쳐지고, 그 방들은 각각 낮은 난간이 둘려진 환기구를 갖고 있다. 사서는 그 빈 곳을 통해 끝없이 펼쳐지는 이야기와 책이 놓여 있는 선반들을 볼 수 있게 계획되었다.

다 있다. 우리는 그 바벨의 도서관에서 헤매고 있는(이미 다 알고 있는) 무지한 짐승일 뿐이다.

> 꽃이 보이지 않는다. 꽃이 향기롭다. 향기가 만개한다. 나는 거기 묘혈을 판다. 묘혈도 보이지 않는다. 보이지 않는 묘혈 속에 나는 들어앉는다. 나는 눕는다. 또 꽃이 향기롭다. 꽃은 보이지 않는다. 향기가 만개한다. 나는 잊어버리고 재차 거기 묘혈을 판다. 묘혈은 보이지 않는다. 보이지 않는 묘혈로 나는 꽃을 깜빡 잊어버리고 들어간다. 나는 정말 눕는다. 아아. 꽃이 또 향기롭다. 보이지도 않는 꽃이 ─ 보이지도 않는 꽃이.
>
> ─ 이상, 「절벽」 전문

우리가 보이지도 않는 꽃의 향기를 맡을 수 있는 건 그 꽃이 우리에게 있기 때문이다. 그것을 내 것이라고 말할 수 있을까? 무엇이든 새로운 이야기가 시작된 것이다.

반하는 건축

함성호의 반反하고 반叛하는 건축 이야기

초판 1쇄 발행 | 2012년 7월 10일

지은이 | 함성호
발행인 | 김우석
제작총괄 | 손장환
편집장 | 원미선
책임편집 | 박성근
디자인 | 권오경
조판 | 진정희
마케팅 | 공태훈, 김동현, 신영병
인쇄 | 미래프린팅

발행처 | 중앙북스(주)
등록 | 2007년 2월 13일 (제2-4561호)
주소 | (100-732) 서울시 중구 순화동 2-6번지
전화 | 1588-0950
홈페이지 | www.joongangbooks.co.kr

ISBN 978-89-278-0346-1 03610